地方政府融资平台债务风险顺周期机制及监管研究

郑庆寰　著

華東理工大學出版社
EAST CHINA UNIVERSITY OF SCIENCE AND TECHNOLOGY PRESS
·上海·

图书在版编目(CIP)数据

地方政府融资平台债务风险顺周期机制及监管研究 / 郑庆寰著. —上海：华东理工大学出版社，2020.3
ISBN 978-7-5628-6144-7

Ⅰ.①地… Ⅱ.①郑… Ⅲ.①地方财政—融资—债务管理—风险管理—研究—中国 Ⅳ.①F812.7

中国版本图书馆 CIP 数据核字(2020)第 037099 号

策划编辑 / 马夫娇
责任编辑 / 李佳慧
装帧设计 / 吴佳斐
出版发行 / 华东理工大学出版社有限公司
地址：上海市梅陇路 130 号，200237
电话：021-64250306
网址：www.ecustpress.cn
邮箱：zongbianban@ecustpress.cn
印　　刷 / 上海盛通时代印刷有限公司
开　　本 / 710 mm×1000 mm　1/16
印　　张 / 20.75
字　　数 / 316 千字
版　　次 / 2020 年 3 月第 1 版
印　　次 / 2020 年 3 月第 1 次
定　　价 / 98.00 元

2012年度国家社科基金青年项目
“地方政府融资平台债务风险的顺周期机制及监管研究”项目成果
（项目批准号“12CJY106”）

前言

foreword

在2008年次贷危机和国内经济下行双重压力下，2009年至2012年，地方政府融资平台快速增长，成为地方政府债务融资主体。截至2014年年末，地方政府负有偿还责任的债务余额为15.4万亿元，负有担保责任的债务和可能承担一定救助责任的债务余额为8.6万亿元，其中以融资平台为主体举借的债务占地方政府债务总额的七成以上。地方政府融资平台为我国城镇化建设及地方经济发展发挥了重要作用，但也暴露出债务规模失控、融资成本高企、项目实施效率低、债务透明度差等问题。2015年以来，各部委陆续出台政策规范地方政府举债责任，剥离融资平台地方政府融资职能，平台公司面临转型发展。但从目前运作上看，地方政府引导基金、政府与社会资本合作项目（PPP）等创新融资模式仍与融资平台紧密结合，并在实施过程中衍生出新的地方政府隐性债务风险。探索我国地方政府融资平台的风险形成机制及演化路径，对我国化解地方政府债务风险、防范系统性金融风险具有重要的理论和现实意义。

本书从地方政府融资平台债务风险的顺周期性机制上进行研究。首先系统梳理我国地方政府融资平台的内涵、发展历程及政策演变，从地方政府债务风险特征、融资平台债务使用效率及地方政府性债券收益率影响因素三个方面分析我国地方政府债务风险的现状。在分析和借鉴国外地方政府债务管理模式基础上，以金融脆弱性理论分析框架结合存量流量一致模型，建立包含地方政府的宏观经济各部门之间的存量-流量表，研究地方政府预期杠杆率和实际杠杆率动力学机制引致的风险顺周期性，并建立计量经济学模型进行地方政府融资平台债务风险顺周期性的实证分析。结合当前地方政府融资平台转型发展中凸显的问题，建立逆向选择模型分析隐性债务风险生成机理。在此基础上，提出化解地方政府债务风险、维护我国金融及经济稳定性的政策建议。

本书是国家社会科学基金青年项目（12CJY106）的研究成果。华东理工大学出版社为本书的出版付出了辛勤劳动，在此表示感谢！

目　录

contents

第一章 绪　　论

第一节　研究背景

防控地方政府债务风险是当前经济工作的重点，对地方政府债务问题的担忧主要集中在以下方面。一是地方政府过度投资和融资冲动。在预算软约束情况下，地方政府对基础设施及公益性项目有较大的投资需求，而财政收支缺口促使地方政府进入金融市场，采取各种融资方式进行地区经济建设投资。二是对债务资金使用效率的担忧。由于地方政府存在公共投资的委托代理问题，容易导致债务资金使用效率低下，造成资源浪费。三是地方政府债务引发的道德风险，包括官员晋升体系下地方政府为追求政绩盲目投资和形象工程建设。四是地方政府债务风险的传导，包括地方政府对地方政府融资平台债务的隐性担保，以及投资者和债权人预期中央政府对地方政府债务危机的救助，这会引起地方政府债务风险向中央政府和整个经济体传导。五是地方政府债务风险与金融风险交织在一起，形成土地资本-房产价格-地方债务-银行贷款（城投债券）的融资链条，一旦土地和房产价格波动较大，地方政府发生的债务风险将传导到金融体系，形成银行坏账或者债券违约，容易引发系统性风险。2015 年 12 月 18 日召开的中央经济工作会议将“去杠杆”和“去产能、去库存、降成本、补短板”一起，作为新常态下推进供给侧结构性改革战略目标的重要举措；而 2017—2018 年，我国经济“去杠杆”的主要任务，也是最艰巨的任务，是降低国有企业和地方政府的高杠杆。

从经济周期的视角来看，研究地方政府债务风险形成机制与风险监管政策是一个重要的课题。地方政府债务杠杆率的运行规律及决定因素与金融脆弱性息息相关，在经济周期不同阶段地方政府债务杠杆率的变化可以视为经济和金融安全的重要判断指标。长期以来，融资平台作为地方政府融资主体的代理人，为基础设施建设和公共服务提供筹措资金。2015 年之后，国家从制度层面剥离融资平台的地方政府性债务，地方政府融资平台面临转型发展。但必须看到的是，地方政府融资平台作为基础设施和公益性项目的投融资主体，仍与地方经济发展及项目融资密切相关。为规范地方政府融资平台的长期可持续发展，需要从经济周期的视角关注两个问题：(1) 作为特殊的融资主体，在经济周期不同阶段地方政府融资平台的快速发展及债务膨胀，除了受政府刺激经济政策影响外，其自身的融资杠杆和风险演化规律是什么？(2) 地方政府融资平台作为信贷合约中的资金需求方，其融资行为受到供给方（银行）的制约，两者的投融资决策机制是怎样相互作用的，如何进行动态博弈并形成最终均衡？本书研究地方政府融资平台风险形成和演化规律，剖析政策变量对融资行为的影响，制定审慎监管框架，为规范我国地方政府融资平台发展、控制地方政府债务规模和风险提供重要的理论依据。

第二节 主要研究内容

本书着眼于地方政府融资平台债务风险的顺周期机制及影响因素。首先系统梳理我国地方政府融资平台的内涵、发展历程及政策演变，从地方政府债务风险特征、融资平台债务使用效率及地方政府性债券收益率影响因素三个方面分析我国地方政府债务风险的现状。在分析和借鉴国外地方政府债务管理模式基础上，以金融脆弱性理论分析框架结合存量流量一致模型，建立包含地方政府的宏观经济各部门之间的存量-流量表，研究地方政府预期杠杆率和实际杠杆率动力学机制引致的风险顺周期性，并建立计量经济学模型进行地方政府融资平台债务风险顺周期性的实证分析。结合当前地方政府融资平台转型发展中凸显的问题，建立逆向选择模型分析隐性债务风险生成机理。在此基础上，提出化解地方政府债务风险、维护我国金融及经济稳定性的政策建议。本书的结构和主要内容如下。

第一章绪论，介绍研究的背景及意义，主要研究内容，研究方法以及主要观点与创新点。

第二章从地方政府融资平台的内涵出发，分析融资平台的主要类型及其特征；系统梳理融资平台发展历程，重点分析 2014 年后融资平台政策环境的演变。

第三章全面分析地方政府融资平台债务现状。首先对地方政府融资平台债务类型、现状、形成机制、债务风险类型及特征进行分析；其次运用

DEA－Tobit 模型，对地方政府债务使用效率进行评估；最后对比分析城投债和地方债收益率波动状况，并实证检验影响两者收益率波动的宏观因素。

第四章分析国外地方政府债务管理模式及经验。首先分析了国外地方政府投融资的主要领域，以及地方政府融资模式；其次分析了发达国家地方政府债务管理的成功经验，特别是 2008 年金融危机后美国地方政府债务管理改革实践；最后分析了“金砖国家”管理过度负债的举措、墨西哥对地方政府实施市场化约束的改革，以及欧盟转轨国家从“预算约束”到“预算责任”的探索。

第五章分析地方政府融资平台债务风险顺周期机理。首先基于金融脆弱性分析框架对债务风险顺周期机制进行剖析；其次建立包含地方政府融资平台的存量-流量模型，分析融资杠杆率的内生动力学机制；最后分析家庭部门、资产证券化等对债务风险顺周期性的影响。

第六章对地方政府融资平台债务风险顺周期性进行实证检验。首先分别对我国中央和地方政府财政支出的顺周期特征进行分析；其次研究我国地方政府融资平台债务风险的顺周期性特征；最后实证检验影响债务风险顺周期性特征的因素。

第七章对地方政府融资平台转型发展及风险进行分析。从转型发展的背景出发，分析地方政府融资平台转型发展的政府与社会资本合作模式（Public－Private－Partnership，PPP）；探讨 PPP 模式化解地方政府债务风险的思路及存在的问题；最后建立逆向选择模型，分析 PPP 模式与不同政策组合下的逆向选择风险。

第八章是全书的主要结论、监管对策和建议。

第三节　研究方法及创新点

一、研究方法

根据研究内容的不同，本书采用了多种研究方法（见表 1.1）。对地方政府融资平台发展历程的研究，主要采用定性分析和比较研究方法；对地方政府债务使用效率及影响因素的分析，采用 DEA - Tobit 两阶段模型和时间序列计量模型方法；在借鉴国外地方政府债务管理方面，主要采用比较研究法；在剖析地方政府债务风险顺周期机制方面，运用金融脆弱性理论和存量流量一致模型方法，同时采用 HP 滤波法、财务指标分析法、时间序列计量模型对顺周期性进行实证检验；对地方政府融资平台转型发展模式的分析，主要通过建立逆向选择模型进行研究。

表 1.1 针对不同内容的研究方法及创新程度

研究内容	研究方法	创新程度
地方政府融资平台发展历程	定性分析、对比研究	对 2014 年后地方政府融资平台相关政策进行梳理和汇总
地方政府债务使用效率及影响因素分析	DEA - Tobit 两阶段模型 时间序列计量分析模型 比较研究法	债务使用效率的评估及影响分析；从收益率波动及宏观影响因素角度比较分析城投债和地方债，得出应实施以地方债逐步取代城投债的政策
国外地方政府债务风险管理比较研究	比较研究	对比发达国家 2008 年金融危机后的地方政府债务管理改革；重点研究金砖国家、转轨国家的地方政府债务管理实践与经验
地方政府融资平台债务风险的顺周期机制研究	金融脆弱性（FML） 存量-流量模型（SFL）	分析地方政府融资平台预期融资杠杆率和实际融资杠杆率动态反馈，及其形成的顺周期性机制
地方政府融资平台债务风险顺周期性的实证检验	HP 滤波法 财务指标分析法 时间序列计量模型	分析我国中央和地方财政收支顺周期性特征；按照顺周期性程度，对地方政府融资平台进行分类；实证检验地方政府融资平台杠杆率波动的顺周期性及影响因素
地方政府融资平台转型发展的风险分析	逆向选择模型	PPP 模式可以缓解地方政府融资的逆向选择风险；引导基金和融资担保有助于降低逆向选择风险，而政府补贴会提高逆向选择风险
平抑地方政府债务风险顺周期性的稳定机制及政策	金融脆弱性（FML） 存量-流量模型（SFL）	研究资产证券化、家庭部门加杠杆等政策对经济体系及地方政府债务影响，提出应对顺周期性的对策建议

二、创新点

1. 研究视角的创新

以经济周期的视角研究地方政府融资平台债务风险的演变特征：表现为经济上行阶段，融资杠杆率逐步提高；经济下行阶段，融资杠杆率逐步降低。债务风险的顺周期性导致地方政府融资平台在经济上行周期中累积大量风险，且具有隐蔽性，一旦经济形势逆转，债务危机爆发。

2. 研究方法的创新

将金融脆弱性假说（FML）与存量-流量模型（SFL）相结合，分析预期杠杆率和实际杠杆率的相互作用而形成的债务风险顺周期机制。

3. 研究内容的创新

在现状分析中重点分析以融资平台为主体的地方政府债务使用效率问题，以及对比城投债和地方债收益率波动及影响因素，分析地方债逐步取代城投债的可行性与合理性。在国际比较和借鉴部分，重点分析次贷危机后美国地方政府债务监管改革，以及发展中国家（金砖国家、墨西哥、欧盟转轨国家）地方政府债务管理的实践和经验。在地方政府融资平台债务风险顺周期性研究方面，除了剖析债务风险顺周期性机制及成因，还研究了资产证券化、居民部门加杠杆等对债务风险顺周期性产生的影响，具有较强的现实意义和政策意义。在分析融资平台转型发展方面，建立逆向选择模型，分析 PPP 和债权融资模式的逆向选择风险，探索地方政府隐性债务风险形成的根源，并在模型中引入政策变量，如产业引导基金、政府补贴，以及成立融资担保公司等，研究这些政策与不同融资模式组合后对逆向选择风险的影响。

第二章　地方政府融资平台发展与政策变迁

第一节　地方政府融资平台的概念界定

地方政府融资平台是政府进行公共项目投融资时依托的组织形式，一般设立专门的特设机构（SPV）作为经营实体，采用公私合营、发行债券或者银行贷款等多种融资方式，实现项目的融资和运营。我国的地方政府融资平台是一个非常宽泛的概念，学者们在不同时期对地方政府融资平台内涵的认识有所不同。姜彬（2008）[1]主要研究融资平台作为地方政府的借款代理人，将城市基础设施建设项目组合打包贷款，并以政府经常性收入和资本性收入进行贷款本金偿还。这里强调了融资平台作为融资中介的功能。郭励弘（2009）[2]进一步明确了融资平台的资源整合功能，认为将具有不同经营收益周期的项目纳入同一平台之中，可以在现金流上进行期限互补，实现平台整体投融资的平稳运行。贾银萍（2009）[3]强调地方政府融资平台的市场化运作职能，城投公司等融资平台主体可以代表政府进行市场化的基础设施投融资运营。巴曙松（2009）[4]关注到融资平台的主要投资模式是划拨土地等政府资产，并且将财政补贴作为重要还款承诺，资金投入方向包括市政建设和公用事业等项目。祝志勇和高扬志（2010）[5]探究融资平台组建和运营过程中的政府与市场边界问题，政府通过融资平台过多参与市场投资，可能存在“与民争利”的越位现象，而融资平台债务不透明的隐性特征，又使得现有财政监管和绩效考核体系存在“缺位”。

2010年6月13日，中华人民共和国国务院（以下简称“国务院”）发布19号文件①，对地方政府融资平台给予明确界定：“地方政府融资平台是指由地方政府或其部门、机构等通过财政拨款或注入土地、股权等资产设立，承担政府投资项目融资功能，并拥有独立法人资格的经济实体。”2010年7月30日，中华人民共和国财政部（以下简称“财政部”）、中华

① 国发〔2010〕19号:《国务院关于加强地方政府融资平台公司管理有关问题的通知》。

人民共和国国家发展和改革委员会（以下简称“国家发改委”）、中国人民银行、中国银行业监督管理委员会（以下简称“银监会”）联合下发412号文件①，进一步明确“地方政府投融资平台具体包括各类综合性投资公司，如建设投资公司、建设开发公司、投资开发公司、投资控股公司、投资发展公司、投资集团公司、国有资产运营公司、国有资本经营管理中心等，以及行业性投资公司，如交通投资公司等。”

综合对地方政府融资平台的各种界定，可以看出融资平台的范畴包括以下方面。

（1）地方政府是融资平台的投资人，也是实质控制人

虽然融资平台是按照《公司法》组建的独立法人，但它的主要权益资本都来自地方政府的资产注入，包括储备土地及其收益、财政补贴及拨款、政府持有的国有企业股权等。地方政府作为主要出资人，是平台的绝对控股股东，实质性控制平台的具体运营和管理，具体表现在以下方面。① 经营决策不独立。融资平台的重大项目融资工作，由地方政府组建的专门机构（如领导小组）进行指导和协调。② 人事决策不独立。融资平台的主要管理层人员由地方政府直接任命，并且通常是地方政府行政官员“身兼二任”，同时承担融资平台管理工作。③ 财务决策不独立。融资平台的重大财务事项需要经过地方政府同意方可实施，财务负责人主要由地方政府委任。④ 实施行政监督。融资平台的运营主要受地方各级的行政部门监督，包括财政、审计、金融办、发改委等，市场化监督职能发挥作用较小[6]。

（2）融资平台集融资、投资、运营于一体，主要投资于城投或公益性资本项目

公共服务和产品具有正外部性、规模效益递增特征，同时又存在信息不对称和产权不明确等问题，导致市场失灵，无法发挥资源最优配置的职能。政府提供社会公共物品，可以提高整个社会的福利水平，如城市交通设施、社区建设和服务等。这些项目具有周期长、收益低、风险高的特

---

① 财预〔2010〕412号:《关于贯彻〈国务院关于加强地方政府投融资平台公司管理有关问题的通知〉相关事项的通知》。

点，如果没有地方政府的出资和主导，难以吸引市场资金参与其中。一些公共基础设施项目具有自然垄断性和规模递增效应，如城市供水、供电、煤气、排污、垃圾收集及处理系统等，如果市场上竞争过多无法形成规模效应，会造成资源浪费；或者经营者垄断利润损害社会福利。这种情况下，政府作为出资人同时引导私人资本进入，可以通过限制企业数量、控制企业的定价机制来辅助市场更好地进行资源配置。地方政府融资平台作为公益性资本项目的投融资主体，不完全以营利为目的，在经济中发挥着特有的作用。

（3）地方政府对融资平台风险承担有限责任

政府融资平台虽然以公司名义开展活动，却发挥着“准公共财政”的职能。在融资过程中，融资平台可以利用政府信用和财政补贴为担保，向银行贷款、发行企业债券和票据等，但地方政府对融资平台的债务责任应该符合《担保法》的规定。某些没有经营性收益的公益性项目，也需要地方政府通过购买或者财政资金支付的方式维持融资平台的正常运营。但对于具有经营性收益的公益性项目，地方政府应该适度引入社会资本，项目应主要依靠自身收益而非财政补贴偿还债务。如果财政承担过多支出和偿债责任，会形成预算软约束和过度负债，降低地方政府融资平台的管理效率。地方政府融资平台是依据《公司法》规定组建的国有法人公司，政府对平台债务偿还的责任以出资额为限，融资平台对债务的偿还以资产为限。从这个角度看，通过融资平台提供公共服务和产品能够部分降低地方政府债务风险，因为如果不通过融资平台而是地方政府作为主体提供公共服务和产品，一旦产生债务责任，地方政府除以投入的资本承担债务外，还须以其他自身资产对剩余债务承担无限连带责任。

（4）融资平台项目运作具有阶段性特征

融资平台应是以项目为主体进行融资，本质上属于项目融资方式，即以项目预期收益、资产运营收益、政府购买或者补贴作为还款资金来源和安全保障的融资方式，而不应以地方政府财政实力或者土地储备和出让收益作为融资的信用保障。融资平台在项目生命周期各阶段的运营特点和目标不同。在项目成立的早期，平台承担主要的投融资和运营责任，协调政府投资、民营资本和信贷资金的关系，保证项目的投资建设。在项目建成并实现运营收益时，政府可通过税收优惠、让渡一定时期对公共设施的收费权等方式让参与项目的民营资本“有利可图”，将营运目标定位在公共设施的维护和合理定价上，因而具有明显的阶段性特征。

融资平台的阶段性特征使其既具备国有企业的特点，又有别于一般的国有企业。国有企业是按照《中华人民共和国企业法人登记管理条例》登记注册，进行生产经营，兼具营利法人和公益法人特点的经济组织。国有企业要保证国有资产的保值增值，因此必须具有营利性；但在实际运营时，国有企业又必须承担部分政府调控经济的目标和责任，体现出公益性特征。电力、石油等国民支柱性国有企业，不一定直接提供公共服务，而是通过上交股息、红利和税收方式，间接实现社会公共目标。这些企业是以持续经营和营利为目标，可以开展多元化的投资和运营；而地方政府融资平台多以具体项目为依托，围绕项目的预期收益和现金流进行投融资活动。

第二节　地方政府融资平台的类型

根据国发〔2010〕19号文和财预〔2010〕412号文的要求，银行要对融资平台贷款组合进行拆分、逐项核对，重新评估贷款风险。银监会自2010年第三季度开始编制地方投融资平台名单，每3个月更新一次。根据银监发〔2011〕34号文件①要求，建立“名单制”信息管理系统，将融资平台分为企业、事业和机关三类法人，并将平台贷款审批权限统一上收至商业银行总行。在名单制管理的基础上，银监发〔2012〕12号②按照“支持类、维持类、压缩类”对融资平台信贷进行分类。并且名单制管理系统也预留了退出机制。退出的融资平台一方面可以转变为社会资本，参与公司资本合营项目（PPP）和政府购买服务项目；另一方面城投公司退出融资平台后，不再受制于地方债务监管政策的约束，可以通过抵押资产、第

① 银监发〔2011〕34号：《中国银监会关于切实做好2011年地方政府融资平台贷款风险监管工作的通知》。

② 银监发〔2012〕12号：《中国银监会关于加强2012年地方政府融资平台贷款风险监管的指导意见》。

三方增信等为市场化的方式融资。

一、按照业务特征分类

（一）综合性平台

综合性地方政府融资平台是所在行政区域内重大项目的融资主体、项目建设主体和公用事业的运营管理主体，在城市基础设施与公共服务领域积累了丰富的建设运营经验和综合优势，具有融资成本低、组织项目建设效率高、运营管理能力强的特点，成为各类金融机构争先提供融资服务的优质客户和合作伙伴。目前各地的城投公司、建设公司等大多属于综合性融资平台，其中部分城投集团公司已成为上市公司。2015 年后，综合类融资平台积极转型，拓展具有稳定经营现金流的项目，如参股旅游开发、金融服务、养老产业、文化产业和城市新兴产业等。

（二）行业性平台

行业性地方政府融资平台依托特定行业为政府项目进行融资建设，由于不同行业的特点不同，在经营和融资上呈现的特点也不同。业务盈利模式清晰的行业采用融资平台作为投融资主体运营的方式；而公益性职能较强的行业，无法完全依靠融资平台独立运作，更多的是以建设-经营-转让（Build - Operate - Transfer，BOT）、政府与社会资本合作模式（Public - Private - Partnership，PPP）等方式与政府合作维持公司运作。典型的行业性地方政府融资平台主要包括以下几类。

1. 交投类

交通类投融资平台公司在业务范围上以交通基础设施建设和运输服务为主，包括公路、桥梁、隧道、地铁等。各类交通设施按照技术等级还可以继续细分。比如公路可以分为高速公路、一级公路、二级公路、三级公路、四级公路以及等级外公路，目前高速公路是主要的收费公路，部分一级公路和二级公路也是收费公路。在公司形式上，交投类融资平台公司以业务类型和公路建设为基础投资设立或参股子公司。通常与政府合作，采取BOT、转让-经营-转让（Transfer - Operate - Transfer，TOT）等模式，受地方政府财政状况影响较大，其中部分交投类融资平台通过质押子公司股权和公路收费权向银行融资。如2003年成立的“京投公司”，注册资本从25亿元增加到909亿元人民币，总资产4 045亿元，净资产达到1 409亿元，分列北京市属国企第二位和第一位。截至2015年年底，累计完成投资达3 953亿元，建成客流总量世界第一、总里程世界第二的超大型城市轨道交通网络。

2. 供水、排水、污水处理类

供水、排水、污水处理类融资平台多称为“××供水公司/供水站/供水中心”“××排水公司”“××污水处理厂/污水处理有限公司”。这类企业主要负责区域内的供水、排水、污水处理及相关工程建设项目，通常为市级或县级政府融资平台，以单独的供水公司、排水公司、污水处理公司形式存在。也有部分平台是政府控股的国有企业的子公司，其母公司通常有制水、售水、污水处理、排水的产业链业务。例如嘉兴市港区污水处理有限责任公司和嘉兴市港区供水有限责任公司两家融资平台的母公司是嘉兴市乍浦建设投资有限公司。

3. 园林绿化类

园林绿化类融资平台多用“××园林绿化”“园林开发”“园林工程公司”命名，通常是市级或县级地方政府融资平台，控制人是国务院国有资产监督管理委员会（以下简称“国资委”）或园林绿化管理部门。平台以建设-转让（Build - Transfer，BT）模式与地方政府合作，很少发行债券融资，主营城市园林绿化、城市绿化及相关工程建设项目。也有部分平台公司承担了城市基础设施建设、棚户区改造、保障房、公租房建设项目融资任务。

4. 房地产开发类

房地产开发类融资平台名称多为“××房地产开发有限公司”“××置业有限公司”“××公共住宅建设投资有限公司”，实施多元化经营，承担棚户区、危旧房、城中村改造和保障房开发项目的建设，经营范围还包括土地一级开发、城市综合服务设施建设与运营管理、物业管理、房屋租赁等。此外，也有棚户区改造和保障房开发由综合性融资平台通过设立子公司、项目公司的方式负责投融资和日常运营管理。在组织形式上，以市级政府融资平台公司为主，有少部分县级平台。在运营方面，棚改和保障房建设项目一般采取委托代建方式，利润较低且回款较慢，融资平台通过其他项目如市政工程建设款的补贴维持运营。

以棚户区改造为例，其资金来源包括四个方面：（1）中央专项补贴及地方政府的配套资金占10%左右，用于解决项目资本金；（2）政策性银行贷款占80%左右，资金期限长达25年，且有3年的宽限期；（3）商业银行贷款，主要用于短期资金周转；（4）极少量的社会资本。资金偿还方面，政策性银行资金从第4年开始偿还本金，目前是通过盘整后的土地出让收入及省政府代发债券进行置换，但是要符合债务总量不能增加的要求。最终偿债的资金来源，依赖于地方政府的土地出让收入和未来财政收入的增长。

5. 土地储备类

根据财政部、原中华人民共和国国土资源部、中国人民银行、银监会2016年联合发布的财预〔2016〕4号文件，县级以上地方政府设置的土地储备机构隶属于国土资源主管部门管理，性质上属于公益类事业单位，原则上各级政府只能设立一家①。《土地储备机构名录（2016年版）》的2 459家机构中，有800余家被列入银监会融资平台名单。土地储备业务主要是土地储备供应的三个环节：土地征购（包括土地征收、收购以及收回涉及的拆迁安置补偿等）、前期开发（主要是“八通一平”等土地一级开发）和供应土地（“招拍挂”）。在财预〔2016〕4号文件之前，地方融资平台承担土地储备业务主要有两种模式。一是在政府没有足够资金进行土地征购时，将土地储备职能纳入融资平台，由融资平台完成土地征购和前期开发后直接拿地进行基础设施建设，再用储备土地转让收入平衡市政设施建设的收益缺口；二是融资平台受政府委托合作进行土地一级开发，具体包括政府承担土地征收、拆迁补偿等费用或者融资平台承担土地征购、拆迁补偿等费用，融资平台进行一级开发，最后土地转让收入协议分成。

财预〔2016〕4号文件要求分清土地储备机构与地方政府融资平台职能边界。原有土地储备机构承担的基础设施建设、土地开发融资功能剥离

① 财预〔2016〕4号：《关于规范土地储备和资金管理等相关问题的通知》。

到地方政府融资平台。而各类融资平台、城投公司等机构一律不得再从事新增土地储备工作。在融资方面，根据《地方政府土地储备专项债券管理办法》（财预〔2017〕62 号），禁止土地储备机构向银行业金融机构融资行为，地方各级政府不得以土地储备名义为非土地储备机构举借政府债务，不得通过地方政府债券以外的任何方式举借土地储备债务，不得以储备土地为任何单位和个人的债务以任何方式提供担保。

（三）园区性平台

园区性地方政府融资平台承担经济开发区、高新区、出口加工区、保税区及自贸区等特定发展区域的基础设施融资、建设与运营，招商引资以及政府授权的公共服务职能，如上海金桥集团、苏州高新区经济发展集团、西安高新控股等。这类平台公司一般作为高新区内基础设施建设及公用事业的唯一建设及运营主体，得到金融机构、社会资本的广泛认可，可以通过银行贷款、境内外发行债券、社会资本合作（PPP）、资产证券化等多种方式进入信贷和资本市场融资，以满足高新区经济发展的需求，提供有效的资金保障。

（四）空壳类平台

2008 年全球金融危机后，为配合实施积极财政政策，各地成立了一些专门用于地方政府融资的平台。这些平台的特点是从省、市，到区、县各级地方政府都有自己的融资平台，平台数量上呈现金字塔式分布，即越到基层政府平台越多，且资产规模小、可运作资源少、治理结构不规范、地方政府使用同一资产重复成立融资平台，或者平台之间相互担保贷款。很多区、县级平台从未发行过债券，主要依靠银行贷款特别是短期票据贷款进行融资。更有甚者，很多县政府下属多个平台，除了安排干部外，几乎没有发挥实质性融资功能，普遍只利用过政策性银行贷款，主要融资方式是拖欠工程款和征地拆迁款，根本谈不上提升公共服务的质量和效率。从数量上看，这类平台占比很高，由于债务期限短，滚动负债融资压力较大，虽然整体债务规模并不是很大，但是在金融市场不发达、地方政府财力薄弱的地区，容易形成区域性金融风险。所以，该类平台应成为监管和清理的主要对象。

县级平台模式的典型代表是“宁乡模式”。据银监会统计，长沙市宁乡县共有10家融资平台，包括7家平台公司和3家事业单位（表2.1和表2.2）。

表2.1　宁乡县地方政府融资平台公司

企业名称	成立时间	股东	退出平台时间
宁乡县白马经济开发公司	1992年	宁乡县白马经济管理委员会 宁乡县白马桥乡企业办	—
宁乡县城市建设投资开发有限公司	2000年	宁乡县人民政府	2016.03
宁乡县国有资产经营有限公司	2002年	宁乡县财政局	
宁乡县交通建设开发有限公司	2003年	宁乡县交通运输局	2011.05
宁乡县交通建设投资有限公司	2009年	宁乡县公路管理局 宁乡县财政局 宁乡县交通运输局	2011.06
宁乡县农业基础设施投资有限公司	2007年	宁乡县财政局	
宁乡县新城开发建设投资有限公司	2002年	宁乡县城乡规划建设局	2014.09

资料来源：宁乡市人民政府网站 http://www.nxcity.gov.cn.

表2.2　宁乡县地方政府融资平台事业单位

事业单位名称	主管单位
宁乡县非税收入管理局	宁乡县财政局
宁乡县就业服务中心	宁乡县人力资源和社会保障局
宁乡县土地储备中心	宁乡县国土资源局

资料来源：宁乡市人民政府网站 http://www.nxcity.gov.cn.

在业务范围上，这些平台公司存在着重叠和竞争，并且逐步趋同。宁乡县城市建设投资开发有限公司主要业务收入为基础设施代建，包括道路设施建设、公园建设项目、水流域综合治理工程等；而宁乡县国有资产经营有限公司，由县财政局出资设立，经营范围包括城镇基础设施建设、开发，房地产开发、经营，土地一级整理及储备、开发，房屋拆迁等。

在融资方面，多家融资平台发行债券、融资平台之间互相担保融资、存在政府出具承诺函等违规行为。宁乡县城市建设投资开发有限公司、宁乡县国有资产经营有限公司、宁乡县新城开发建设投资有限公司都作为发债主体，通过发行债券融资。如15宁乡城建债和16宁乡养老专项债为发改委审批的企业债，16宁城投和17宁城01为私募债。2017年8月23日，宁乡县人民政府宣布出具的所有担保承诺函均作废，翌日又撤销了该通知。截至2016年年底，宁乡国有资产经营有限公司为非税收入管理局提供了2 000万元额度的担保，宁乡县城市建设投资开发有限公司为宁乡县土地储备中心提供了2.3亿元的担保。

融资平台营利能力差、偿债压力大。2016年之前宁乡县城市建设投资开发有限公司承担了一定程度的土地储备职能，在土地出让后扣除相关税费将土地出让金全部返还给公司，2014年土地储备收入占平台总收入比重为53%、2015年降到了7.93%，2016年降为0。宁乡县国有资产经营有限公司全资控股宁乡龙溪棚改投资有限公司，经营范围包括老城棚户区改造项目建设投资、安居工程建设投资，土地一级整理及储备、开发，城镇基础设施建设、开发等。龙溪棚改2015年无营业总收入，净亏损为22.72万元。而宁乡县国有资产经营有限公司在2016年发行两期棚户区改造项目收益债券，额度共15亿元，期限均为7年，发行时的主体评级为“AA级”，内含提前偿还条款，发行利率分别为3.88%和4.89%。从表2.3来看，公司的主要收入来源是租赁收入和物业服务收入，棚户区改造等项目收益较低，项目现金流与债务匹配程度较差。

二、按照现金流覆盖率分类

银监办发〔2011〕191号按照现金流覆盖债务本息情况对融资平台贷款风险进行划分，将平台分为“全覆盖、基本覆盖、半覆盖、无覆盖”四类①。

① 银监办发〔2011〕191号:《关于地方政府融资平台贷款监管有关问题的说明》。

表 2.3　宁乡县国有资产经营有限公司主营业务收入、成本和利润

业务板块	2013 年度				2014 年度				2015 年度			
	主营业务收入（亿元）	主营业务成本（亿元）	毛利润（亿元）	毛利率（%）	主营业务收入（亿元）	主营业务成本（亿元）	毛利润（亿元）	毛利率（%）	主营业务收入（亿元）	主营业务成本（亿元）	毛利润（亿元）	毛利率（%）
配套设施建设收入	1.21	0.96	0.24	20.00	2.27	1.62	0.65	28.50	23.29	19.63	4.06	15.70
土地整理收入	3.86	3.09	0.77	20.00	0	0	0	0	0	0	0	0
租赁收入	0.01	0	0.01	100	0.03	0.01	0.02	76.46	0.01	0.00	0.01	100
物业服务收入	0.005	0.001	0.00	84.21	0.008	0.001	0.01	89.16	0.01	0.00	0.01	95.97
工程施工收入	0	0	0	0	0.53	0.43	0.10	18.96	0.58	0.47	0.11	18.55
房地产收入	0	0	0	0	0.54	0.48	0.06	10.87	0.23	0.17	0.06	23.23

资料来源：宁乡市人民政府网站 http://www.nxcity.gov.cn.

（1）全覆盖：$\frac{\text{融资平台自有现金流量}}{\text{全部应偿还债务本息}} \geqslant 100\%$

（2）基本覆盖：$70\% \geqslant \frac{\text{融资平台自有现金流量}}{\text{全部应偿还债务本息}} > 100\%$

（3）半覆盖：$30\% \geqslant \frac{\text{融资平台自有现金流量}}{\text{全部应偿还债务本息}} > 70\%$

（4）无覆盖：$\frac{\text{融资平台自有现金流量}}{\text{全部应偿还债务本息}} < 30\%$

现金流覆盖率衡量指项目的现金收益对贷款本息的覆盖程度，揭示项目现金流对贷款的偿还能力。根据 191 号文的规定，可以计入现金流量的还贷资金来源包括三项。① 融资平台自身经营性收入。② 已明确归属于融资平台的专项规费收入。除车辆通行费外，还可以包括具有法律约束力的差额补足协议所形成的补差收入，具有质押权的取暖费、排污费、垃圾处理费等稳定有效的收入。③ 融资平台自有资产的变现价值、土地使用权转让和处置收入、拥有股权的转让收入和股息红利等。不得计入现金流量的还贷资金来源包括五项。① 地方政府提供的信用承诺。② 非专业土地储备机构未取得土地使用权证的预期土地出让收入。③ 地方政府不得列入偿债范围的预算资金和预算收入。④ 预算范围内国有资本经营收入。⑤ 以预算外收入做出的地方政府承诺等。

具体而言，地方政府融资平台的现金流量包括所持的现金和股权等资产、经营性收入、政府补贴以及企业经营性、投资性和筹资性现金净流量。现金是融资平台运营中不可缺少的“血液”，如接受政府补贴的公交线路运营企业、地铁公司等，充足的现金流可以降低地方政府融资平台的兑付风险。融资平台拥有的可变现资产主要是流动性好、市场价格平稳的资产，如融资平台持有的上市公司流通股、经济发达地区省市中心的出让性质土地、拥有房产证或预售证的可售物业资产等。这些资产除了可以在市场上较为快速地变现外，还可以通过证券质押、抵押贷款、资产证券化ABS等业务取得短期资金，为融资平台提供充足的现金流量。稳定和充足的经营收入是融资平台“造血功能”的体现，只有融资平台运营的项目具备持续获取营业收入能力，其偿债能力才能得到有效保障。对于基本覆盖率融资平台来说，政府补贴和经营收入同样重要，部分融资平台政府补贴占净利润的50%至80%，此时当地政府财政收入对融资平台还款能力起到主导作用。融资平台的筹资能力也是获取现金流量的主要途径，如发行债券、发行信托产品、融资租赁等。

三、退出类地方政府融资平台

根据银监发〔2013〕10号[①]的规定，实行融资平台的“名单制”管理，每季度更新一次名单。对经营性现金流比较稳定、偿债能力较强、公司治理较为完善的融资平台，经申请确认后，可退出融资平台名单。不满

① 银监发〔2013〕10号:《中国银监会关于加强2013年地方政府融资平台贷款风险监管的指导意见》。

足上述条件的融资平台仍属于按平台管理类公司，适用平台类监管标准。截至 2017 年 12 月末，退出银监会名单制管理的融资平台总计 2 498 家，成功转型为一般企业，见表 2.4。

表 2.4　2010—2017 年退出银监会名单的地方政府融资平台数量

时间（年）	2010	2011	2012	2013	2014	2015	2016	2017
退出数量	121	1 452	286	239	117	66	130	136

资料来源：Wind 资讯网 https：//www. wind. com. cn/.

大量融资平台选择退出银监会名单主要是由于对地方政府融资平台发债的严格限制和监管。《公司债券发行与交易管理办法》规定，债券发行人不包括地方政府融资平台公司。证监会对由地方政府及其部门直接或间接控股的企业申请发行公司债券，暂按以下标准执行：① 在银监会政府融资名单中，且非“退出类”，不得发行公司债；② 在银监会政府融资名单中，且为“退出类”，或者涉及土地开发、政府项目代建等相关业务的，其报告期（近 3 年，非公开发行为近 2 年）来自所属地方政府的收入和现金流占比，不得同时超过 50%，但募集资金用于省级保障房的除外。由于实际执行中一些企业通过调整会计处理规避以上发行条件，不利于切实防范化解地方政府债务风险，2016 年对指导规则进行修订。一是“双 50%”改为“单 50%”，即仅要求发行人来自所属地方政府的收入占比不得超过 50%，取消现金流占比指标。二是调整指标计算方法，发行人计算政府性收入占比，除了可采取报告期内各年度政府性收入占比的算数平均值外，也可采取“加权平均法”（各年度源自地方政府的收入总额/各年度营业收入总额）。发改委对于被银监会纳入政府融资平台名单且非“退出类”的发行人，原则上不再审批其发债申请。对于“退出类”平台发债，须提供银监会出具的相关证明，要求达到现金流全覆盖的标准。2014 年 12 月，银行间交易商协会[①]要求仍属于银监会监管名单或国家审计署名单内的融资平台，或是 2013 年 6 月后的新增债务纳入地方政府性债务管理的公司，注册发行短期融资券和中期票据时，均需要所在地同

① 中国银行间市场交易商协会发文：《关于进一步完善债务融资工具注册发行工作的通知》。

级财政及审计部门出具专项说明。2015 年适当放宽了标准，规定 2013 年 6 月后有新增债务纳入政府一类债务的公司需要出示专项说明，新增债务纳入政府二类和三类债务的公司可不必出示专项说明。对于轨道交通、水利建设等国家重点领域建设项目，只要具备市场化运作条件、财政补贴、政府购买服务收入合法合规，就支持通过注册发行债务融资工具融资。

退出类融资平台需要符合银监发〔2011〕191 号、银监发〔2013〕10 号等文件中规定的条件和程序。地方政府融资平台退出银监会名单的条件包括以下五个。① 公司治理完善、商业化运作。② 资产负债率 < 70%，须提供经过注册会计师审计的财务报告。③ 各债权银行均认定融资平台属于“全覆盖”风险类别，具备较强偿债能力。④ 用于偿还贷款的财政资金已经纳入预算管理并落实到位，贷款在抵押担保、期限安排和还款方式等方面符合要求。⑤ 融资平台信用良好、具备独立可持续发展能力，见图 2.1。退出包括以下程序。① 由牵头行发起，各债权行一致同意形成退出意见。② 融资平台退出申请由债权行提交总行审核批准。③ 总行通过退出审批申请后，债权行与地方政府、融资平台签字确认具体退出事项。④ 地方政府和银行分别做出退出承诺。地方政府及相关部门不再为“退出类”融资平台新增贷款提供任何形式的担保；商业银行承诺按审慎原则发放贷款，不得要求地方政府出具任何形式承诺或担保，独立承担新增贷款风险。⑤ 向融资平台相关监管部门登记备案后，融资平台正式退出平台名单，见图 2.2。

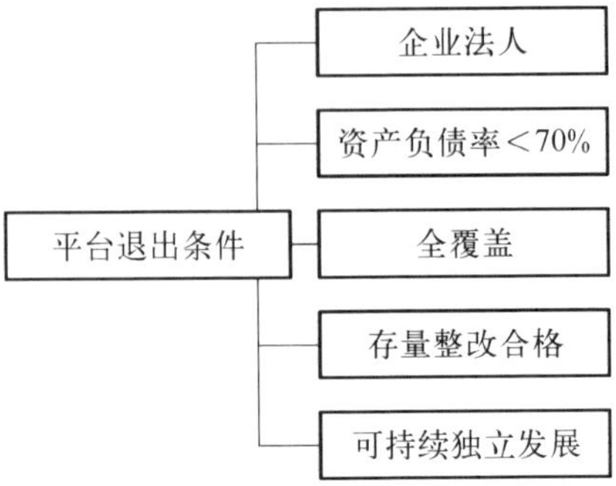

图 2.1 “退出类”融资平台条件

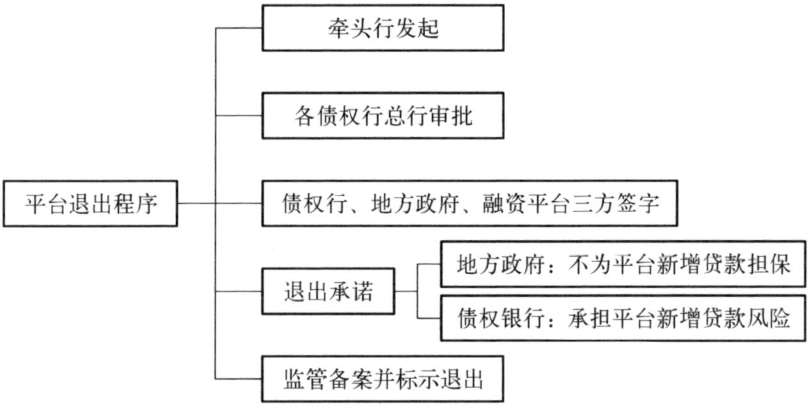

图 2.2　融资平台退出流程

第三节　地方政府融资平台的发展历程

作为中国特殊的财政和政府融资体制下的产物，地方政府融资平台伴随中国经济特别是基础建设事业的发展，经历了 1978 年至 1993 年的萌芽阶段、1994 年至 1997 年的初创阶段、1998 年至 2008 年的推广阶段、2009 年至 2010 年的爆发阶段、2011 年至 2013 年的治理阶段、2014 年至今的转型发展阶段。

一、萌芽阶段（1978—1993）

1978 年我国开始实行改革开放，计划经济体制下“财政无偿拨款、建设单位无偿使用”的资金管理模式逐渐被银行贷款有偿使用原则取代。从 1979 年开始，我国开始小范围试点基本建设“拨改贷”制度；到 1981 年，基本建设“拨改贷”制度在实行独立核算且具备还款能力的企业中全面推行。随着投融资改革的逐步推进，1988 年 7 月，国务院下发《国务院关于印发投资管理体制近期改革方案的通知》（国发〔1988〕45 号），提出成立专业投资公司进行固定资产投资开发和经营，让企业成为投资主体，重大长期建设投资实行分层次管理制度。中央层面能源、交通、原材料、机电轻纺、农业、林业六大专业投资公司，地方政府相应组建各类建设投资公司或国有资产管理公司[7]，代表国家投资基本建设项目，这可以被视为地方政府融资平台的雏形。

中共十四大提出建立社会主义市场经济体制改革目标，要使市场在国家宏观调控下对资源配置起基础性作用。同时提出深化投融资体制改革的主要方向和基本内容，把项目建设划分为竞争性、基础性和社会公益性三类，要求根据各自特点进行资金筹资和安排。

事实上，地方政府投融资模式的探索要早于体制改革政策的发布。20 世纪 80 年代初，广东试行“贷款修路、收费还贷”政策，尝试借贷融资进行基础设施建设。1987 年，定位于政府投融资主体的“上海久事公司”成立，以平台公司名义向国内外金融机构贷款进行城市基础设施建设，成为上海乃至中国最早的综合性地方政府投融资平台[8]。上海久事成为我国地方政府投融资体制改革的里程碑，各地地方政府纷纷效仿，利用市场机制为城市建设和发展筹集资金，推动了我国城市基础设施建设投融资模式的转变。1993 年 4 月，上海探索债券融资模式，上海城市建设开发投资总公司按票面利率 10.5%，发行 2 年期、5 亿元的城市建设债券，这可视为最早的“城投债”。

二、初创阶段（1994—1997）

1994 年，我国实行分税制改革，明确划分了中央和地方政府之间的财权和事权。但是，本次分税制改革使财权向中央上移而事权向地方下移，地方政府财权与事权的不平衡需要依靠中央财政转移支付弥补资金缺口。同时，分税制也明确了地方政府在城市基础设施建设上的责任，一旦中央财政转移支付难以满足地方基础设施建设资金缺口，地方政府必须自行解决。1998 年，国务院发布投资管理体制近期改革方案，提出改变中央过多包揽基础设施建设的局面，各地方政府应积极开拓多元化融资渠道，建立科学高效的投融资管理体系①。但是，投融资体制改革措施和 1994 年颁布的《预算法》中对地方政府负债管理方面的规定存在冲突。《预算法》第

① 国发〔1988〕45 号：《国务院关于印发投资管理体制近期改革方案的通知》，是由国务院在 1988 年 07 月 16 日成文，发布于 2011 年 09 月 01 日。

二十八条规定："地方各级预算按照量入为出、收支平衡的原则编制，不列赤字。除法律和国务院另有规定外，地方政府不得发行地方政府债券"。这一条款限制了地方政府作为举债的主体，意味着地方政府既不能以自身名义进行银行贷款，也不能以自身名义直接发行地方政府债券或市政债券。为应付基础设施建设的刚性资金需求，同时绕过法律法规的规定，地方政府通过组建融资平台公司进行资金筹集。

这一阶段地方政府融资平台处于初创期和探索期，融资总量并不大，发挥的作用也不十分明显。在融资渠道方面，限于当时我国金融市场不发达，直接融资比重较低，资金融通主要依靠银行贷款，所以地方政府融资平台以银行贷款为主，这也为之后融资平台与商业银行的融资关系奠定了坚实的基础。

三、推广阶段（1998—2008）

（一）国有企业监督管理体制改革

地方政府融资平台是在国有企业监督管理体制改革进程中，作为国有资产投资运营主体的组织形式之一开始推广发展的。1998 年之前，国有企业的监督管理职能分割于政府各个部门：财政部作为所有者代表进行宏观管理；经贸委进行重大生产经营决策管理；组织部和工委进行人事管理；发展计划委员会管理立项；劳动和社会保障部管理劳动及工资。1998 年中央实施政府机构改革，国务院撤销原国有资产管理局，由财政部履行国有企业出资人职责，同时撤除了几乎所有的社会经济管理部门，将其改组并入其他行政机构，不再直接管理企业。地方政府在此次改革过程中，将这类行业行政主管部门改组成行业性公司，并赋予其该行业的国有资产出资人职能。在国资委设立之前，这些行业性公司在国有资产管理方面起到承上启下的作用，成为实质运营国有资产的公司。

2003 年 4 月，国有资产监督管理委员会成立，出台一系列国有企业改制及产权管理文件，地方各级国资委（局）相继设立，国有资产逐步纳入各级地方国资委的监管框架下，进而形成了"国资委-国有企业"两层监督管理模式。国有企业虽然同属国资委监管，但在发展中分化为承担政策性或公益性职能的国有企业和一般经营性国有企业两类。另外，原来设有国有资产运营公司的地方，在国资委设立之后，这些中间层公司基本延续下来。这样一来，承担政策性职能的国有企业和原来设立的地方国有资产运营公司就演化为地方政府国有资产运营平台，同时承担着国有资产管理、运营和投融资功能。其融资的信用支持既来源于自身的股权结构，也来源于政府担保。但是政府作为出资人和最后救助人的政策性职能几乎没有差异，基本上，地方国有资产运营平台的信用等同于政府信用。

(二) 放宽地方政府基础设施建设项目审批权限

从 2001 年开始，按照“投资受益、风险自担”原则，中央不再审批投资总额在 2 亿元以下的、不需要国家投资的农林水利等五大类基础设施项目，将审批权限下放给地方政府。2002 年，建设部颁发建城〔2002〕272 号文件①，提出采用特许经营方式，吸引社会资本、外国资本投资市政公用行业。此后，国务院下发国发〔2004〕28 号②、国发〔2006〕31 号③和国发〔2006〕100 号④三份文件，对经营性用地实行招标、拍卖、挂牌等方式出让制度，推进土地资源的市场化配置。这些文件一方面进一步明确了地方政府建设基础设施的责任和权限，另一方面土地管理体制改革也为地方政府注资融资平台提供保障。

(三) 应对危机实施积极财政政策

1997 年爆发的东南亚金融危机，对我国经济体系造成严重冲击。为缓解金融危机的影响，我国实施积极财政政策，通过扩大基础设施投入刺激经济发展[9]。1998—2001 年，我国共发行长期建设国债和特种国债 5 100 亿元,安排国债项目 8 600 余项，投资总规模 2.6 万亿元，重点投向城市供水、污水处理、堤防、公路、铁路等基础设施建设领域[10]。国家开

---

① 建城〔2002〕272 号:《关于加快市政公用行业市场化进程的意见》。
② 国发〔2004〕28 号:《国务院关于深化改革严格土地管理的决定》。
③ 国发〔2006〕31 号:《国务院关于加强土地调控有关问题的通知》。
④ 国办发〔2006〕100 号:《国务院办公厅关于规范国有土地使用权出让收支管理的通知》。

发银行在芜湖试点，由地方政府组建城投公司等融资平台，由地方政府出具承诺函为贷款增信，采取打包贷款方式，获得市场化融资来源，开启以地方政府融资平台为媒介的“银政合作”模式。

总体来看，1998—2003年的政策扩张周期中，虽然中央通过发行长期建设国债转贷地方政府使用，同时尝试探索发展地方政府融资平台，但没有推出创新地方政府融资平台的制度安排。2004年，城投公司债务约占城市总负债额的48.6%，全国地级及以上城投公司负债总额为5 248亿~5 832亿元。抽样调查城投公司发现，51.7%的城投公司资产负债率超过60%警戒线，仅15%的资产负债率低于30%。地方政府债务风险已经初步显现。

融资平台运作中暴露出政企不分、投资决策权落实不到位、市场无法在资源配置中发挥基础性作用等问题，必须转变政府管理职能，建立完善政府投资体制，并对地方政府的投资行为加以规范①。2006年4月，五部委联合下发文件，规范和整顿打包贷款方式，禁止地方政府违反《担保法》规定对融资平台贷款提供担保，以限制融资平台的投资冲动和盲目扩张②。

四、爆发阶段（2008—2010）

2008年下半年开始，受美国次贷危机影响，全球经济陷入衰退，以美国为主导的发达经济体纷纷实施扩张性货币政策。中国也开始实施积极财政政策和适度宽松货币政策，启动了“4万亿”经济刺激计划，地方政府配套资金总计约为30万亿。2008年12月，国务院办公厅发布126号文件③，大力推动包括公司债、企业债、短期和中期票据等债券市场的发展，优先发展的债券类型中基础设施、民生工程和生态环境等都与地方政府融资项目相关。同月发行了首只城投中期票据——08沪城投MTN001，票面利率3.95%，期限5年。2009年3月，中国人民银行和银监会联合发布鼓

---

① 国发〔2004〕20号：《关于投资体制改革的决定》。
② 银监发〔2006〕27号：《关于加强宏观调控，整顿和规范各类打捆贷款的通知》。
③ 国办发〔2008〕126号：《国务院办公厅关于当前金融促进经济发展的若干意见》。

励地方政府设立融资平台，调整信贷结构促进经济发展的文件①，吹响了地方政府融资平台全面发展的号角。文件一方面鼓励地方政府通过补贴、奖励机制促进融资平台合规合理贷款，另一方面支持组建融资平台作为发行城投债、中期票据等债券的主体，提供中央投资项目的地方配套资金。同期，财政部试行地方政府债券发行②，2009 年财政部代发 2 000 亿地方政府债券。2009 年 10 月，财政部发布通知促进地方政府拓宽融资渠道，加快落实中央投资项目要求的配套资金。明确地方政府可以采用一般预算资金、土地出让收益、中央财政代发债券资金、通过融资平台市场化筹措资金、其他地方政府财政收入等五类渠道筹集资金。为督促各地地方政府加快配套资金落实，对于落实不到位的地区，中央政府相应扣减或暂缓下达后续投资预算。

在中央政府和地方政府的联合发力下，地方政府融资平台及其债务规模呈现爆发式增长。2011 年审计署发布《全国地方政府性债务审计结果》，截至 2010 年年末，全国地方政府性债务规模为 107 174.91 亿元。其中，62.62%是政府负有直接偿还责任的债务，为 67 109.51 亿元；21.80%是政府负有担保责任的或有债务，为 23 369.74 亿元；15.58%是政府可能承担一定救助责任的债务，为 16 695.66 亿元。在所有的地方政府债务中，通过融资平台举借的债务占据较大规模。2010 年底融资平台公司政府性债务余额 49 710.68 亿元，占地方政府性债务余额的 46.38%。全国共有地方政府融资平台 1 万余家，较 2008 年年末增长 25%以上，其中，县级（含县级市）平台约占 70%，融资平台贷款约占人民币贷款总额 30%，国有商业银行和政策性银行是贷款的主要提供者[10]。

五、治理阶段（2010—2013）

（一）规范地方政府融资平台管理及融资行为

2008 年后，地方政府融资平台进入快速增长期，为地方政府融资完成

① 银发〔2009〕92 号：《关于进一步加强信贷结构调整促进国民经济平稳较快发展的指导意见》。

② 财预〔2009〕21 号：《2009 年地方政府债券预算管理办法》。

财政扩张政策发挥了积极作用。但是地方政府融资平台发展中的问题也开始显现，规范对融资平台的注资和担保行为，防止政府债务风险向社会公众扩散的呼声不断高涨。2009 年 11 月，财政部发布通知，禁止地方政府由财政担保，通过融资平台向行政事业单位职工等公众集资，筹集拆迁建设款项①。2010 年 5 月，国务院召开常务会议，要求分类整顿和规范地方政府设立融资平台，加强平台治理，核实清理融资平台债务，加强金融机构对融资平台贷款的管理，妥善处理贷款风险，禁止地方政府对融资平台违规担保。2010 年 6 月，国务院提出进一步加强地方政府融资平台管理，按照分类管理、区别对待原则，对存量债务偿还和后续融资需要做好安排，但对需要财政资金偿债的公益性融资平台，不得再承担融资任务；对于没有稳定现金流来源的融资平台，银行不得发放贷款。资金供给方面，建议银行适当提高融资平台贷款的风险资本权重，严格按照五级贷款质量分类管理，禁止银行要求地方政府提供违规隐性担保②。2010 年 7 月，财政部牵头各部委联合发布通知，明确以 2010 年 6 月 30 日为时间节点对融资平台债务进行清理，划分新老债务，区别处理。公益性平台划分的标准是来源于自身收益的偿债资金低于 70%，坚决制止将公益性资产注入平台作为资本金，坚决制止地方政府违规担保③。

2010 年 8 月，银监会发布 244 号文件，按照现金流覆盖率对融资平台贷款风险划分为“全覆盖、部分覆盖、基本覆盖、无覆盖”四类④。2010 年 10 月，银监会发布 309 号文件，对公司类贷款逐户监测，对保全分离为公司类贷款、清理回收贷款密切关注并定期报告，对平台类贷款特别是新增贷款的现金流和偿还情况严格监控⑤。2010 年 11 月，银监会发布 98 号文件，要求银行通过动态台账管理，按照抵押品质量、现金流覆盖率

---

① 财预〔2009〕388 号：《关于坚决制止财政违规担保向社会公众集资行为的通知》。

② 国发〔2010〕19 号：《国务院关于加强地方政府融资平台公司管理有关问题的通知》。

③ 财预〔2010〕412 号：《关于贯彻国务院关于加强地方政府融资平台公司管理有关问题的通知相关事项的通知》。

④ 银监办发〔2010〕244 号：《中国银监会办公厅关于地方政府融资平台贷款清查工作的通知》。

⑤ 银监办发〔2010〕309 号：《中国银监会办公厅关于做好下一阶段地方政府融资平台贷款清查工作的通知》。

等条件进行拨备计提管理①。2010 年 11 月，发改委发布 2881 号文件，收紧融资平台债券发行条件，偿债资金来源不得低于平台自身收益的 70%，如果公益类项目收入占融资平台总收入的 30%以上，要求提供本级政府债务余额和综合财力信息，再次强调地方政府不得违规担保，公益性资产不得注入平台作为资本金②。2010 年 12 月，银监会公布 110 号文件，明确提出对地方政府融资平台贷款进行“正常、关注、次级、可疑和损失”五级分类，后三类为不良贷款，比照企业贷款对融资平台贷款计提拨备和风险资本权重③。

（二）信用风险凸显下的从严监管

2011 年，随着融资平台举债规模迅速膨胀、运作不够规范、同一笔资本金重复注册融资平台、地方政府违规或变相提供担保等问题进一步加剧，信用风险频发。2011 年 5 月，银行间交易商协会严厉处罚四川高速公路建设开发总公司，该公司无偿划转股权行为影响了两只存续城投债的偿债能力，导致当年剩余发债额度被注销。2011 年 6 月，云南路投公司向债权银行发函，声称“只付息，不还本”，构成信用违约，后经地方政府协调，追债银行获得云南省政府注资涉事企业的承诺。2011 年 6 月，上海申虹投资公司因流动性负债调整，提出延期还款要求，希望能将贷款转为资产抵押贷款。2011 年 7 月，云投集团因贷款衔接问题进行资产重组，消息公开后被抛售债券，云投集团发行的债券被评级机构列入信用观察名单。

融资平台信用风险频发，导致主管部门进一步加强监管。2011 年 3 月，银监会发布 34 号文件，融资平台贷款审批权限由分行上交至总行，融资平台退出银监会名单须满足“全覆盖”“定性一致”和“三方签字”原则④。2011 年 6 月，发改委发布 1388 号文件，对用于保障房建设的融资平

---

① 银监发〔2010〕98 号:《中国银监会关于加强当前重点风险防范工作的通知》。

② 发改办财金〔2010〕2881 号:《国家发展改革委办公厅关于进一步规范地方政府投融资平台公司发行债券行为有关问题的通知》。

③ 银监发〔2010〕110 号:《中国银监会关于加强融资平台贷款风险管理的指导意见》。

④ 银监发〔2011〕34 号:《中国银监会关于切实做好 2011 年地方政府融资平台贷款风险监管工作的通知》。

台债券发行，优先办理核准手续[①]。2011年6月，银监会发布191号文件，以2010年6月30日为分界点，实行“四贷四不贷”原则：对退出类平台银行可以自主放贷，对名单内融资平台，只有符合公路法的项目、保障房、国务院重大项目、已完成全覆盖整改的四类项目可以新增贷款，但对名单制以外融资平台、有地方政府担保承诺、以公益性资产抵质、以土地使用权证的土地抵押四类项目不准新发贷款[②]。2011年6月，银监会进一步规范信托和融资租赁机构对平台的融资，要求控制异地融资平台信托业务，将信托类融资平台贷款纳入表内监管，比照银行进行存量业务分类处置，对新增业务严格控制和监管[③]。2011年7月，发改办财金〔2011〕1765号文件要求加强债券存续期的市场信息披露和约束机制[④]。同年10月，财政部批准上海市、浙江省、广东省、深圳市试点自行发行地方政府债券，规范地方政府债券发行和流通市场发展[⑤]。

（三）收紧融资平台贷款、规范城投债发行及偿还方式

2012年，一方面开始收紧商业银行对地方融资平台贷款发行，另一方面在规范城投债偿还方式基础上放松城投债的发行条件。2012年2月，银监会公布融资平台贷款风险监管指导意见，在分类管理基础上，严格降旧控新，严格平台退出管理，强化信贷约束[⑥]。2012年4月，发改委要求城投债提前分期偿付本金，改原来的“第5年赎回、回售，第7年还完本金”为“第3年到第7年每年归还本金20%”。2012年4月，发改委收紧城投债发行，原则上不再审批银监会融资平台名单内发行人的发债申请。2012年5月，中国人民银行、银监会、财政部联合发布文件，将资产证券

---

① 发改办财金〔2011〕1388号：《国家发展改革委办公厅关于利用债券融资支持保障性住房建设有关问题的通知》。

② 银监办发〔2011〕191号：《关于地方政府融资平台贷款监管有关问题的说明》。

③ 非银发〔2011〕15号：《中国银监会非银部关于进一步落实信托公司、金融租赁公司地方政府融资平台清查工作的通知》。

④ 发改办财金〔2011〕1765号：《国家发展改革委办公厅关于进一步加强企业债券存续期监管工作有关问题的通知》。

⑤ 财库〔2011〕141号：《2011年地方政府自行发债试点办法》。

⑥ 银监发〔2012〕12号：《中国银监会关于加强2012年地方政府融资平台贷款风险监管的指导意见》。

化基础资产范围扩大到合规的地方政府融资平台贷款①。2012 年 6 月，发改委按照“21111”原则核准城投债发行主体数量：省会发债融资平台最多 2 家，国家级开发区、保税区和地级市发债平台最多 1 家，百强县发债平台最多 1 家，虽然对直辖市的发债平台没有数量限制，但直辖市所属区仅能有 1 家融资平台发债。2012 年 6—7 月，发改委逐步放松企业债发行条件，非百强县以外的县级主体可以试点发行企业债，只要地方银监局出具文件证明为“非融资平台”的企业都可以发债，同时研究发行企业私募债。银行间交易商协会也同时放松融资平台发债主体条件，包括有真实现金流产业类公司、全民所有制企业、保障房建设项目、19 号文中支持的地铁轨交项目。银行间交易商协会将城投债发行审批时间缩短到两至三个月，发改委将审批时间缩短至半年以内。发改委对绿色通道类企业债、重点支持项目企业债简化发行审批程序，实行分类排队、即报即审。

（四）加强城投债风险监控

2012 年 11 月开始，基于之前条件放松后城投债发行和风险问题，银行间市场交易商协会对融资平台的发债申请再次收紧，除省级、直辖市、省会城市、计划单列市等副部级（含）以上发行人的项目外，暂停接受其他主体申请。发改委发布企业债券风险防范通知②，对资产负债率为 65%~80%的融资平台重点关注，资产负债率为 80%~90%的融资平台需要提供担保，资产负债率超过 90%的融资平台不予核准发债；产业类融资平台信用评级为 AA-及以下的，需要进行抵押质押或第三方担保，城投类融资平台信用评级在 AA-及以下的，需要政府签订回购协议。2012 年 12 月，财政部等联合发布文件制止融资平台违规融资行为，对违规进行公众集资、政府回购方式举借债务、以公益性资产注资融资平台、地方政府对融资平台违规担保等行为严厉禁止③。

2013 年 3 月，银监会进一步收紧对地方政府融资平台贷款的监管。银

---

① 银发〔2012〕127 号:《关于进一步扩大信贷资产证券化试点有关事项的通知》。

② 发改办财金〔2012〕3451 号:《国家发展改革委办公厅关于进一步强化企业债券风险防范管理有关问题的通知》。

③ 财预〔2012〕463 号:《关于制止地方政府违法违规融资行为的通知》。

发〔2013〕71号文件要求严格控制融资平台贷款余额，保证只降不增，对县及县以下平台贷款重点压缩，限制银行对融资平台发行的各种债券开展回购融资业务[①]。2013年4月，银监会发布10号文件，要求银行在控制平台贷款总量的基础上优化结构，重点支持省级平台、保障性住房和重点项目的资金需求。通过全口径融资平台负债统计，加强风险监控，审慎持有融资平台债券[②]。2013年5月，发改委通过对企业进行财务抽查，加强对"从严审核类"和"适当控制规模和节奏类"的发债管理[③]。在严格管理融资平台发行城投债的同时，财政部继续扩大地方政府自行发债试点范围至上海市、浙江省、广东省、深圳市、江苏省和山东省[④]。2013年7月，由于"10赤峰债"的发行人未能提供评级所需资料，大公国际撤销其信用评级；"07长城开""10襄投债""07九江债"因为财政应收账款质押偿付资金未打入监管账户，债券增信力下降，被下调评级。

（五）"专项债券"和"政府与社会资本合作（PPP）"萌芽

2013年8月，发改委将地方债预审权限下放至省级发展改革部门，标志着企业债发行重启[⑤]。发改办财金〔2013〕2050号文件对承担棚户区改造项目建设任务的企业发行债券加快审核程序，总投资70%的资金可以通过"债贷组合"专项债券募集[⑥]。2013年9月，国务院发布36号文件，提出吸引社会资本，采用多种方式，建设合理和有一定回报的城市基础设施项目[⑦]。这可以视为国务院推动政府与社会资本合作（PPP）建设基础设施项目的萌芽。

---

① 银监办发〔2013〕71号：《中国银监会办公厅关于印发2013年农村中小金融机构监管工作要点的通知》。

② 银监发〔2013〕10号：《中国银监会关于加强2013年地方政府融资平台贷款风险监管的指导意见》。

③ 发改办财金〔2013〕1177号：《国家发展改革委办公厅关于对企业债发行申请部分企业进行专项核查工作的通知》。

④ 财库〔2013〕77号：《2013年地方政府自行发债试点办法》。

⑤ 发改办财金〔2013〕1890号：《国家发展改革委办公厅关于进一步改进企业债券发行工作的通知》。

⑥ 发改办财金〔2013〕2050号：《国家发展改革委办公厅关于企业债券融资支持棚户区改造有关问题的通知》。

⑦ 国发〔2013〕36号：《国务院关于加强城市基础设施建设的意见》。

2013年12月，审计署发布第32号公告，“截至2013年6月底，融资平台作为举债主体的负债中，政府负有偿还责任、担保责任和可能承担一定救助责任的债务，三项总计6.97万亿元”①。地方政府已经积累了相当庞大的存量债务规模，融资期限多为3~5年期的银行贷款和中期票据，本息偿还周期较短、地方政府偿债压力较大。由于城投债属于企业债券，融资成本较高、融资期限较短，与地方政府建设非经营性基础设施建设项目的资金需求存在期限不匹配和资金流量不匹配。为了地方政府投融资合理性和可持续性，国家在限制银行贷款的同时积极探索地方政府发行地方债券融资的方式，以规范新增债务、化解存量债务风险。

2014年之前地方政府融资平台政策如表2.5所示。

表2.5　2014年之前地方政府融资平台政策

发布机构	文　　号	文件/政策
国务院	国发〔2010〕19号	《国务院关于加强地方政府融资平台公司管理有关问题的通知》
	国办发〔2013〕107号	《国务院办公厅关于加强影子银行监管有关问题的通知》
	国发〔2014〕43号	《国务院关于加强地方政府性债务管理的意见》
	国发〔2014〕45号	《国务院关于深化预算管理制度改革的决定》
部委联合行文	财预〔2010〕412号	《关于贯彻国务院关于加强地方政府融资平台公司管理有关问题的通知相关事项的通知》
	国土资发〔2012〕162号	《关于加强土地储备与融资管理的通知》
	财预〔2012〕463号	《关于制止地方政府违法违规融资行为的通知》
	银发〔2014〕127号	《关于规范金融机构同业业务的通知》
国家发改委	发改财金〔2004〕1134号	《国家发展改革委关于进一步改进和加强企业债券管理工作的通知》
	发改财金〔2008〕7号	《国家发展改革委关于推进企业债券市场发展、简化发行核准程序有关事项的通知》
	发改办财金〔2010〕2881号	《国家发展改革委办公厅关于进一步规范地方政府投融资平台公司发行债券行为有关问题的通知》

① 2013年第32号公告：《全国政府性债务审计结果》。

续　表

发布机构	文　号	文件/政策
国家发改委	发改办财金〔2011〕1388号	《国家发展改革委办公厅关于利用债券融资支持保障性住房建设有关问题的通知》
	发改办财金〔2011〕1765号	《国家发展改革委办公厅关于进一步加强企业债券存续期监管工作有关问题的通知》
	发改办财金〔2012〕2804号	《国家发展改革委办公厅关于加强企业发债过程中信用建设的通知》
	发改办财金〔2012〕3451号	《国家发展改革委办公厅关于进一步强化企业债券风险防范管理有关问题的通知》
	发改办财金〔2013〕742号	《国家发展改革委办公厅关于开展保障房项目企业债券募集资金使用情况检查的通知》
	发改办财金〔2013〕957号	《国家发展改革委办公厅关于进一步改进企业债券发行审核工作的通知》
	发改办财金〔2013〕1177号	《国家发展改革委办公厅关于对企业债券发行申请部分企业进行专项核查工作的通知》
	发改办财金〔2013〕1890号	《国家发展改革委办公厅关于进一步改进企业债券发行工作的通知》
	发改办财金〔2013〕2050号	《国家发展改革委办公厅关于企业债券融资支持棚户区改造有关问题的通知》
	发改办财金〔2014〕1047号	《国家发展委办公厅关于创新企业债券融资方式扎实推进棚户区改造建设有关问题的通知》
	发改投资〔2014〕2724号	《国家发展改革委关于开展政府和社会资本合作的指导意见》
银监会	银发〔2009〕92号	《关于进一步加强信贷结构调整促进国民经济平稳较快发展的指导意见》
	银监发〔2010〕98号	《中国银监会关于加强当前重点风险防范工作的通知》
	银监发〔2010〕103号	《中国银监会关于规范中长期贷款还款方式的通知》
	银监发〔2010〕110号	《中国银监会关于加强融资平台贷款风险管理的指导意见》
	银监办发〔2010〕309号	《中国银监会办公厅关于做好下一阶段地方政府融资平台贷款清查工作的通知》

续 表

发布机构	文　　号	文件/政策
银监会	银监发〔2011〕7号	《中国银监会关于进一步规范银信理财合作业务的通知》
	非银发〔2011〕14号	《关于做好信托公司净资本监管、银信合作业务转表及信托产品营销等有关事项的通知》
	非银发〔2011〕15号	《中国银监会非银部关于进一步落实信托公司、金融租赁公司地方政府融资平台清查工作的通知》
	银监发〔2011〕34号	《中国银监会关于切实做好2011年地方政府融资平台贷款风险监管工作的通知》
	银监办发〔2011〕91号	《关于印发地方政府融资平台贷款监管有关问题的说明通知》
	银监办发〔2011〕190号	《中国银监会办公厅关于进一步加强地方政府融资平台数据报送的通知》
	银监办发〔2011〕191号	《关于地方政府融资平台贷款监管有关问题的说明》
	银监发〔2012〕12号	《中国银监会关于加强2012年地方政府融资平台贷款风险监管的指导意见》
	银监办发〔2012〕237号	《中国银监会办公厅关于规范同业代付业务管理的通知》
	银监发〔2013〕8号	《中国银监会关于规范商业银行理财业务投资运作有关问题的通知》
	银监发〔2013〕10号	《中国银监会关于加强2013年地方政府融资平台贷款风险监管的指导意见》
	银监办发〔2013〕175号	《中国银监会办公厅关于地方政府融资平台全口径统计的通知》
	银监办发〔2014〕39号	《关于2014年银行理财业务监管工作的指导意见》
	银监办发〔2014〕99号	《中国银监会办公厅关于信托公司风险监管的指导意见》
	银监办发〔2014〕140号	《中国银监会办公厅关于规范商业银行同业业务治理的通知》
	银监办发〔2014〕250号	《关于开展银行业金融机构同业新规执行情况专项检查的通知》

续　表

发布机构	文　号	文件/政策
财政部	财预〔2009〕388 号	《关于坚决制止财政违规担保向社会公众集资行为的通知》
	财会〔2010〕22 号	《关于印发〈地方政府融资平台公司公益性项目债务核算暂行办法〉的通知》
	财金〔2014〕76 号	《财政部关于推广运用政府和社会资本合作模式有关问题的通知》
	财金〔2014〕112 号	《关于政府和社会资本合作示范项目实施有关问题的通知》
	财金〔2014〕113 号	《财政部关于印发政府和社会资本合作模式操作指南（实行）的通知》
	财预〔2014〕351 号	《财政部关于印发〈地方政府存量债务纳入预算管理清理甄别办法〉的通知》
其他	中国结算发字〔2014〕149 号	《关于加强企业债券回购风险管理相关措施的通知》
	—	《关于 2012 年地方政府融资平台贷款风险监管政策有关问题的说明》
	—	《2012 年地方政府融资平台贷款风险监管工作会议强调 深化整改缓释风险 推进地方政府融资平台贷款清理规范工作》
	—	《关于规范平台公司发行企业券有关审核标准的工作指引（初稿）》
	—	《地方政府融资平台公司管理暂行办法》
	—	《关于 99 号文的执行细则》
	—	《地方政府融资平台全口径融资统计表（截至 2014.9.30）》

资料来源：根据国务院、财政部、发改委、银监会等发布文件整理。

六、转型发展阶段（2014 年至今）

（一）地方政府发行债券、剥离平台融资职能

针对 2013 年政府性债务审计结果，发改委提出了六条规范地方政府债

务的措施：推动债务置换、降低融资成本、差别化审批、允许部分企业借新还旧、保在建和低收益项目。2014 年 4 月，全国人大《预算法》修正案草案三审稿，拟放开地方政府举债。随后，财政部印发《财政部代理发行2014 年地方政府债券发行兑付办法》（财库〔2014〕41 号），明确对地方政府债券实行年度发行额管理，当年发行额度限制在国务院批准的限额之内。财库〔2014〕57 号文件，将试点发行地方政府债券的范围进一步扩大，并实行自发自还[①]。2014 年 6 月，国务院发布 18 号文件深化经济体制改革[②]，提出采用市场化直接融资方式，以地方政府为主体发行债券；融资平台不再代理地方政府进行融资，融资平台新增债务与地方政府剥离。同时提出将地方政府性债务纳入财政预算，实行限额管理。

2014 年 8 月，《预算法》修订案表决通过，地方政府从 2015 年 1 月1 日开始，具有以自身为主体的合法融资地位。2014 年 10 月，国务院发布43 号文件，被视为地方政府债务管理的分水岭，以 2013 年债务审计数据为依据，甄别存量地方融资平台债务，属于地方政府承担偿还责任的债务纳入预算管理，其他债务由融资平台自行承担，从地方政府债务中剥离。融资平台不得新增地方政府债务，金融机构也不得要求地方政府违约提供担保或承诺。今后，在批准债务限额内的地方政府性债务属于合理合法举债，对地方政府违规担保、过度举债、恶意逃废债务、违规使用债务资金等行为依法追究责任[③]。为配合 43 号文件的实施，发改委大幅提高企业债发行门槛，导致短期内以融资平台为主体的城投企业债发行放缓[④]。财政部公布 351 号文件，规定地方政府存量债务清理认定口径和甄别原则[⑤]。银行间交易商协会要求融资平台债券的主承销商补充提供《地方政府说明性文件要点》和《主承销商尽职调查要点》两份申请材料[⑥]。中国证券登记公司发布 149 号文件，提高企业质押回购融资的条件，加强回购风险管

① 财库〔2014〕57 号：《2014 年地方政府债券自发自还试点办法》，宣布上海、浙江、广东、深圳、江苏、山东、北京、江西、宁夏、青岛 2014 年试点地方政府债券自发自还。

② 国发〔2014〕18 号：《关于 2014 年深化经济体制改革重点任务的意见》。

③ 国发〔2014〕43 号：《国务院关于加强地方政府性债务管理的意见》。

④ 国家发改委发文：《关于全面加强企业债券风险防范的若干意见》。

⑤ 财预〔2014〕351 号：《地方政府存量债务纳入预算管理清理甄别办法》。

⑥ 银行间交易商协会发文：《关于进一步完善债务融资工具注册发行工作的通知》。

理[①]。一系列监管政策明确了地方政府举借债务的合法性，同时对融资方式给予严格规范，对融资平台贷款和以融资平台为主体发行的城投债加以限制。2014 年 12 月，“14 天宁债”“14 乌国投债”因被撤销政府债务资格而推迟发行。由于当地政府应收账款回款不理想，地方财政收入下滑，债务负担较重引发再融资风险，“11 鄂尔多斯债”评级被调整为负面，“12 东胜债”被下调评级。

（二）明确地方政府债券和专项债券发行条件

在监管重压下，一方面城投债开始出现兑付和担保风险；另一方面债务置换、PPP 项目和地方政府专项债券发行等开始实施。2015 年 1 月，“10 东飞 01 私募债”出现兑付危机，东台交投声明该项债务关于本公司的担保条款缺乏真实性，不予承认。2015 年 3 月，财政部启动 3 万亿存量债务置换，其中 1 万亿额度用于置换地方政府存量债务，分配到各省和直辖市的财政厅。同月，财政部发布一般债券[②]和专项债券管理暂行办法[③]，明确发行主体、发行条件、发行价格制定和发行流程。发改委 2015 年 4 月进一步明确四类行业专项债券发行指引细则，适当放宽企业债发行条件，为退出类融资平台提供新的融资渠道。2015 年 5 月，各部委联合下发三份文件，分别针对地方政府债券承销方式、融资平台在建项目后续融资、简化发债审批程序用于重点领域和项目。财库〔2015〕102 号明确定向承销方式发行地方政府置换债务的相关要求[④]，国办发〔2015〕40 号明确融资平台在建项目后续融资问题的处理原则，对农田水利、保障安居、城市轨交等融资平台在建项目融资重点支持，但对在建项目的新增融资需要规范管理[⑤]。发改财金〔2015〕1327 号鼓励重点领域和重点项目的优质企业发行

---

① 中证登〔2014〕149 号:《关于加强企业债券回购风险管理相关措施的通知》。

② 财库〔2015〕64 号:《财政部关于印发〈地方政府一般债券发行管理暂行办法〉的通知》。

③ 财库〔2015〕83 号:《财政部关于印发〈地方政府专项债券发行管理暂行办法〉的通知》。

④ 财库〔2015〕102 号:《关于 2015 年采用定向承销方式发行地方政府债券有关事宜的通知》。

⑤ 国办发〔2015〕40 号:《国务院办公厅转发财政部人民银行银监会关于妥善解决地方政府融资平台在建项目后续融资问题的意见》。

债券，支持县级企业发行债券①，2015年6月，发改委放宽企业债券募集资金用途，允许不超过40%的资金用于营运资金和偿还债务②。2015年8月，十二届全国人大第十六次会议表决通过《国务院关于提请审议批准2015年地方政府债务限额的议案》，2014年末不含担保和救助类的全国地方政府债务余额15.4万亿元，批准2015年地方政府债务限额16万亿元，地方政府债务的债务率为86%。2015年11月，发改委进一步简化申报程序，提高审核效率，推进企业债券发行管理由核准制向注册制过渡，核准时间不超过30个工作日（情况复杂的不超过60个工作日），鼓励信用优良企业发债融资，增强债券资金使用灵活度，做好企业债券偿债风险防范③。2015年12月，财政部发布地方政府债务限额管理意见，提出依法妥善处理融资平台存量债务和地方政府或有债务的指导④。

（三）摸底地方政府性债务、出台债务风险应急处置预案

2016年2月，财政部等四部委联合出台土地储备相关规定，明确政府土地储备机构属于公益性组织，地方政府不得使用土地储备获取银行信贷，也不得将土地储备资产注入融资平台⑤。2016年4月，宁波交投先后在上交所发布“11甬交投”和“12甬交投”两期公司债的风险提示公告，如果公司2015年审计后的净利润为负值，上交所对上述两期债券进行停牌处理。宣化北山工业园和海南交投为减少利息支出、降低债务风险，拟计划通过地方政府债券置换的方式，提前偿还债券本金及利息。宣化北山工业园和海南交投先后发文取消该计划，并将相关债券纳入地方政府债务。2016年10月，财政部接受违规举报赴贵州调研，要求贵州各地政府限期

① 发改办财金〔2015〕1327号：《国家发展改革委办公厅关于充分发挥企业债券融资功能支持重点项目建设促进经济平稳较快发展的通知》。

② 发改电〔2015〕353号：《对发改办财金〔2015〕1327号文件的补充说明》。

③ 发改办财金〔2015〕3127号：《国家发展改革委办公厅关于简化企业债券审报程序加强风险防范和改革监管方式的意见》，AAA、由AA+及以上担保公司担保、有效资产抵质押债项达到AA+及以上的豁免委内复审环节；债项AA及以上发债主体（含县域企业）不受发债企业数量指标限制。

④ 财预〔2015〕225号：《财政部关于对地方政府债务实行限额管理的实施意见》。

⑤ 财综〔2016〕4号：《关于规范土地储备和资金管理等相关问题的通知》。

撤回财政担保文件，再次明确政府承诺函等信用担保形式不具有法律效力。同月，财政部发布了两份摸底文件。一是《关于调查融资平台公司债务等有关数据的通知》（财预明电〔2016〕5 号），汇总 2014 年以来融资平台公司以及承担了类似融资平台公司职能的国有企业、事业单位债务等有关数据。调查发现，融资平台公司转型发展面临较大困难，大部分平台由于资产质量差、无法通过经营实现持续稳定的现金流，所以难以在短期内切断与地方政府之间的关联，地方政府仍具有较高的或有债务风险。二是《关于开展部分地区地方政府债务管理存在薄弱环节问题专题核查工作的通知》（财办预〔2016〕94 号），重点核查违规举债、政府出具担保函等情况，对内蒙古、河南、重庆、四川等地，部分县市、金融机构和个别企业问责处理。在摸底清查地方政府债务风险的基础上，2016 年 11 月，国务院发布 88 号文件，对地方政府性债务风险设置应急处置预案，各地方政府要设立应急处置机构、明确应急处置债务风险的分类和范围①，规定中央政府不对地方债务兜底，存量担保救助类债务不属于地方政府债务，同时建立四级风险事件响应机制、责任追究机制（政绩考核）和财政重整计划的处置机制。2016 年 12 月，财政部公布《财政部驻各地财政监察专员办事处实施地方政府债务监督暂行办法》（财报〔2016〕175 号），进一步规范地方政府债务，建立常态化监督机制。地方政府举借债务的方式只有两种：发行地方政府债券；外债转贷。同时，进一步强调地方政府不得违规担保、违规回购、违规出资和注入公益性资产、违规提供兜底承诺或最低收益承诺等。

（四）划清融资平台与地方政府债务界限

2017 年 4 月，银监会发布 6 号文件，强化银行体系对地方政府债务的风险管控，商业银行不得违规新增地方政府融资平台贷款，严禁接受地方政府担保兜底；不得通过各种方式将专项建设基金、政府与社会资本合作、政府购买服务等新型业务模式异化形成违规政府性债务；各级监管机

---

① 国办函〔2016〕88 号：《国务院办公厅关于印发地方政府性债务风险应急处置预案的通知》。

构要会同有关部门强化地方政府债务全口径监测①。同月，财政部发布50号文件，对地方政府四类违规行为做出明确界定：不规范的融资担保、将公益性资产或储备土地注入融资平台、以土地预期出让收入作为平台偿债资金、干预金融机构正常经营获取融资②。地方政府不得以借贷资金出资设立各类投资基金，严禁地方政府利用PPP、政府出资的各类投资基金等方式违法违规变相举债；允许地方政府结合财力可能设立或参股担保公司（含各类融资担保基金公司），构建市场化运作的融资担保体系，鼓励政府出资的担保公司依法依规提供融资担保服务，地方政府依法在出资范围内对担保公司承担责任。50号文彻底划清融资平台和地方政府债务界限，重点加强对PPP的监管，探索设立或参股地方政府融资担保公司形式，建立跨部门联合监控和防范风险机制。2017年5月，财政部发布62号文件，划清土地储备和融资平台债务界限，地方各级政府不得以土地储备名义为非土地储备机构举借政府债务，不得通过地方政府债券以外的任何方式举借土地储备债务，不得以储备土地为任何单位和个人的债务以任何方式提供担保③。同月，财政部发布87号文件，针对地方政府通过PPP项目和政府采购变相融资、明股实债等行为，对地方政府购买服务的范围边界、预算管理做出明确规范，严禁利用或虚构政府购买服务合同违法违规融资④。2017年6月，政府发布两项专项债券管理办法。一是《地方政府收费公路专项债券管理办法（试行）》（财预〔2017〕97号），要求地方各级财政部门、交通运输部门不得通过企事业单位举借债务，债务融资的唯一方式是发行专项债券。专项债券对应项目形成的基础设施资产和收费公路权益，应当严格按照债券发行时约定的用途使用，不得用于抵质押。这意味着高速公路等准公益性融资平台开始转型，政府还贷公路（政府收费公路）发行专项债券方式融资，经营性收费公路（企业收费公路）采用PPP模式或者BOT模式融资。二是《关于试点发展项目收益与

---

① 银监发〔2017〕6号：《中国银监会关于银行业风险防控工作的指导意见》。

② 财预〔2017〕50号：《关于进一步规范地方政府举债融资行为的通知》。

③ 财预〔2017〕62号：《地方政府土地储备专项债券管理办法（试行）》。

④ 财预〔2017〕87号：《财政部关于坚决制止地方以政府购买服务名义违法违规融资的通知》。

融资自求平衡的地方政府专项债券品种的通知》（财预〔2017〕89号），严禁将专项债券对应的资产用于为融资平台公司等企业融资提供任何形式的担保。专项债券对应的项目收益或政府性基金，应当专门用于偿还到期债券本金，不得通过其他项目对应的项目收益偿还到期债券本金。因项目取得的政府性基金或专项收入暂时难以实现，不能偿还到期债券本金时，可在专项债务限额内发行相关专项债券周转偿还，项目收入实现后予以归还。89号文从根本上限制了地方政府融资平台“资金池”式的投融资管理模式，项目之间的融资和收益不能相互使用，剥离具有运营收益的地方政府融资平台的融资功能。2017年12月，财政部发布92号文件规范PPP项目管理，要求社会资本按合同约定落实项目债权融资义务；要求政府和社会资本双方不得以债务性资金充当资本金；社会资本的股份不得由第三方代持。不适宜采用PPP模式实施的项目退库，促进PPP项目的有序推进和公共资源有效配置，促使各参与方更加注重规范运作和项目管理①。

（五）加强地方政府融资“供给侧”监管

2018年1月，中国保险监督管理委员会发布《关于加强保险资金运用管理支持防范化解地方政府债务风险的指导意见》（保监发〔2018〕6号），全面强化保险机构在投资地方政府债券、融资平台、PPP模式等方面的风险管理和防控责任。要求保险机构应当妥善处理涉及地方债务的存量投资业务。逐笔排查，加强存续期风险监测。融资平台公司作为融资主体的，其自有现金流应当覆盖全部应还债务本息，并向保险机构主动声明不承担政府融资职能。鼓励地方政府和保险机构规范运用政府和社会资本合作（PPP）、政府投资基金等方式，支持经济社会发展的重点领域和薄弱环节，保险机构不得要求地方政府或融资平台公司通过支付固定投资回报或约定到期、强制赎回投资本金等方式承诺保障本金和投资收益，不得为地方政府违法违规或变相举债提供任何形式的便利。2018年2月，发改委

---

① 财办金〔2017〕92号：《关于规范政府和社会资本合作（PPP）综合信息平台项目库管理的通知》。

发布《国家发展改革委办公厅 财政部办公厅关于进一步增强企业债券服务实体经济能力严格防范地方政府债务风险的通知》（发改办财金〔2018〕194号），严禁党政机关公务人员未经批准在申报债券企业兼职（任职）；严禁涉及与地方政府信用挂钩的虚假陈述、误导性宣传，不得将申报企业信用与地方政府信用挂钩；严禁申报企业以各种名义要求或接受地方政府及其所属部门为其市场化融资行为提供担保或承担偿债责任，纯公益性项目不得作为募投项目申报企业债券；严禁采用PPP模式违法违规或变相举债融资；对经有关部门认定为因涉地方政府违法违规融资和担保活动的申报企业、承销机构、会计师事务所、律师事务所、信用评级机构等主体及其主要负责人，加大惩处问责力度。2018年3月，财政部下发《关于规范金融企业对地方政府和国有企业投融资行为有关问题的通知》（财金〔2018〕23号），系统梳理过去一段时间地方债务监管文件和金融监管文件中针对金融企业和地方债务的条款，明确金融企业7种参与违法举债的合作模式：(1) 投资基金，不得回购、保本保收益；(2) 资产管理业务，不能兜底、回购、承诺最低收益；(3) 政策性开发金融，市场化原则授信；(4) 禁止对地方政府统一授信；(5) 金融中介业务，不得披露财政、债务信息，严禁挂钩政府信用；(6) 严格规范PPP；(7) 融资担保中严格限制政府责任。鼓励市场化的融资担保方式包括鼓励地方政府投资或设立融资担保公司，以出资额承担有限责任，而融资担保公司以担保额为限对城投平台融资承担连带偿还责任。

规范地方债务的主要政策文件如表2.6所示。

表2.6 规范地方政府债务的主要政策文件

时　间	文号	文件/政策	要　　义	影　　响
2014.08	主席令第12号	《预算法》	地方政府举借债务一律通过发行地方政府债券方式筹措，除此以外地方政府及其所属部门不得以任何方式举借债务。除法律另有规定外，地方政府及其所属部门不得为任何单位和个人的债务以任何方式提供担保	明确区分政府性债务范围和举债形式

续 表

时 间	文号	文件/政策	要 义	影 响
2014.10	国发〔2014〕43号	《国务院关于加强地方政府性债务管理的意见》	地方政府可依法适度举债融资，加快建立规范的地方政府举债融资机制。但同时金融机构等不得违法违规向地方政府提供融资，不得要求地方政府违法违规提供担保，并对脱离实际过度举债、违法违规举债或担保、违规使用债务资金、恶意逃废债务等行为追责	PPP和贷款成为拉动基建投资主要力量；城投公司失去政府信用
2016.10	—	财政部接受违规举报赴贵州调研	财政部要求贵州各地政府限期撤回财政担保文件	再次明确政府承诺函等信用担保形式不具有法律效力
2016.10	财预明电〔2016〕5号	《关于调查融资平台公司债务等有关数据的通知》	汇总2014年以来融资平台公司以及承担了类似融资平台公司职能的国有企业、事业单位债务等有关数据	融资平台公司转型进展缓慢，缺乏持续稳定的经营性现金流，资产质量较差，自身“造血”能力较弱，与政府的关系短期内难以厘清，或有债务处置涉及面较广（互保），情况复杂，部分融资平台未实现实体化运作
2016.10	财办预〔2016〕94号	《关于开展部分地区地方政府债务管理存在薄弱环节问题专项核查工作的通知》	重点核查违规举债、政府出具担保函	2017年1月初对内蒙古、河南、重庆、四川等地，部分县市、金融机构和个别企业问责处理
2016.11	国办函〔2016〕88号	《国务院办公厅关于印发地方政府性债务风险应急处置预案的通知》	明确适用范围和组织机构；建立四级风险事件响应机制；地方政府债务分类；中央政府不对地方债务兜底，存量担保救助类债务不属于地方政府债务；责任追究机制（政绩考核）	财政重整计划的处置机制

续 表

时 间	文号	文件/政策	要 义	影 响
2016.12	财预〔2016〕175 号	《财政部驻各地财政监察专员办事处实施地方政府债务监督暂行办法》	除发行地方政府债券、外债转贷外，地方政府及其所属部门不得以任何方式举借债务，不得为任何单位和个人的债务以任何方式提供担保；不得承诺回购其他出资人的投资本金，承担其他出资人投资本金的损失，或者向其他出资人承诺最低收益等	进一步规范地方政府债务，建立常态化监督机制
2017.04	银监发〔2017〕6 号	《中国银监会关于银行业风险防控工作的指导意见》	不得违规新增地方政府融资平台贷款，严禁接受地方政府担保兜底；不得通过各种方式将专项建设基金、政府与社会资本合作、政府购买服务等新型业务模式异化形成违规政府性债务；各级监管机构要会同有关部门强化地方政府债务全口径监测	强化银行体系对地方政府债务的风险管控
2017.04	财预〔2017〕50 号	《关于进一步规范地方政府举债融资行为的通知》	全面改正地方政府不规范的融资担保行为；地方政府不得将公益性资产、储备土地注入融资平台公司，不得承诺将储备土地预期出让收入作为融资平台公司偿债资金来源，不得利用政府性资源干预金融机构正常经营行为。地方政府不得以借贷资金出资设立各类投资基金，严禁地方政府利用 PPP、政府出资的各类投资基金等方式违法违规变相举债；允许地方政府结合财力可能设立或参股担保公司（含各类融资担保基金公司），构建市场化运作的融资担保体系，鼓励政府出资的担保公司依法依规提供融资担保服务，地方政府依法在出资范围内对担保公司承担责任	彻底划清融资平台和地方政府债务界限；重点加强对 PPP 的监管；探索设立或参股地方政府融资担保公司形式；建立跨部门联合监控和防范风险机制

续　表

时　间	文号	文件/政策	要　　义	影　　响
2017.05	财预〔2017〕62号	《地方政府土地储备专项债券管理办法（试行）》	地方各级政府不得以土地储备名义为非土地储备机构举借政府债务，不得通过地方政府债券以外的任何方式举借土地储备债务，不得以储备土地为任何单位和个人的债务以任何方式提供担保	划清土地储备和融资平台债务界限
2017.05	财预〔2017〕87号	《财政部关于坚决制止地方以政府购买服务名义违法违规融资的通知》	严格限定政府购买服务的范围；严格规范政府购买服务预算管理；严禁利用或虚构政府购买服务合同违法违规融资	明确政府购买服务边界，为施工企业或社会资本参与方厘清思路
2017.06	财预〔2017〕97号	《地方政府收费公路专项债券管理办法（试行）》	地方各级财政部门、交通运输部门不得通过企事业单位举借债务，不得通过地方政府债券以外的任何方式举借债务，不得为任何单位和个人的债务以任何方式提供担保。收费公路专项债券对应项目形成的基础设施资产和收费公路权益，应当严格按照债券发行时约定的用途使用，不得用于抵质押	高速公路等准公益性融资平台开始转型。政府还贷公路（政府收费公路）发行专项债券方式融资；经营性收费公路（企业收费公路）采用PPP模式或者BOT模式融资
2017.06	财预〔2017〕89号	《财政部关于试点发展项目收益与融资自求平衡的地方政府专项债券品种的通知》	严禁将专项债券对应的资产用于为融资平台公司等企业融资提供任何形式的担保。专项债券对应的项目取得的政府性基金或专项收入，应当按照该项目对应的专项债券余额统筹安排资金，专门用于偿还到期债券本金，不得通过其他项目对应的项目收益偿还到期债券本金。因项目取得的政府性基金或专项收入暂时难以实现，不能偿还到期债券本金时，可在专项债券限额内发行相关专项债券周转偿还，项目收入实现后予以归还	明确专项债券项目收益和融资自求平衡原则。杜绝融资平台采用“资金池”模式进行投融资管理

续 表

时　间	文号	文件/政策	要　　义	影　　响
2017.12	财办金〔2017〕92号	《关于规范政府和社会资本合作（PPP）综合信息平台项目库管理的通知》	要求社会资本按合同约定落实项目债权融资义务；要求政府和社会资本双方不得以债务性资金充当资本金；社会资本的股份不得由第三方代持	不适宜采用PPP模式实施的项目退库，促进PPP项目的有序推进和公共资源有效配置，促使各参与方更加注重规范运作和项目管理
2018.01	保监发〔2018〕6号	《关于加强保险资金运用管理支持防范化解地方政府债务风险的指导意见》	保险机构应当妥善处理涉及地方债务的存量投资业务。逐笔排查、加强存续期风险监测。融资平台公司作为融资主体的，其自有现金流应当覆盖全部应还债务本息，并向保险机构主动声明不承担政府融资职能。鼓励地方政府和保险机构规范运用政府和社会资本合作（PPP）、政府投资基金等方式，支持经济社会发展的重点领域和薄弱环节，保险机构不得要求地方政府或融资平台公司通过支付固定投资回报或约定到期、强制赎回投资本金等方式承诺保障本金和投资收益，不得为地方政府违法违规或变相举债提供任何形式的便利	全面强化保险机构在投资地方政府债券、融资平台、PPP模式等方面的风险管理和防控责任
2018.02	发改办财金〔2018〕194号	《关于进一步增强企业债券服务实体经济能力严格防范地方债务风险的通知》	严禁党政机关公务人员未经批准在申报债券企业兼职（任职）；严禁涉及与地方政府信用挂钩的虚假陈述、误导性宣传，不得将申报企业信用与地方政府信用挂钩；严禁申报企业以各种名义要求或接受地方政府及其所属部门为其市场化融资行为提供担保或承担偿债责任，纯公益性项目不得作为募投项	划清融资平台与地方政府债券发行界限，加大追责力度

续 表

时 间	文号	文件/政策	要 义	影 响
			目申报企业债券；严禁采用PPP模式违法违规或变相举债融资；对经有关部门认定为因涉地方政府违法违规融资和担保活动的申报企业、承销机构、会计师事务所、律师事务所、信用评级机构等主体及其主要负责人，加大惩处问责力度	
2018.03	财金〔2018〕23号	《关于规范金融企业对地方政府和国有企业投融资行为有关问题的通知》	明确金融企业7种参与违法举债的合作模式：(1)投资基金，不得回购、保本保收益；(2)资产管理业务，不能兜底、回购、承诺最低收益；(3)政策性开发金融，市场化原则授信；(4)禁止对地方政府统一授信；(5)金融中介业务，不得披露财政、债务信息，严禁挂钩政府信用；(6)严格规范PPP；(7)融资担保中严格限制政府责任	系统梳理过去一段时间地方债务监管文件和金融监管文件中针对金融企业和地方债务的条款 鼓励市场化的融资担保方式：融资担保公司(可以由地方政府出资设立)，地方政府对融资担保公司负责(责任范围明确在出资范围内，承担有限责任)，而融资担保公司对城投平台融资承担实际“无限连带责任”

资料来源：根据各部委发布文件汇总整理。

第四节 小 结

在《预算法》修订之前，受制于地方政府不得举借债务的规则限制，融资平台成为地方政府举借债务的主体和代理人。地方政府融资平台积极推动基础设施建设，为经济进一步发展提供巨大潜力。2008年之后，融资平台对于我国实施积极财政政策、成功应对经济和金融危机发挥了重要作用。同时，以城投债为主体的融资平台债券也为我国地方政府债券的发行提供了宝贵经验。但必须看到，以地方政府融资平台作为主体的地方政府融资模式存在着天然的缺陷，融资平台的政企不分、关联担保、债务不透明、资金运用效率低等问题不断凸显，而地方政府债务的积累更是构成了我国系统性金融风险的隐患。

地方政府融资平台作为城市基础设施的投融资主体，是特殊的国有企业，不可能完全与政府脱离。本质上，融资平台应属于项目运作实体，以项目收益现金流为基础实施投融资功能。从融资平台的运营特征方面，可分为综合性、行业性、园区性和空壳性平台；按照现金流覆盖率分类，可划分为“全覆盖、基本覆盖、半覆盖、无覆盖”的四类不同风险类别平台。为规避银监会对平台贷款限制，以及发改委、银行间交易商协会对融资平台发行债券的限制，部分现金流覆盖率较高的平台选择退出融资平台名单。

2014 年《预算法》修订之后，地方政府成为举债主体，实行债务限额管理，融资平台开始剥离代理地方政府举债的职能。融资平台面临转型，而地方政府债务纳入预算管理，定期向社会公布。截至 2018 年 3 月末，全国地方政府债务余额 166 101 亿元。其中，一般债务 104 355 亿元，专项债务 61 746 亿元；政府债券 149 643 亿元，非政府债券形式存量政府债务 16 458 亿元。经过转型发展的调整，我国地方政府债务发生了根本性变化。首先，从投融资管理体制上看，地方政府融资平台模式专门为地方政府实现融资功能，融资和投资分离、采用“资金池”运营模式，项目收益和项目投资不完全一一对应，存在着较大的资金流量匹配和借贷期限匹配风险。转型发展后，地方政府融资平台实现了投资和融资功能的统一，无论是收益项目的运营平台还是公益平台，都实现了平台融资与平台收益的匹配。由于采用了债券融资模式，融资成本有所下降、融资期限延长，整体上降低了融资风险。其次，地方政府以自身信用完成债务融资，而不借助融资平台，严格按照预算安排，财务上更加透明和规范，有助于控制融资平台预算软约束问题，抑制地方政府融资冲动。再次，实施了地方政府债务融资的“供给侧改革”。银保监会制定政策加大对地方政府融资项目和融资平台的审核，约束银行与保险对融资平台的借款行为，促使地方政府实现从间接融资渠道向直接融资渠道的转变，降低地方政府风险转移并集中于金融中介体系的概率。同时，结合债转股、资产证券化等方式使存量融资平台债务转变为资本市场融资工具，通过资本市场分散风险的功能化解地方政府债务风险。

第三章　地方政府融资平台债务使用效率及影响因素分析

2008年以来，地方政府融资平台数量呈现爆发式增长及金字塔状模式，即行政级别越低，设立的平台数量越多，各平台在注册资本管理、资产负债率管理、投资效率管理、内部控制与公司治理及信息披露、关联担保等方面均暴露出问题。随着融资平台数量的激增，地方政府债务也迅速积累。本章分析了地方政府融资平台债务类型和风险特征，运用DEA－Tobit模型对地方政府债务使用效率进行评估，并对比分析了地方政府性债券收益率（包括地方债和城投债）的宏观影响因素。

第一节　地方政府融资平台债务类型及风险特征

一、地方政府融资平台的债务类型

（一）以融资平台为主体的地方政府债务

根据国办发明电〔2011〕6号[①]文件和中华人民共和国审计署（以下简称“审计署”）2011年的审计结果[②]，地方政府性债务可以按照法律责任主体划分为以下三类（表3.1）。

表3.1　地方政府性债务划分

	政府责任	借债主体	偿还资金
第一类	偿还责任	政府或政府部门等单位	财政资金
第二类（或有债务）	担保责任 连带责任	地方政府提供直接或间接担保的企事业	非财政资金
第三类（其他相关债务）	未提供担保、无法律偿还责任	相关企事业等单位	单位或项目自身收入（债务人偿债困难时，政府可能须给予一定救助）

① 国办发明电〔2011〕6号：《国务院办公厅关于做好地方政府性债务审计工作的通知》。

② 国家审计署〔2011〕35号：《全国地方政府性债务审计结果》。

根据上述定义，地方融资平台所融资金属于国家审计署定义中第二类地方政府性债务。其形式是担保，责任为连带责任。地方政府担保是指地方各级政府及其所属部门、机构和主要依靠财政拨款的经费补助事业单位，以财政性收入、行政事业等单位的国有资产，或其他任何直接、间接形式为平台融资行为提供的担保[①]。担保形式主要包括：① 为融资平台出具担保函；② 承诺给予融资平台流动性支持或临时性偿债资金；③ 承诺承担融资平台部分偿债责任；④ 承诺将融资平台偿债资金安排纳入政府预算；⑤ 承诺以预期土地出让收入为融资平台还款。

根据国家审计署 2013 年 6 月发布的第 24 号公告，截至 2013 年 6 月底，地方政府债务余额合计约为 17.9 万亿元，其中，负有偿还责任的地方政府债务 10.89 万亿元，负有担保责任的地方政府债务 2.67 万亿元，可能承担一定救助责任的地方政府债务 4.34 万亿元（表 3.2）。债务余额中融资平台占举债主体的比例达 45.67%，举债规模和债务增长率均高于其他主体[②]。而根据中国社会科学院国家金融与发展实验室编制的《中国国家资产负债表 2015：杠杆调整与风险管理》数据显示，截至 2014 年年末，地方政府总负债 30.28 万亿元，融资平台借债占较大比重[③]。

表 3.2　2013 年 6 月底地方政府性债务资金来源情况　　单位：亿元

债权人类别	政府负有偿还责任的债务	政府或有债务	
		政府负有担保责任的债务	政府可能承担一定救助责任的债务
银行贷款	55 252.45	19 085.18	26 849.76
BT 融资模式	12 146.30	465.05	2 152.16
发行债券	11 658.67	1 673.58	5 124.66
其中：地方政府债券	6 146.28	489.74	0.00
企业债券	4 590.09	808.62	3 428.66

① 银监发〔2011〕34 号：《中国银监会关于切实做好 2011 年地方政府融资平台贷款风险监管工作的通知》。

② 国家审计署〔2013〕24 号：《36 个地方政府本级政府性债务审计结果》。

③ 李杨，张晓晶等．中国国家资产负债表 2015：杠杆调整与风险管理[M]．北京：中国社会科学出版社，2015.

续　表

债权人类别	政府负有偿还责任的债务	政府或有债务	
		政府负有担保责任的债务	政府可能承担一定救助责任的债务
中企票据	575.44	344.82	1 019.88
短期融资券	123.53	9.13	222.64
应付未付款项	7 781.90	90.98	701.89
信托融资	7 620.33	2 527.33	4 104.67
其他单位和个人借款	6 679.41	552.79	1 159.39
垫资施工、延期付款	3 269.21	12.71	476.67
证券、保险业和其他金融机构融资	2 000.29	309.93	1 055.91
国债、外债等财政转贷	1 326.21	1 707.52	0.00
融资租赁	751.17	193.05	1 374.72
集资	373.23	37.65	393.89
合计	108 859.17	26 655.77	43 393.72

资料来源：国家审计署《36个地方政府本级政府性债务审计结果》。

（二）融资平台地方政府性债务剥离和置换

1. 地方政府融资平台债务剥离

国发〔2014〕43号文件明确了地方政府举借债务的具体要求。在举借主体上，经国务院批准，省一级（包括自治区、直辖市）的地方政府可以适度举借债务，省级以下市县级地方政府需要通过省级政府代为发债，地方政府债务不能通过融资平台等国有企事业单位举借。在融资模式上，地方政府发行债券进行融资，通过发行一般债券解决公益性项目融资问题，发行专项债券解决具有稳定性现金流的收益类项目融资问题，这使得地方政府债券初步具备了市政债券特征。融资平台债务从地方政府性债务中剥离，地方政府直接成为融资主体。

（1）剥离融资平台的政府性债务。按“谁受益、谁承担”的原则划分融资平台存量债务，融资平台投向公益性项目形成的债务，地方政府承担直接偿债责任，纳入预算管理，可通过发行地方政府债券置换原有的贷款或者城投债；融资平台投向供水供气、垃圾处理项目形成的债务，可以采取资产打包整合，通过引入社会资本与政府合作（PPP），进行准公益项目的运营，化解债务风险；融资平台市场化运营和发展形成的债务，与公共服务无关，应由融资平台承担偿还责任，政府作为投资主体，仅以出资额为限承担有限责任，不再进行财政兜底。

（2）融资平台通过提高赢利能力增强自身融资能力。融资平台剥离地方政府性债务后，失去原有的地方政府信用背书，转型为国有企业，需要自主经营、自负盈亏、承担风险、独立偿债。因此，转型后的融资平台只有通过自身赢利能力的提高、运营效率的加强，才能在金融市场上获得资金来源。而地方政府既不能再通过融资平台举借各种债务，也无须再承担对融资平台债务的连带偿还责任。

2. 地方政府债务置换

在《预算法》修订之前，地方政府通过融资平台贷款或城投债而形成的地方政府性债务，具有期限短、利率高的特点，而2013—2015年达到偿债高峰。同时在新型城镇化的进程下，预计到2020年，城镇化建设资金缺口将达到42万亿元，地方政府仍具有较大的融资需求。为保证再融资的可持续性，有效化解存量债务风险，《国务院关于加强地方政府性债务管理的意见》提出了“地方政府债务置换”方案，“对甄别后纳入预算管理的地方政府存量债务，各地区可申请发行地方政府债券置换，以降低利息负担，优化期限结构，腾出更多资金用于重点项目建设”。债务置换一方面提高了债券的信用等级，以地方政府信用替换原有的融资平台信用，这可以降低融资利率和利息成本；另一方面也延长了债务期限，地方政府可以发行期限较长的债券置换原有的期限较短的城投债和中期票据。双管齐下，减轻了地方政府的偿债压力。

首批债券置换在2015年3月12日得到批准，额度1万亿元，占2015年地方政府到期政府债务的53.8%，地方政府对置换债券自发自还，置换资金必须用于当年到期债务的偿付。对通过融资平台贷款方式举借的地方政府债务，规定地方政府在年度债务限额内，3年内逐步置换成地方政府债券。今后，地方政府负有偿还义务的债务形式仅有债券一种，其他均为不合法合规的债务融资模式。截至 2017 年底，累计置换存量政府债务 10. 9 万亿元，地方政府债券余额 14. 74 万亿元，占地方政府债务余额近 90%，累计为地方政府节约利息支出约 1. 2 万亿元，缓解了存量政府债务集中到期偿还风险，避免了地方政府资金链断裂，有效防范金融机构发生系统性风险①。

二、地方政府债务现状分析

(一) 地方政府的债务风险总体上可控

截至 2017 年末，我国地方政府债务余额 16. 47 万亿元，债务率（债务余额/综合财力）为 76. 5%，低于国际通行的警戒标准；加上纳入预算管理的中央政府债务 13. 48 万亿元，我国政府债务 29. 95 万亿元②。按照国家统计局公布的 2017 年我国 GDP 数据 82. 71 万亿元计算，我国政府债务负债率（债务余额/GDP）为 36. 2%，比上年下降 0. 5 个百分点，低于主要市场经济国家和新兴市场国家水平，风险总体可控。政府债务总额前四名是江苏（12 026. 28 亿元）、广东（10 730. 60 亿元）、山东（10 196. 80 亿元）、贵州（8 607. 15 亿元）。人均政府债务余额前四名是青海（25 277. 75 元/人）、内蒙古（24 588. 19 元/人）、贵州（22 356. 23 元/人）、天津（21 992. 84 元/人）。政府债务总额前四名是江苏（12 026. 28 亿元）、广东（10 730. 60 亿元）、山东（10 196. 80 亿元）、贵州（8 607. 15 亿元）。

根据财政部网站发布的 2018 年 5 月地方债务情况，“经第十三届全国人民代表大会第一次会议审议批准，2018 年全国地方政府债务限额为 209 974. 30 亿元，其中，一般债务限额 123 789. 22 亿元，专项债务限额 86 185. 08 亿元。截至 2018 年 5 月末，全国地方政府债务余额 166 272 亿元，控制在全国人大批准的限额之内，其中，一般债务 104 526 亿元，专项债务 61 746 亿元；政府债券 156 038 亿元，非政府债券形式存量政府债务 10 234 亿元。地方政府债券剩余平均年限 4. 5 年，其中一般债券 4. 4 年、

---

① 资料来源：Wind 资讯网 https：//www. wind. com. cn/.

② 中华人民共和国财政部：http：//www. mof. gov. cn/.

专项债券 4.7 年；平均利率 3.42%，其中一般债券 3.42%、专项债券 3.41%。2018 年 5 月份，全国发行地方政府债券 3 553 亿元，其中，一般债券 2 366 亿元，专项债券 1 187 亿元；按用途划分，新增债券 171 亿元，置换债券或再融资债券（用于偿还部分到期地方政府债券本金）3 382 亿元。2018 年 1—5 月，全国发行地方政府债券 8 766 亿元，其中，一般债券 6 002 亿元，专项债券 2 764 亿元；按用途划分，新增债券 171 亿元，置换债券或再融资债券 8 595 亿元。2018 年 1—5 月，地方政府债券平均发行期限 5.8 年，其中一般债券 5.7 年、专项债券 5.9 年；平均发行利率 3.97%，其中一般债券 3.96%、专项债券 4.01%”①。

2017 年年末地方政府债务余额和结构情况见表 3.3 和表 3.4。

表 3.3　2017 年年末地方政府债务余额情况表

地　区	总额（亿元）	常住人口数（万人）	人均债务余额（元/人）
青海	1 512.57	598.38	25 278
内蒙古	6 217.37	2 528.60	24 588
贵州	8 607.15	3 850.00	22 356
天津	3 424.00	1 556.87	21 993
上海	4 694.20	2 418.33	19 411
辽宁	8 455.00	4 368.90	19 353
海南	1 719.26	925.76	18 571
宁夏	1 248.40	681.79	18 311
北京	3 875.59	2 170.70	17 854
浙江	9 230.09	5 657.00	16 316
江苏	12 026.28	8 029.30	14 978
云南	6 736.80	4 770.50	14 122
陕西	5 392.40	3 835.44	14 059
福建	5 467.86	3 911.00	13 981
新疆	3 377.80	2 444.67	13 817
重庆	4 018.50	3 075.16	13 068

① http：//yss.mof.gov.cn/zhuantilanmu/dfzgl/sjtj/201806/t20180613_2928002.html.

续　表

地　区	总额（亿元）	常住人口数（万人）	人均债务余额（元/人）
吉林	3 193.27	2 717.43	11 751
湖南	7 755.70	6 860.20	11 305
四川	8 503.00	8 302.00	10 242
山东	10 196.80	10 005.83	10 191
黑龙江	3 802.00	3 788.70	10 035
广西	4 836.72	4 885.00	9 901
湖北	5 715.53	5 902.00	9 684
广东	10 730.60	11 169.00	9 607
安徽	5 823.36	6 254.80	9 310
江西	4 265.03	4 622.10	9 227
河北	6 150.97	7 519.52	8 180
甘肃	2 067.30	2 625.71	7 873
山西	2 578.56	3 702.35	6 965
河南	5 549.10	9 559.13	5 805
西藏	98.64	337.15	2 926

资料来源：根据财政部、国家统计局网站数据计算。

表 3.4　2017 年年末地方政府债务余额结构情况表

地　区	一般债务（亿元）	专项债务（亿元）	总额（亿元）
江苏	6 668.48	5 357.80	12 026.28
广东	6 476.74	4 253.86	10 730.60
山东	6 189.70	4 007.10	10 196.80
河南			10 196.80
浙江	5 159.55	4 079.54	9 239.09
贵州	5 113.68	3 493.47	8 607.15
四川	5 176.00	3 327.00	8 503.00
辽宁	6 115.00	2 340.00	8 455.00
湖南	5 146.83	2 608.87	7 755.70
云南	4 767.30	1 969.50	6 736.80

续 表

地　区	一般债务（亿元）	专项债务（亿元）	总额（亿元）
内蒙古	5 219.55	997.82	6 217.37
河北			6 150.97
安徽	3 415.27	2 408.09	5 823.36
湖北	3 402.56	2 312.97	5 715.53
福建	2 783.96	2 683.90	5 467.86
陕西	3 152.10	2 240.30	5 392.40
广西	3 049.68	1 787.04	4 836.72
上海	2 523.50	2 170.70	4 694.20
江西			4 265.03
重庆	2 235.80	1 782.70	4 018.50
北京	1 859.12	2 016.47	3 875.59
黑龙江	3 046.20	755.80	3 802.00
天津			3 424.00
新疆			3 377.80
吉林	2 353.13	804.14	3 193.27
山西			2 578.56
甘肃	1 397.50	669.80	2 067.30
海南	1 162.38	556.88	1 719.26
青海	1 253.21	259.36	1 512.57
宁夏	1 002.90	245.50	1 248.40
西藏	77.46	21.18	98.64

数据来源：2018 年各省市区预算报告、地方政府债券发行信息披露文件、2017 年国民经济和社会事业统计公报等。表中留白省份为未能从公开资料中找到相关数据地区。

（二）地方债和城投债发展现状分析

截至 2018 年 5 月末，我国地方债务总额（包括地方政府债存量和城投债存量）总计 22.84 万亿元，比年初增加 0.98 万亿元，四大债券品种 10 年历史存量如表 3.5 所示。其中，地方政府债 3 564 只，债务余额为 155 271.55 亿元，占存量债券的 19.92%。和同期国债相比，地方政府债存

表 3.5　四大债券品种 10 年历史存量

单位：亿元

类　型	2009	2010	2011	2012	2013	2014	2015	2016	2017	截至 2018 年 5 月末
地方政府债	2 000.00	4 000.00	6 000.00	6 500.00	8 616.00	11 623.50	48 260.12	106 281.80	147 448.24	155 271.55
政策银行债	43 753.59	50 873.56	62 399.66	75 875.08	86 502.18	97 059.20	107 602.70	122 001.32	133 494.68	137 837.01
国债	61 516.77	68 543.44	72 728.57	77 877.86	87 043.36	95 911.24	106 610.95	119 698.74	134 344.97	136 212.77
同业存单	0.00	0.00	0.00	0.00	340.00	5 995.30	30 146.60	62 695.70	79 936.10	88 996.20

数据来源：Wind 资讯网 https://www.wind.com.cn/.

量比国债存量多 17 534.54 亿元，占利率债的比重比国债高 4.5%。地方政府债券发行从 2015 年开始快速发展，2018 年前 5 个月的地方债总量已经达到 2017 年全年水平。地方政府债 10 年历史存量、利率债存量品种结构，如图 3.1 和图 3.2 所示。

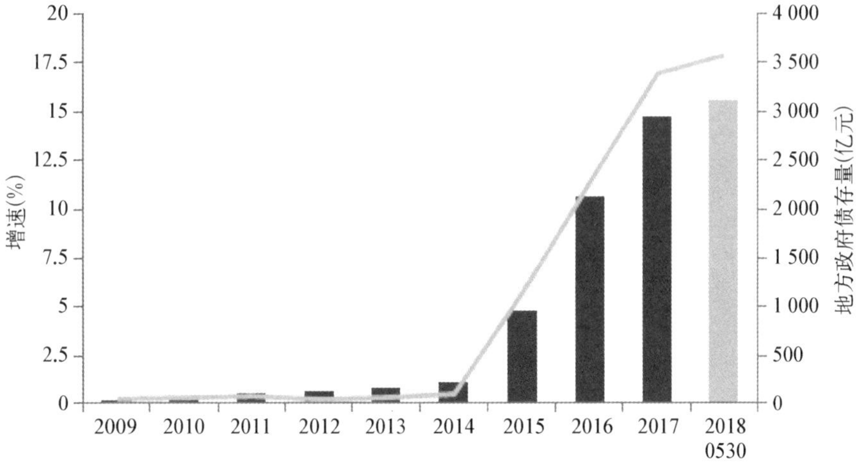

图 3.1 地方政府债 10 年历史存量

数据来源：Wind 资讯网 https：//www.wind.com.cn/.

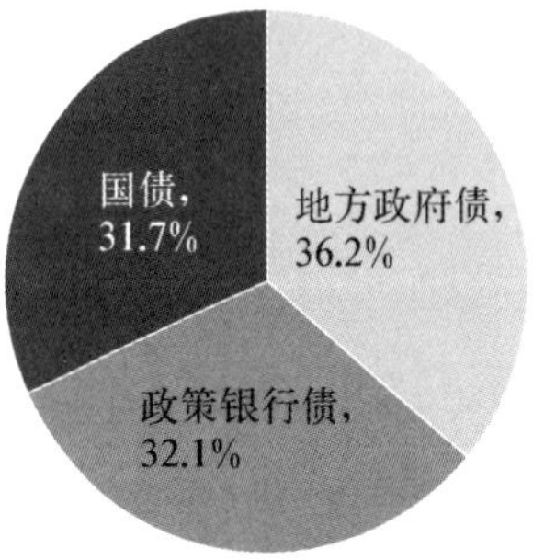

图 3.2 利率债存量品种结构

从地方政府债券剩余期限分布上看，排名第一的是 3～5 年期债券，占 30.34%，合计 47 101.81 亿元;第二名是 1～3 年期债券，占 25.19%，合计 39 120.23 亿元；第三名是 7～10 年期债券，占 20.70%，合计 32 145.14 亿元；第四名是 5～7 年期债券，占 15.84%，合计 24 602.31 亿元；第五名是 1 年期以内债券，占 7.90%，合计 12 264.05 亿元；10 年以上期限地方债券最少，仅占 0.03%，合计 38 亿元，如图 3.3 所示。

从十大存量地方政府债券地区分布看，排名前十位的地区地方政府债余额总计 81 252.58 亿元，占比 52.32%。排名第一的是江苏省，地方政府债余额为 11 465.69 亿元，占 7.38%；第二名是山东省，地方政府债余额为 9 862.54 亿元，占 6.35%；第三名是浙江省，地方政府债余额为 9 151.49亿元，占 5.89%，如图 3.4 所示。

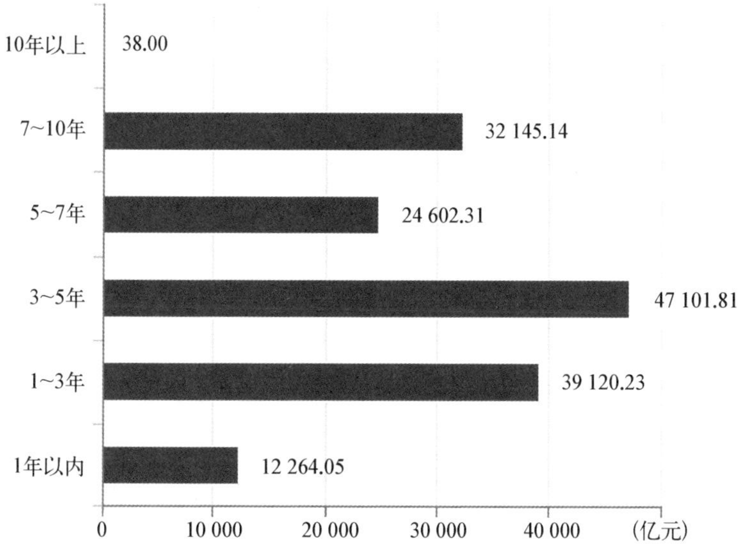

图 3.3　地方政府债剩余期限分布

数据来源：Wind 资讯网 https：//www. wind. com. cn/.

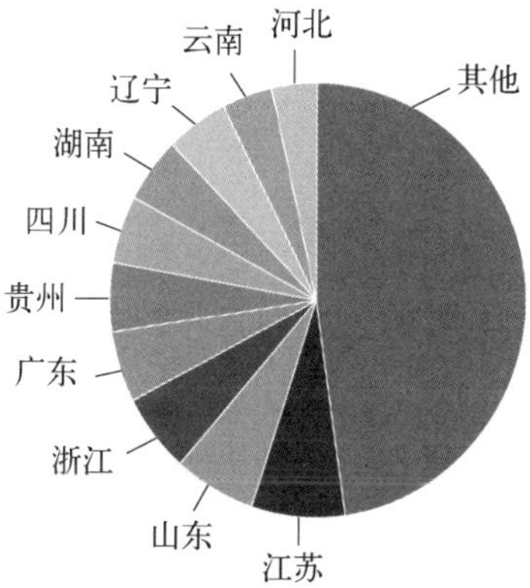

地区	只数	余额（亿元）	余额占比（%）
江苏	137	11 465. 69	7. 38
山东	238	9 862. 54	6. 35
浙江	211	9 151. 49	5. 89
广东	173	8 195. 59	5. 28
贵州	129	8 013. 00	5. 16
四川	146	7 782. 56	5. 01
湖南	52	7 560. 40	4. 87
辽宁	187	7 481. 00	4. 82
云南	144	6 120. 20	3. 94
河北	118	5 620. 11	3. 62

图 3.4　十大存量地方政府债地区

数据来源：Wind 资讯网 https：//www. wind. com. cn/.

截至 2018 年 5 月末，城投债存量余额为 73 177. 07 亿元。从城投债剩余期限分布上看，1～3 年期债券最多，为26 361. 99 亿元，占 36. 02%；其次是 3～5 年期债券，为 24 257. 18 亿元，占 33. 15%；第三名是 1 年以内债券，为 12 027. 21 亿元，占 16. 44%；第四名是 5～7 年期债券，为7 720. 70 亿元，占 10.55%；第五名是 7～10 年期债券，为 2 058.40 亿元，占 2.81%；10 年以上期限城投债最少，为 751.60 亿元，仅占 1.03%，如图 3.5 所示。

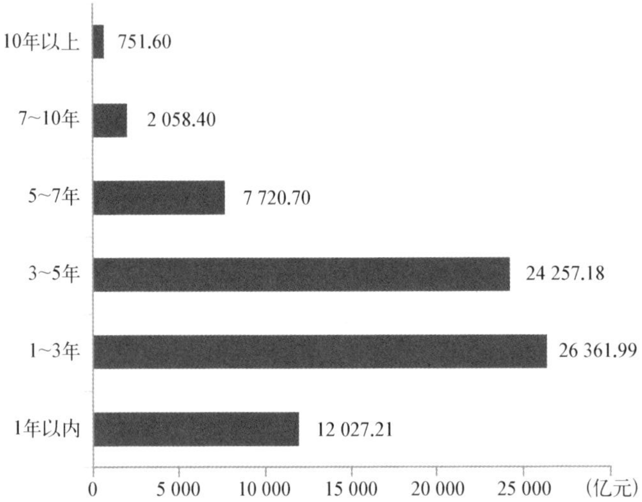

图 3.5 城投债剩余期限分布

数据来源：Wind 资讯网 https://www.wind.com.cn/.

从十大存量城投债地区分布看，排名前十位的地区城投债余额总计 46 903.10 亿元，占比 64.10%。排名第一的是江苏省，城投债余额为 13 253.31 亿元，占 18.11%；第二名是浙江省，地方政府债余额为 4 829.40 亿元，占 6.60%；第三名是湖南省，地方政府债余额为 4 820.39 亿元，占 6.59%，如图 3.6 所示。

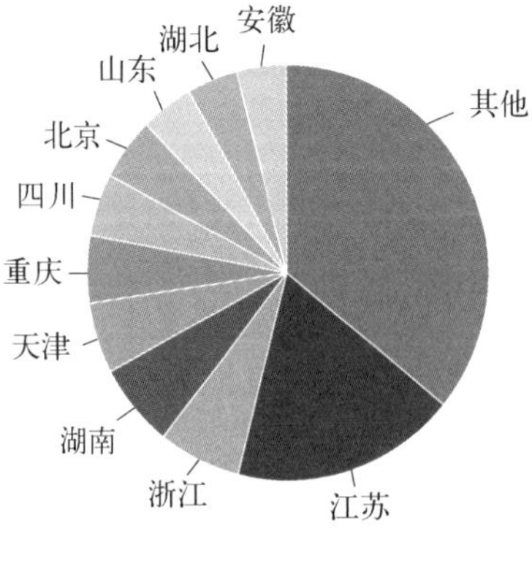

地区	只数	余额（亿元）	余额占比（%）
江苏	1 733	13 253.31	18.11
浙江	568	4 829.40	6.60
湖南	507	4 820.39	6.59
天津	260	4 023.12	5.50
重庆	422	3 837.61	5.24
四川	413	3 570.66	4.88
北京	212	3 561.05	4.87
山东	360	3 093.69	4.23
湖北	338	2 992.37	4.09
安徽	318	2 921.50	3.99

图 3.6 十大存量城投债地区

(三) 地方政府杠杆率小幅攀升，存在隐性债务风险

2017年政府总杠杆率从上年的36.6%下降到36.2%，回落0.4%。其中，中央政府杠杆率从2016年的16.1%上升至16.2%，上升了0.1%；地方政府杠杆率由2016年的20.6%下降到19.9%，下降了0.6%。国际上通常以《马斯特里赫特条约》所设定的60%预警线作为政府杠杆率的参考标准，可见，中国政府债务风险处于可接受的水平①。

地方政府仍存在较高隐性债务风险，如表3.6所示。首先，当前地方政府融资平台债务约为30万亿元，占GDP的40%，占地方政府或有债务的绝大部分。虽然由于地方政府债务置换及引入社会资本融资（PPP），融资平台债务增速放缓，从20%以上的增速回落至10%左右，但由于融资平台主要承担了基础设施及公益类建设投资，财务状况并不理想，在现有的融资平台与地方政府关系架构下，仍需要增加对融资平台的持续补贴，用于偿还债务。其次，政府投资基金、专项建设基金、政府购买服务、PPP项目等新型融资方式或成为地方隐性负债的主要形态。由于这些融资方式的模糊性（界限不清）、复杂性与隐蔽性，特别是引致地方政府融资冲动的内在机制仍未改变，依然容易形成地方政府债务风险。

表3.6　中国地方政府负债规模（2010—2015）　单位：亿元

直接显性负债						
	2010年	**2011年**	**2012年**	**2013年**	**2014年**	**2015年**
国债内债余额	66 968.66	71 410.80	76 747.91	85 836.05	95 655.45	105 467.48
地方政府直接负债	68 978.58	74 825.79	79 368.60	108 856.17	154 000.00	147 568.37
外债直接负债	4 694.04	4 452.85	4 211.66	5 802.26	6 938.95	7 233.87

① 中国去杠杆进程报告（2017年度）http://www.nifd.cn/Activity/Past/506.

续 表

或有和隐性负债						
	2010 年	2011 年	2012 年	2013 年	2014 年	2015 年
准公共部门发行的债券	57 955.93	72 151.80	85 825.70	98 692.97	109 668.24	130 304.89
地方政府或有负债	37 718.30	40 084.37	42 598.86	70 049.49	86 000.00	86 000.00
国有金融机构不良资产	41 687.82	41 630.52	42 280.32	43 273.12	42 972.12	44 348.12
外债或有负债	31 660.48	39 338.23	44 108.04	30 017.51	99 366.44	79 780.37

资料来源：2017 中国政府资产负债表①。

三、地方政府债务的形成机制分析

在我国地方政府投融资实践中，政府一直有较强的借债冲动，无论是在《预算法》修订之前的融资平台贷款模式，还是《预算法》之后的地方政府债券发行。而且，地方政府更倾向于采用隐性负债方式，弥补建设资金缺口。

（一）地方政府举债的内在激励

从财政分权的角度分析，地方政府举债有其内在逻辑：分税制改革导致地方政府财权和事权的不匹配，收不抵支，且政府间转移支付制度建立尚不完善，只能通过借债来弥补缺口；中央政府能够为其债务兜底的预期，造成地方政府预算软约束；地方政府官员以单纯经济增长为晋升的考核指标与短期任期制度也加重了地方政府大规模举债的动机。

1. 财政分权下导致的预算外收入依赖

我国在 1994 年进行了财政体制改革，主要目标是为了解决中央与地方财政的关系，以缓解中央财力减弱的困境。改革遵循财政分权的基本原

① 中国政府资产负债表 2017（上），全文见《财经智库》2017 年第 5 期。

理，从制度上对中央和地方政府收入和支出责任进行划分。由于目前地方政府承担的支出责任特别是资本性支出责任较大，而地方政府财政收入有限，在一定程度上促使地方政府市场化的债务融资行为。这种地方政府之间的投资竞争和区域竞争，也是一段时期以来中国经济高速增长的内在动力。

但我国的财政分权体制形成了实质性的财权事权不对称，财权向中央政府上移，事权主要由地方政府承担，导致地方政府财力不足，负担加重。资金向中央政府集中，而各地区的基础设施、义务教育、环境保护等各种公共产品却需要地方政府来提供。基础设施建设普遍需要大量资金，且建设周期较长，导致地方政府的财政收支不相匹配。一些地方政府资金不足，无法提供中央规定的公共产品和服务时，只能依靠预算外收入来缓解财政压力。20 世纪 90 年代，地方政府主要依靠收费取得预算外收入，后期通过各项治理措施，抑制了乱收费的现象。2000 年后，城市化进程加快，房价上涨，土地出让收入又成为地方政府预算外收入的主要来源。之后由于房地产市场调控，土地需求受到抑制，收入下降，收支缺口再次扩大，使地方政府不得不通过举债来融资。

为解决地区收支均衡问题，国家对地方政府实行转移支付制度，从 1995 年的《过渡期财政转移支付办法》到 2002 年的《一般性财政转移支付办法》，中央对地方的转移支付逐年增加[11]。但转移支付制度仍然存在许多问题，如支付范围没有明确规定，各级政府之间支付责任不清，正常经费拨款也因与 GDP 或招商引资等任务指标相挂钩而拖欠等，使转移支付制度不能有效地起到均衡各地区财政的作用，也加强了地方政府举债的动机。

2. 地方政府预算软约束

预算软约束，是科尔内（Kornai，1980）[12]提出的社会主义经济制度下企业在政府兜底承诺下的行为。林毅夫、李志赟（2004）认为经济转轨国家中也普遍存在预算软约束，即政府承诺采取财政补贴等资金支持，在国有企业亏损时提供救助[13]。

分权化改革后，中央和地方政府利益目标产生了分歧。地方政府为了自身利益最大化会超出预算大量投资，且地方政府不需要考虑项目的收益和风险，因为地方政府可以在信息不对称的情况下把所有亏损都归因于政策亏损，以换取中央政府的补贴。同时，中央政府为了避免地方政府破产，也会承担最后还款人的责任。这种预算软约束的现象在全世界范围内普遍存在，更加强化了地方政府受到中央政府补助及兜底的预期，增加了道德风险的发生。又由于部分地方政府利用预算软约束获利的示范效应和地方政府之间激烈的区域竞争，大肆举债的现象迅速蔓延。

此外，国有企业的一种特殊形式，商业银行，也适用预算软约束的情况。由于地方政府会承担主要责任，商业银行在面临大量政府融资平台贷款时，即使预期会有不良贷款发生，也会追求自身利润最大化而向政府融资平台贷款。从考核激励制度来看，商业银行主要注重短期经营指标，而政府融资平台贷款普遍特征是金额大、期限长，有利于增加贷款规模，相较于一般企业贷款，地方政府融资平台具有政府的显性或隐性担保，坏账风险相对较小，同时银行可以从扩大信贷规模中获得短期收益。因此，商业银行往往会放宽对政府融资平台贷款的风险控制，有时甚至会主动为融资平台通过银证合作、银信合作等模式取得贷款。

3. 官员晋升激励与任期制度

我国政治管理体制高度集中，在财政分权视角下，中央对地方政府官员的考核激励机制以地方政府的经济及综合表现为基础。地方政府官员实现政治利益最大化的主要途径是通过职位的晋升来实现，而上下级政府之间由于信息不对称，对官员绩效的监督成本较高。因此，地方政府官员倾向于通过易于衡量的指标，即经济类指标，来突显政绩。面对财政分权下的地方政府财力不足，地方政府有较强烈的组建融资平台的意愿，提高自身的投资能力以拉动经济增长，在此过程中，确实有部分项目论证不充分、上马比较仓促，最后沦为形象工程或政绩工程，造成资源浪费。

另外，我国官员任期制度也促使地方政府具有融资套利的短期行为。地方政府官员任期一般是3~5年，最多连任两届。官员为了在短时间内获得突出的政绩，往往偏好于投资投入高、回收期长、便于指标衡量的资源密集型工程项目，因此需要大量资金来满足需求。且由于官员的任期普遍较短，项目后期的收益、资金等问题，不会影响到官员在任期间政绩，更加助长了他们的短视行为。

（二）地方政府债务规模扩大的原因

财政分权、预算软约束、官员晋升激励和任期制度，共同构成了地方政府大规模举债的内在动因。而合适的外部环境，如地区竞争、制度创新等因素则导致了地方政府债务规模的进一步扩大。

1. 地方政府之间财政竞争

在我国中央政府高度集权的体制下，地方政府为实现经济增长展开了激烈竞争，通过资源竞争和招商引资等，在一定程度上提高了资源配置效率。但过度竞争、重复建设等问题也使地方政府债务规模加速上涨。财政竞争需要地方政府从土地、政策到资本和资源各方面加大投入，而融资平台债务融资是地方政府进行投资和竞争的重要保障。

2. 地方政府融资的制度创新

地方政府巨大的融资需求加上银行等金融机构的大力支持，地方政府融资平台应运而生。通过融资平台获得资金进行市政建设、公益性项目投资，地方政府以财政补贴作为还款承诺，促使以融资平台为媒介的地方政府性债务快速增长。虽然在2014年后，国家陆续出台政策剥离平台融资职能，但是地方政府新型融资模式如PPP、政府产业引导基金、信托融资、租赁融资、回购交易等，往往都与融资平台的资本运作密不可分。以融资平台为主体的“创新”融资模式仍然是地方政府债务的主要来源，形成大量隐性债务，构成系统性风险隐患。

四、地方政府融资平台债务风险类型及特征

（一）债务风险的主要类型

1. 信用风险

信用风险又称为违约风险，是指借款人、证券发行人或交易对方因种种原因，不愿或无力履行合同条件而构成违约，致使银行、投资者或交易对方遭受损失的可能性[14]。地方政府融资平台作为银行借款主体、城投债的发行人，发生信用风险的表现主要是延期偿付本金和利息、下调信用评

级、在债券市场溢价较高的情况下提前按面值兑付债券等。导致信用风险的原因是多方面的，延期偿付本息主要是由于融资平台营运效率较低、无法获得财政补贴和购买服务；下调信用评级的主要原因是失去了地方政府的担保和承诺，无法获得隐含的政府信用；提前兑付债券风险比较特殊，属于融资平台主动违约，以低利率地方债置换高利率城投债，本质上是透支已经隐含在城投债中的政府信用。城投债违约案例如表 3.7 所示。

表 3.7 城投债违约案例

时间	城投集团	违约情况	处理
2011.06	云南路投	只付息，不还本	云南省政府注资承诺
2011.06	上海申虹	要求延长还款期	与银行协调解决
2011.07	云投集团	资产重组	被中诚信国际列入信用观察名单
2013.07	10 赤峰债	发行人未提供资料	大公国际撤销其信用评级
2013.07	07 长城开 10 襄投债 07 九江债	财政应收账款质押偿付资金未打入监管账户	债券增信力下降，被下调评级
2014.03	11 超日债	不偿付利息	经协调后全额兑付
2014.12	14 天宁债 14 乌国投债	被撤销政府债务资格	推迟发行
2014.12	11 鄂尔多斯债	地方财政下滑、再融资风险加大	评级调整为负面
2014.12	12 东胜债	地方财政下滑、再融资风险加大	评级调整为负面
2015.01	10 东飞私募债	兑付危机	东台交投声明该债关于本公司的担保条款缺乏真实性、不予承认
2015.06	13 大宏债	违约	射阳城投违反《担保法》规定有条件代偿
2016.04	宁波交投	“11 甬交投”和“12 甬交投”风险提示公告	如果 2015 年审计后净利润为负值，上交所对上述两期债券进行铜牌处理
2016.04	宣化北山 海南交投	提前偿还债券本息	后发文取消计划，将城投债纳入地方政府债务

数据来源：Wind 资讯网 https://www.wind.com.cn/.

2017 年，有 18 只城投债发生负面评级调整（评级调低或展望负面），调整原因主要包括地方经济财政实力下降、政府支持力度降低；城投公司资本开支和资金占用加大、短期偿债压力增大；平台公司转型过程中不再承担公益性建设、多项资产转出平台，政府购买收入和补贴减少；融资平台作为担保人的被担保企业贷款逾期违约，担保代偿风险加大。融资平台作为重要的地方国有企业，为当地其他企业提供融资担保现象比较普遍。据 Wind 资讯统计，“对外担保/上年净资产”比率高于 70%以上的城投债发行人共 31 家，主要集中在江苏、天津、福建、浙江等区域，以县级及县级市的低资质平台为主，集中在建筑装饰和房地产行业。随着 2018 年信用融资持续紧缩，城投债的担保风险提高，而作为地区重要的中心担保人，融资平台和城投公司的担保风险还极易引发区域风险和系统性风险。

2. 流动性风险

流动性风险是指地方政府融资平台虽然长期上具有清偿能力，但短期内容易出现资金流的不匹配，无法及时获得或以合理成本获得足够资金，以应对资产增长或支付到期债务的风险[14]。地方政府融资平台流动性风险的产生主要有三种原因。一是流动比率不合理，流动性资产与流动性负债不匹配，资产流动性差。二是资产结构不合理，总资产中，固定资产比重较大，流动资产比重较小；流动资产中，现金及变现能力较强的流动资产比重较小，而存货及其他流动性较弱的资产比重较大。三是赢利能力较差，经营性现金流量较低且不稳定，高度依赖再融资以满足流动性需求。

以发生资产管理计划产品延期支付风险的天津市政建设开发公司（以下简称“市政开发”）为例。2018 年 4 月 27 日，中电投先融（上海）资产管理有限公司公告旗下“中电投先融·锐津一号资产管理计划”“电投先融·锐津二号资产管理计划”3 至 4 期延期兑付。两款资管类产品对应融资人为市政开发，贷款规模 5 亿元，由市政开发股东——天津市政建设集团（以下简称“市政建设”）提供连带责任保证担保。担保人市政建设成立于 2007 年，为省级地方政府融资平台，第一大股东为天津市人民政府国有资产监督管理委员会（以下简称“天津国资委”）。

从天津市政建设集团的财务分析可以看出大部分融资平台流动性风险

的共性表现。首先，受限资产规模较大，资产流动性较弱。2016 年公司总资产合计 687.85 亿元，流动资产占总资产的比重为 82.78%，但公司受限资产规模较大。公司存货、应收账款、其他应收账和长期应收款合计达 501.83 亿元，占总资产的比重达 73%。其中，存货占总资产的 56%，占流动资产的 68%，主要为在建的房地产项目、土地一级开发项目等投资支出。其次，赢利能力下滑。天津市政建设主要从事房地产销售、土地一级开发、基础设施建设及生态农业等业务，土地出让收入和房地产业务收入是公司营业收入的最主要来源。2016 年，公司实现销售收入 592 061.42 万元，同比下降了 26.47%，土地出让收入下滑是导致营业收入下降的主要因素；综合毛利率为 28.63%，较 2015 年下降 7.95%，主要是公司土地一级开发、房地产业务、工程施工及代建等业务毛利率均有所下降所致。公司营业收入同比大幅减少的同时，财务费用、管理费用等期间费用的规模较大，2016 年公司期间费用率较上年提高了 10.36%~34.18%，进一步削弱公司的赢利能力。第三，偿债压力较大。截至 2016 年年末，公司短期负债（包括短期借款、应付票据、一年内到期的非流动负债）和长期负债（包括长期借款、应付债券和长期应付款）在内的有息债务合计 504.53 亿元，环比增长 14.12%，在公司总负债中占比 80.46%。2015 年和 2016 年公司的利息支出分别为 14.58 亿元和 13.50 亿元，严重侵蚀了公司利润。从短期偿债能力看，2016 年公司现金比率、流动比率和速动比率均有所提高，短期偿债能力有所好转，但考虑到公司流动资产中存货占比较高且持续攀升，公司速动比率表现一般，速动资产对流动负债的保障程度仍较低；经营活动现金流/短期负债比值较 2015 年转负为正，实际偿债能力有所提高。从长期偿债能力看，公司资产负债率维持在 90% 以上高位且 2016 年较 2015 年有所上升；公司负债与所有者权益比率进一步上升，所有者权益对负债的保障程度有所下降；有息债务规模较大，利息支出较高，利息保障倍数虽略有上升但仍处于较低水平，公司偿债压力较大。其偿债能力指标如表 3.8 所示。

3. 利率风险

地方政府融资平台的利率风险包括三类：重新定价风险、基差风险、收益率曲线风险[14]。

表 3.8　天津市政建设偿债能力指标

	指标名称	2016 年	2015 年	2014 年
短期偿债能力	流动比率	2.15	1.52	1.47
	速动比率	0.69	0.52	0.57
	现金比率	0.29	0.17	0.36
	现金流量比率	0.02	−0.08	0.13
长期偿债能力	资产负债率	91.17%	90.27%	92.14%
	产权比率	10.32	9.28	11.72
	负债/息税前利润	34.44	30.83	51.55
	有息负债/息税前利润	27.71	23.53	41.18
	利息保障倍数	0.49	0.42	0.28

资料来源：中诚信国际根据公开资料整理。

重新定价风险是融资平台债务最主要的利率风险。在债务按照浮动利率定价情况下，融资平台资产、负债项目头寸重新定价时间不匹配会导致重新定价风险。如果债务按照固定利率定价，重新定价风险来源于融资平台资产、负债具有不同的到期日。地方政府融资平台债务的期限多为 3 年和 5 年，但资产方项目的投资期限从 1 年、5 年至 10 年不等。特别是融资平台资产的期限远远长于负债期限。在利率变动时，这种普遍存在的期限错配使地方政府融资平台面临着重新定价风险。

基差风险是指即使地方政府融资平台资产和负债的重新定价时间相同，但只要债务融资利率和项目投资利率的调整幅度不完全一致，在一般利率水平发生变化时，地方政府融资平台就会面临的风险。对于融资平台境外发债来说，基差风险普遍存在，因为债务融资利率受到货币政策影响，属于环境因素，而投资回报率在项目投资时基本确定，调整弹性较小。所以两者的调整很难保持同步，导致融资平台普遍存在基差风险。

收益率曲线风险，主要指以国债收益率为融资平台债券基准利率时，融资平台债券发行和交易由于国债收益率曲线的意外位移或斜率变化而发生损失的风险。从图 3.7 可以看出，城投债和地方债的收益率曲线与国债收益率曲线保持相同的变动趋势，但城投债和地方债收益率的变动幅度

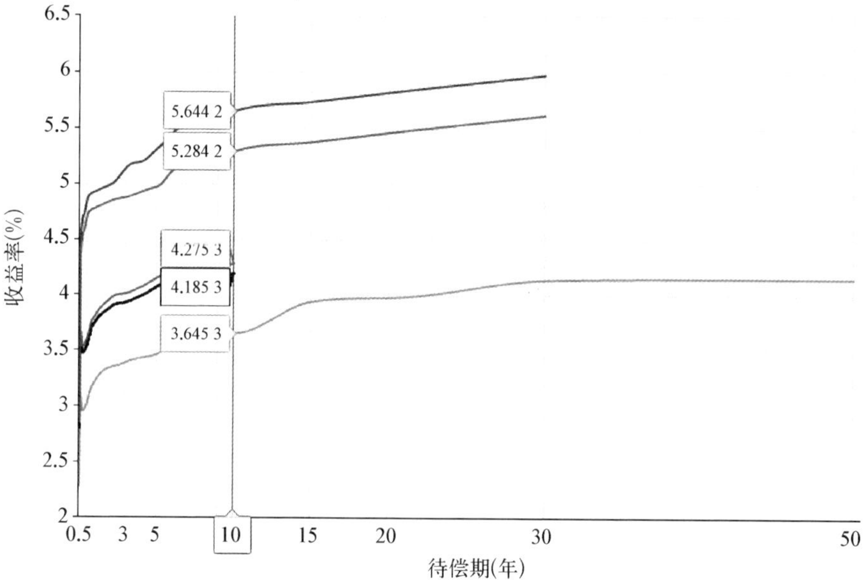

颜色	曲线名称	待偿期(年)	收益率(%)
■	中债国债收益率曲线(到期)	10.0	3.645 3
■	中债城投债收益率曲线(AA+)(到期)	10.0	5.644 2
■	中债城投债收益率曲线(AAA)(到期)	10.0	5.284 2
■	中债地方政府债收益率曲线(AAA)(到期)	10.0	4.185 3

图 3.7　国债、地方债、城投债收益率曲线对比

资料来源：中国债券信息网 http：//yield. chinabond. com. cn.

高于国债收益率，AA+评级的债券收益率变动幅度高于 AAA 评级的债券。

（二）地方政府融资平台债务风险特点

1. 债务透明度低

相比于地方政府作为主体直接进入市场融资，融资平台的灵活性更高，产生风险的隐蔽性也更高。从省级到区级地方政府，都可以设立融资平台，而各级地方政府又可以设立多个平台，融资平台之间可以相互借贷和投资，使得地方政府的债务情况更加错综复杂，地方政府债务统计和监管的难度增加。同时，《中华人民共和国预算法》（以下简称《预算法》）第三十七条规定，“在全国人民代表大会举行的一个月前，国务院财政部门将中央预算草案的主要内容提交全国人大进行初步审查；地方各级政府财政部门在本级人民代表大会举行的一个月前，将本级预算草案提交本级人大进行初步审查；对地方政府债务，全国人民代表大会批准地方政府一般性债务余额限额和地方政府专项债务余额限额，省级人民政府在下达的限额内举借的债务，列入本级预算，报本级人大依法批准”。可以看出，目前对地方政府作为发债主体，并以地方政府财政收入进行偿还的债务余额，是列入预算管理并接受各级人民代表大会审定的，但是由于融资平台的灵活性，对不以地方政府财政收入作为偿债资金的融资平台债务，特别是以银行贷款方式形成的债务，则既没有公开的信息披露，也没有纳入地方政府预算管理体系。

2. 风险传染性强

地方政府融资平台的债务风险具有较高的传染性。首先，某类融资平台的经营或者财务风险会通过抵押品估值、拍卖等渠道传导至土地及房地产市场，引起资产市场价格的波动，进而影响其他融资平台和地方政府的债务融资能力。其次，由于地方政府融资平台最主要的融资渠道是银行贷款，一旦融资平台偿债能力和再融资能力大幅下降，将形成银行的坏账，侵蚀银行的运营资本，更重要的是，如果由于地方政府融资风险引起房地产等抵押品价值下跌，那么可能引发由于房地产价格下跌导致的债务——通缩循环，形成系统性金融风险隐患。最后，地方政府融资平台发行的城投债是信用债券市场的重要组成部分，在融资平台偿债压力加大、再融资渠道受阻，以及债券市场逐渐打破刚性兑付的环境下，城投债的兑付风险容易传染至信用债及整体债券市场，引发债券市场的系统性风险。

3. 与宏观经济稳定高度相关

和一般的私人融资主体相比，地方政府融资平台具有企业和政府代理人的双重身份。地方政府融资平台的风险，无论是否被纳入地方政府债务统计，也均被社会各界视为地方政府债务，隐含着地方政府的担保。所以地方政府融资平台的债务风险极易传导至地方政府，进而传导至中央政府，引发中央财政风险。如果由于某地地方政府融资平台风险的爆发，引起地方债务市场违约，甚至暴露出地方财政资不抵债等情况，那么债务风险将演变为社会问题，危及地方政府的公共治理和稳定发展。所以，地方政府融资平台的风险影响巨大，容易引致宏观经济运行风险。

第二节 地方政府债务使用效率评估

自1994年，我国实行分税制改革以后，政府事权进一步下放，财权进一步上收，地方资本性投资缺口逐步增加，导致地方债务规模不断扩大。近几年，地方政府性债务规模更呈现出快速扩大的势头，债务风险问题日益凸显。在这样的情况下，我国适时采取了地方政府性债务限额管理的措施，为地方政府债务规模设立了上限，将2015年的地方政府性债务规模限定在16万亿元以内。那么，在地方政府债务限额管理体系未建立之前，我国地方政府债务的使用效率如何？本节以2012年28个省级行政区的债务余额数据为例，运用DEA－Tobit模型对地方政府债务使用效率进行评估，并分析其影响因素。

一、理论与文献综述

（一）财政分权的主要理论

理论界对于财政分权造成的影响有不同观点，比较一致的理解是，财政分权通过授予地方政府一定的税收权利并明确支出责任范围，激励地方政府根据当地情况更合理地安排预算支出的规模和结构，更有效率地提供公共产品和服务[15]。同时，财政分权也意味着鼓励公众有权选择政府提供的服务类型，积极参与社会管理。财政分权理论主要经历了两个发展阶段。第一阶段以马斯格雷夫（Musgrave）、奥茨（Oates）和蒂布特（Tiebout）等人为代表，他们以公共产品理论为基础，认为多层级政府能够比单层级政府更有效地提供公共物品[16,17]。该阶段理论主要认为财政分权合理性来自提供的经济和政治激励，重点分析财政分权对经济增长的促进作用[18]。第二个阶段的财政分权理论，重点探讨如何设计激励机制实现财政分权，通过公共资源配置效率来评价财政分权的合理性①，代表人物有麦金农（McKinnon）[19]、钱（Qian）[20]和维恩格斯特（Weingast）等[21]。

---

① 孙永君．省以下地方财政分权问题研究——基于K市的实证分析[J]．经济理论与经济管理，2013（05）：82－90.

斯蒂格勒（Stigler，1957）认为地方政府能比中央政府更接近本地居民和公众，对公共服务的选择偏好及效用更加了解，也便于人们对地方政府提供的公共服务进行投票表决[22]。奥茨（Oates，1972）认为，即使中央和地方政府以相同的成本提供公共产品和服务，地方政府提供产出的效率也更加高效[17]。蒂伯特（Tiebout，1956）提出"用脚投票"理论，为公众在各项公共服务方面的选择提供了以市场机制满足公共产品有效需求的方法[18]。罗森（Rosen）和麦金农（Mckinnon）等也认为，财政分权的重要机制是对地方政府进行激励，通过调动地方政府内在动力，加强政府的市场意识和竞争意识，进而逐步使地方政府更好地提供服务[19]。金（King）认为，中央政府行使所有职能是不现实也是无效率的，因为这样会使中央政府面临太多的工作和严重的信息不对称，从而由于层级过多、过程成本及信息反馈不够及时等陷入高成本低效率运行。而财政分权恰好能通过有效的分级平衡中央和地方政府机构的权责，进而阻止问题的产生。

（二）基于财政分权的地方政府债务分析

徐坡岭、郑燕霞（2012）对比分析中印两国的财政分权机制和预算软约束环境下三个层次的关系，包括中央与地方的财权事权分配、地方政府之间的竞争以及其辖区内居民对地方政府的监督，从而剖析两国不同的地方政府债务形成机制[23]。王叙果、张广婷、沈红波（2012）认为，中国地方政府投资和举债的冲动不完全来自财政分权，而地方政府同时具备"政治主体"和"经济主体"角色，以及预算软约束下我国银行体系的道德风险是融资平台过度负债的主要成因[24]。龚强、王俊、贾珅（2011）则认为，中国的地方政府性债务问题具有中国现实的制度特征，由于不完善的分税制度、地方政府官员以追求地区经济增长作为晋升的激励机制、融资平台快速扩张中的不规范治理，中国地方政府债务具有更加复杂的机制[25]。杨十二、李尚蒲（2013）建立了以财政分权为基础的政府债务制度框架，发现财政分权构成我国地方政府过度负债的内在激励，同时，地方政府片面追求经济发展及银行对融资平台贷款防控的放松，进一步促使地方政府通过融资平台大肆举债[26]。

在定量或实证分析方面，由于数据获得的困难性，国内研究多从定性和机制上进行分析，深入的微观实证分析较少。但也有少数研究通过实证分析，证实了财政分权对我国地方政府债务的影响。李丽虹（2012）建立理论模型，探讨财政分权、经济转轨和我国体制改革背景下地方政府债务的形成机理，并对2010年全国地方政府性债务的截面数据进行实证分析，认为省市级地方政府举借债务的主要动力是经济发展，而县级政府负债的重要因素是财政收支压力[27]。陈菁、李建发（2015）实证分析2005—2013年的省级面板数据，探究我国城投债规模不断扩张的制度原因。研究结论表明，在控制了财政转移支付和固定资产投资等因素后，财政分权程度和晋升激励强度对城投债的规模具有显著的正向影响[28]。

（三）财政支出效率的研究

近年来，地方政府财政支出效率成为研究热点。陈诗一、张军（2008）运用DEA－Tobit模型核算我国各省级政府的财政支出相对效率，发现财政分权改革后大部分省级政府支出效率都较低[29]。刘斌（2012）运用三阶段DEA模型，分析1978—2010年中国各省级行政区的财政支出效率及动态演化过程[30]。李德刚、周莉（2013）运用DEA二次相对效益模型，研究新疆各级地方政府的财政支出效率，发现总体上支出效率在逐渐提高，呈现规模报酬递增，但不同地区之间存在较大的差异[31]。陈仲常、张峥（2011）的研究结果表明我国中部、东部和西部地区在地区公共财政支出效率方面存在明显差异[32]。唐齐鸣、王彪（2012）利用SFA随机前沿分析方法研究财政支出效率问题，结果发现对比中部、东部、西部地区，平均财政支出效率最高的是中部地区[33]。

龚锋（2008）运用四阶段DEA方法，以2005年数据测算我国大、中型城市公共安全服务的供给效率[34]。钱海燕、沈飞（2014）评估购买养老服务的地方政府财政支出效率，发现项目的规模、收益、数量、受众人数及服务满意度是影响支出效率的重要因素[35]。于明霞（2014）、韩华为（2010）、金荣学（2012）等都采用DEA－Tobit二阶段方法评估林业、卫生、环境治理等财政公共支出效率及影响因素[36-38]。

（四）地方政府债务绩效研究

考燕鸣等（2009）运用主成分分析和投入产出理论，实证评价我国K

省 13 个市的地方政府性债务资金使用绩效[39]。金荣学（2013）运用平衡积分卡和层次法，构建地方政府性债务使用效率评价指标体系[40]。洪源、秦玉奇、杨司键（2014）评价湖南省地方政府性债务使用效率，发现整体使用效率较低，内部管理和外部运行环境都是影响效率的因素，同时建立多种空间面板模型，对使用效率的空间外溢性及机制进行研究[41]。

二、研究模型及变量选取

(一) 效率评估及影响因素分析方法确定

经济效率是衡量资源使用情况的一种指标，通常考察的是投入和产出之间的关系。一般的效率评估方法主要有成本—收益法、最低成本法和生产前沿面理论等。因此，根据各种方法对变量的不同要求，在确定地方政府债务资金使用效率评估方法时，需要考虑到其投入产出或者成本收益指标的特点，即变量的代表性、可获得性、可量化性等。

成本—收益分析属于定量分析，需要以货币衡量相关的成本、收益指标，但在地方政府债务效益分析中，医疗卫生、社会保障的效益很难用货币直接衡量，因此本书放弃使用成本收益法。用最低成本法比较相同效益下的成本高低来确定收益的方法，可以用于衡量无法用货币衡量的效益，但也有明显的局限性。由于各地区面临的外部条件（经济环境、社会环境、人口、面积等）差异较大，对效益有较大影响，且地方政府提供的公共物品和服务都会产生外部性，要想采用最低成本法只能选择情况相似的地区进行比较，较为主观，结果不具有普遍性。

英国经济学家法约尔（Farrell，1957）将经济效率分解为技术效率和资源配置效率两部分。现有研究主要基于生产前沿面理论测度技术效率，包括参数法和非参数法。参数法运用计量经济方法和数理统计思维，首先对投入产出之间的生产函数表达式进行假设，然后运用观测数据对表达式中的参数进行拟合，具体有确定前沿分析法和随机前沿分析法（Stochastic Frontier Analysis，SFA）。非参数方法，简称 DEA，即数据包络分析方法（Data Envelopment Analysis），以数学规划为工具，依靠分析决策单元

（Decision Making Units，DMU）的输入输出数据评价同质投入产出的相对有效性。非参数法的优点很多，如不必事先确定函数的形式，无须统一变量的量纲，以及可以同时处理多投入、多产出效率等，因此该方法已被广泛地应用于各个效率评估领域。最常使用的非参数方法有传统 DEA（数据包络分析，包括 BCC、CCR、SBM 等模型）和超效率 DEA 分析方法。其中 CCR 和 BCC 模型被使用得最多，但两者之间也有明显的区别：在评估技术效率和规模效率时，CCR 模型基于规模报酬不变（CRS）假设，BCC 模型则基于规模报酬可变（VRS）的前提。由于本节研究的地方政府债务投入产出之间的规模报酬是可变的，因此实证研究的第一阶段采用 DEA - BCC 模型来评估地方政府债务使用效率。

DEA 方法的缺陷是在测算决策单元效率值时，忽略了不可控的外部因素，仅考虑可控的投入产出变量，而外部因素可能造成效率的差异。因此，本文分两阶段进行测算。第一阶段测算各决策单元的效率值，第二阶段以第一阶段测算出的综合效率值作为被解释变量，对地方政府债务支出效率的环境影响因素进行回归分析。鉴于 DEA 方法测算出的效率值为 0~1，不适合使用普通最小二乘法（OLS）回归，因此采用受限因变量 Tobit 模型。

（二）DEA 模型的基本原理

Charnes、Cooper 和 Rhodes 三人提出传统的 DEA 模型，简称 CCR 模型。通过线性规划的方法，将最有效率的决策单元定义成技术前沿面，在此基础上，评价决策单元间多投入产出模式下的相对有效性。CCR 模型无法考虑规模报酬是否可变时的情况，只能测度规模报酬不变时的投入产出效率值，这与本节研究的地方政府债务情况不符合，因此不适合在本节中使用该方法。而 Banker、Charnes 和 Cooper 在修正 CCR 的基础上，构建了规模报酬可变的 BCC 模型，正好解决了这个问题。从所要测算的效率值的投入产出角度来考虑，可以将 DEA 模型分为投入导向型和产出导向型。地方政府债务使用效率测度了债务规模是否合理及债务使用是否充分，即寻找在一定产出下最小的要素投入，因此本节选择投入导向性 BCC 模型进行效率值的测算。DEA 方法是在相同类型的决策单元 *DMU* 之间进行相对效率的测算，因此，我们将每个省级行政区作为一个 DMU，每一个 DMU 的效率值即为其加权总产出和总投入之比的最大值，并假定权数都为正值。DEA 模型如下

目标函数

$$\text{Min}\left[\theta - \varepsilon\left(\sum_{i=1}^{n} s_i^- + \sum_{r=1}^{n} s_r^+\right)\right] \tag{3.1}$$

约束条件

$$\begin{aligned} \text{s.t.} \sum_{i=1}^{n} \lambda_i x_{ij} + s_i^- &= \theta x_{0j},\quad i = 1,\ 2,\ \cdots,\ n \\ \sum_{i=1}^{n} \lambda_i y_{ir} - s_r^+ &= y_{0r},\quad r = 1,\ 2,\ \cdots,\ h \\ \delta \sum_{i=1}^{n} \lambda_i &= \delta \end{aligned} \tag{3.2}$$

式中，$\lambda_j \geqslant 0$，$j=1,\ 2,\ \cdots,\ m$；$s_i^- \geqslant 0$，$s_r^+ \geqslant 0$；n 代表决策单元的个数；m 和 h 代表投入和产出变量的个数；x_{ij} 表示第 i 个 DMU 的第 j 项投入；y_{ir} 为第 i 个 DMU 的第 r 项产出；s_i^- 和 s_r^+ 分别为剩余变量和松弛变量，分别表示可以减少和增加的投入产出量；ε 是阿基米德无穷小量，用于保证投入产出向量为正，且松弛变量不影响目标函数。当 $\delta = 0$ 时，假定前沿面是平面，求解 CRS 模型可以得到决策单元的综合技术效率 $\theta(TE)$；当 $\delta = 1$ 时，假定前沿面是凸超面，求解 VRS 模型得到目标决策单元的纯技术效率值 $\theta(PTE)$。由于综合技术效率值是纯技术效率值与规模效率值的乘积，决策单元的规模效率值可由式 $\dfrac{TE}{PTE}$ 得到。

在规模报酬可变（VRS）的情况下的 BCC 模型中，将效率值分解为综合技术效率、纯技术效率和规模效率，表达式如下

$$\text{综合技术效率} = \text{纯技术效率} \times \text{规模效率} \tag{3.3}$$

纯技术效率使用带有拥挤的 DEA 模型，计算时不考虑要素利用效率损失，假定在生产最优规模下测度实际生产与生产可能性曲线的差距，用来反映管理和技术等因素对决策单元生产效率的影响。而规模效率，假定

管理运作水平一定条件下，测算当前规模与最优规模之间的差异，即生产效率在多大程度上受到决策单元规模的影响。

简化 BCC 模型为如下线性规划问题

$$\theta_k(X,\ Y) = \{\theta \mid \theta X_0 \geqslant \sum_{i=1}^{n} \gamma_i X_i;\quad Y_0 \leqslant \sum_{i=1}^{n} \gamma_i Y_i;\ \gamma_i \geqslant 0;\quad \sum_{i=1}^{n} \gamma_i = 1,\ i = 1,\ \cdots,\ n\} \tag{3.4}$$

对该模型求解可以得到决策单元 DMU 的相对效率值 θ_i，当 $\theta_i = 1$ 时，表明该决策单元处于最优的生产前沿面上，DEA 有效。其中，若 $\theta_i = 1$，且 $s_i^- = s_r^+$，则第 i 个决策单元 DEA 有效；若 $\theta_i = 1$，且 $s_i^- \neq 0$ 或 $s_r^+ \neq 0$，则第 i 个决策单元弱 DEA 有效。而当 $\theta_i < 1$ 时，则第 i 个决策单元非 DEA 有效，说明在一定的投入水平下该决策单元有（$1 - \theta_i$）的产出提升空间。

（三）Tobit 模型介绍

Tobit 受限因变量模型，是指因变量的取值满足某种条件约束的模型。其标准模型的表达式如下

$$\begin{aligned} &Y_i^* = \beta X_i + \varepsilon_i \\ &Y_i = Y_i^*,\ if\quad Y_i^* \geqslant 0 \\ &Y_i = 0,\ if\quad Y_i^* < 0 \end{aligned} \tag{3.5}$$

式中，Y_i^* 为潜变量；Y_i 为观察到的因变量，即 DEA 模型测算出的效率得分；X_i 为自变量；β 为相关系数；ε 独立且 $\varepsilon \sim N(0,\ \sigma)$。因此，$Y_i^* \sim N(\beta X_i,\ \sigma)$。

（四）投入和产出变量的选取

DEA 作为非参数方法，对其结果的评价不适合采用一般的统计性检验，因此指标的选择和模型稳健性对测算结果的有效性非常重要。变量选取对 DEA 测算结果准确性的影响很大，并且，随着变量数量的增加，落

在有效前沿面上决策单元的数量也会增加，导致测算结果的偏差。因此，本节试图通过 Pearson 相关性检验及 Pastor 方法来筛选合适的投入产出变量。

根据我国地方政府债务的实际使用情况，债务资金的投向以及数据的可获得性和有效性，本节初步选取了 1 个投入变量和 7 个产出变量。① 投入变量。从实际情况来看，地方政府性债务支出是研究使用效率的投入变量，但该数据在我国难以直接获得，所以选取地方政府债务性余额的数据。本节的数据来自《全国政府性债务审计结果 2013》，债务余额为省级数据，包括地方政府负有偿还责任、担保责任和可能承担一定救助责任的债务。② 产出变量。根据国家审计署公告，地方政府负有偿还责任债务项目的 86.77%是投向基础设施建设和公益性项目。因此，本节拟从以下几个基础设施建设和公益性项目的主要组成方面选取代表性的产出变量：市政建设（城市建成区面积、城市道路面积、城市排水管道长度、城市道路照明灯），交通运输（公路里程），土地收储（征收土地面积），科教文卫（规模以上工业企业 R&D 经费）。由于 DEA 方法并不需要对数据进行加总，因此投入、产出指标值的量纲选取不会影响决策单元的效率测算，无须进行无量纲化处理。

生产经济的投入与产出指标之间应该存在正向的相关关系，即投入越多产出越多。因此，只有当投入、产出指标符合这种“同向相关性”假设时，才能说明指标体系的设计是合理的。因此，对上述变量进行 Pearson 检验，来检验它们之间的相关关系。

由于各省级地方政府性债务的历年数据较难收集，本节使用国家审计署公布的数据，时间段包括截至 2010 年年底 17 个省级行政区、2012 年年底 28 个省级行政区及 2013 年 6 月 30 个省级行政区的债务余额数据，作为投入变量，与同期的产出变量数据进行相关性检测。其中 2013 年 6 月各产出变量数据使用 2012 年与 2013 年各省年度数据的加权平均数。数据处理使用 SPSS 软件，计算结果见表 3.9。

由表 3.9 可以看出，除了 2010 年规模以上工业企业 R&D 经费数据缺失以外，2010、2012 和 2013 年各省级行政区的投入、产出变量之间的相关系数均在 0.1 的水平下显著。所有投入、产出变量间的相关系数均为正数，表明投入、产出变量的正向相关度较高，变量选取较为合理。

表 3.9　投入、产出变量的 Pearson 相关系数

	城市建成区面积	城市道路面积	城市排水管道长度	城市道路照明灯	公路里程	征收土地面积	规模以上工业企业 R&D 经费
地方政府性债务余额（截至 2013 年 6 月）	0.698*** (0.000)	0.688*** (0.000)	0.780*** (0.000)	0.734*** (0.000)	0.370** (0.044)	0.686*** (0.000)	0.728*** (0.000)
地方政府性债务余额（截至 2012 年 12 月）	0.712*** (0.000)	0.691*** (0.000)	0.789*** (0.000)	0.726*** (0.000)	0.332* (0.084)	0.675*** (0.000)	0.741*** (0.000)
地方政府性债务余额（截至 2010 年 12 月）	0.882*** (0.000)	0.843*** (0.000)	0.902*** (0.000)	0.832*** (0.000)	0.543** (0.044)	0.705*** (0.000)	N/A

注：* 表示在 0.1 的水平（双侧）上显著，** 表示在 0.05 的水平（双侧）上显著，*** 表示在 0.01 的水平（双侧）上显著，括号中的数为检验的 P 值。

借鉴梁文艳、杜育红（2009）[42]的做法，在 Pearson 相关性检验的基础之上，采用 DEA 研究中较为有效的变量筛选方法——Pastor 方法，从初选变量中筛选出最具有代表性的变量，具体过程如下。

在相关性检验的基础上，以 2012 年数据为例，使用 Pastor 方法对剩余的变量进行进一步筛选，该方法与逐步回归法类似。

首先，根据 Pearson 相关性检验的结果，Step1 中选择与投入变量（债务余额）相关度最高的两个产出变量（城市排水管道长度、规模以上工业企业 R&D 经费）建立基础模型 M1。然后以 M1 为基础，将剩下的产出变量一次分别加入基础模型中建立 M2～M6，重新计算每个决策单元的效率值。这里定义 ρ_i 为第 i 个决策单元在 M1 与 Mi 中效率变化的百分比。按照 Pastor 提出的判定标准，当 ρ_i 接近 0 时，说明新加入模型的变量对效率值的影响很小；当 $|\rho_i| > 0.1$ 时，说明新加入的变量对效率值的影响不可忽略。根据以上标准，M2～M5 中 $|\rho_i| > 0.1$ 的决策单元占样本的比重，即表 3.10 中的效率变化百分比，该值越大表明该变量对模型效率值的影响最显著。因此，选择 M2（加入产出变量“建成区面积”，75% 的决策单元 $|\rho_i| > 0.1$）作为 Step2 中的基础模型。

表 3.10　Pastor 方法指标筛选过程与结果

	Step1						Step2					Step3			
	M1	**M2**	**M3**	**M4**	**M5**	**M6**	**M2**	**M7**	**M8**	**M9**	**M10**	**M9**	**M11**	**M12**	**M13**
投入变量															
债务余额	✓	✓	✓	✓	✓	✓	✓	✓	✓	✓	✓	✓	✓	✓	✓
产出变量															
排水管道长度	✓	✓	✓	✓	✓	✓	✓	✓	✓	✓	✓	✓	✓	✓	✓
R&D 经费	✓	✓	✓	✓	✓	✓	✓	✓	✓	✓	✓	✓	✓	✓	✓
建成区面积		✓					✓	✓	✓	✓	✓	✓	✓	✓	✓
道路面积			✓					✓					✓		
道路照明灯				✓					✓					✓	
公路里程					✓					✓		✓	✓	✓	✓
征收土地面积						✓					✓				✓
效率变化百分比（%）		75	21	68	75	61		0	29	64	36		0	14	36

Step2 中以 M2 为基础，重复 Step1 中的步骤，发现加入变量“公路里程”的 M9 中决策单元效率值改变的比重最大（64%的决策单元 $|\rho_i|>0.1$），所以选择其作为 Step3 的基础模型。

Step3 中以 M9 为基础，重复 Step1 中的步骤，发现加入变量“征收土地面积”的 M13 中决策单元效率值改变的比重最大（36%的决策单元 $|\rho_i|>0.1$），所以选择其作为 Step4 的基础模型。

Step4 中以 M13 作为基本模型，重复前述步骤，引入剩余变量，发现效率值变化很小，$|\rho_i|>0.1$ 的决策单元占样本的比重为 0%。根据 Pastor 的判定标准，当效率值变化 $|\rho_i|>0.1$ 的决策单元少于 15%时，可以忽略新增变量对模型的影响。因此，不再加入剩余变量，以 M13 作为最终模型。

（五）环境变量的选择及经验假设

地方政府债务资金属于地方政府公共财政资金的一种，因此本节在结合以往地方政府公共财政支出效率研究文献以及上述分析的基础上，提出如下地方政府债务资金使用效率的影响因素假设。

1. 自然禀赋和地理条件

我国幅员辽阔，各省级行政区所处的自然禀赋和地理条件存在很大差异，因此各地方政府在提供相同的公共产品和服务时所投入的成本是不同的，加上各地方政府债务资金的规模和结构不同，都会引起使用效率的差异。虽然上文 DEA 效率测算的结果是，我国东、中、西部地区的效率水平差异不大，但仍须引入代表自然禀赋和地理区位条件虚拟变量 D（D_1 代表东部地区，D_2 代表西部地区），进而考察这一条件对地方债使用效率的影响。

假设 1：东、中、西部地区对地方债使用效率的影响不显著。

2. 财政政策

财政分权，是中央与地方政府之间进行财政分工的一种方式，规范了地方政府的税收权利和支出的责任范围。从前文的综述上看，Stigler（1957）、Oates（1972）等都肯定了财政分权对公共服务提供效率的促进作用。本节衡量财政分权程度的指标界定为

$$财政分权程度 = \frac{净地方人均财政支出}{全国人均财政支出} \tag{3.6}$$

式中，净地方人均财政支出 = 地方人均财政支出 - 中央向地方转移支付。

假设2：财政分权有利于改善债务资金使用效率。

3. 居民财富和经济发展水平

人均 GDP 是居民财富和经济发展水平的代表性指标。Afonso 和 Fernandes（2008）认为，较高的居民财富水平会提高财政支出效率，因为较富裕的居民的富裕程度越高，越有能力向地方政府施加压力以获得更多更好的公共服务水平。但也有学者持有相反意见，Loikkanen 和 Susiluoto（2006）认为，经济发展水平上升后政府部门有扩张冲动，无法有效控制项目建设成本，这将导致支出效率的恶化。

假设3：人均 GDP 对地方债使用效率影响不确定。

4. 经济周期波动和经济增长速度

GDP 增长率是衡量一个地区经济发展状况的重要指标之一。一般情况下，经济繁荣时期，GDP 增长较快，经济体对政府依赖程度降低，公用支出更有效；经济衰退时期，经济不景气，失业率升高，需要动用公共财政来干预经济，公共支出会由于规模过大而表现出低效。但从另一方面来说，经济指标也是地方政府官员政绩考核的主要标准之一。因此，地方官员很有可能为了追求高 GDP 增长率而大肆举债投资，忽视资金的使用效率。

假设4：GDP 增长率对地方债使用效率的提高不利。

5. 人口因素

一般观点认为，一个地区人口越密集，公用服务网络就会越密切，规模效应越显著，财政资金的效率越高。Grossman 等（1999）认为，一个地区的人口密度与政府管理和监督的成本呈现负相关关系，公共服务的提供会随居民规模增长产生规模效益。但也有学者持反对意见，Athanassopoulos、Triantis（1998）以及 Loikkanen 和 Susiluoto（2006）就发现，人口密度对政府的支出效率有不利的影响。

假设5：人口密度对地方债使用效率的作用方向不确定。

6. 地区税收水平

人均预算内财政收入可反映地区税收水平。Davis 和 Hayes（1993）认为，地区的财政收入提高、纳税人监督意识的增强，能够促进政府提高效率。De Borger 和 Kerstens（1996）提出反对观点，认为基于委托—代理理论，收入越多的政府资金使用效率越低。本假设在选择支持后者观点的基础上提出。

假设 6：税收收入的增加不利于地方债使用效率提高。

综上，解释变量见表 3.11。

表 3.11 Tobit 回归模型中解释变量说明

变 量	变 量 说 明	预期方向
D1	D1 = 1，D2 = D3 = 0：代表东部地区的虚拟变量	/
D2	D2 = 1，D1 = D3 = 0：代表西部地区的虚拟变量	/
fiscal_ dec	采用加权平均指标，反映各地区的财政分权程度： 加权平均指标 = （总财政收入指标 + 净财政支出指标）/2； 总财政支出指标 = 地方政府人均财政支出/全国人均财政支出； 净财政支出指标 = （地方政府人均财政支出 - 人均转移支付）/全国人均财政支出	+
gdp	各省级行政区人均地区生产总值，用以衡量地区经济发展水平	不确定
gdp_ rate	（本年地区生产总值 - 上年地区生产总值）/上年地区生产总值 * 100%；代表 GDP 增长率	—
pop_ dens	地区城市人口数/地区城市面积；代表城市人口密度（人/平方千米）	不确定
revenue	各省级行政区预算内财政收入/人口；反映地区税收收入水平	—

（六）数据来源

由于我国地方政府债务数据近年来才逐渐向社会公开，从数据的可获取性考虑，本节以截至 2012 年 12 月 28 个省级行政区（除西藏、天津、贵州外）的债务余额数据为样本展开债务效率测评实证分析，数据来自国家审计署发布的《全国政府性债务审计结果》公告。产出变量数据均来自国家统计局网站。

效率影响因素分析中，解释变量数据为2012年28个省级行政区（除西藏、天津、贵州外）的各省年度数据，数据均来自国家统计局网站，被解释变量为第一阶段中DEA模型测算出的2012年各地区的债务资金使用效率值。

三、实证结果及分析

（一）DEA效率测评结果及分析

由于数据的局限性，以下测算结果以2012年数据作为主要分析对象。运用DEAP2.1软件测算各项技术效率和规模报酬，结果见表3.12。

表3.12　DEA效率测评结果（2012）

省级行政区	综合技术效率	纯技术效率	规模效率	规模报酬
北京市	0.295	0.326	0.905	递增
河北省	0.476	0.478	0.995	递增
山西省	0.636	0.646	0.985	递增
内蒙古自治区	0.675	0.677	0.997	递增
辽宁省	0.937	0.952	0.984	递增
吉林省	0.579	0.601	0.963	递增
黑龙江省	0.982	0.986	0.996	递增
上海市	0.325	0.364	0.892	递增
江苏省	0.743	1	0.743	递减
浙江省	0.789	0.807	0.978	递增
安徽省	1	1	1	不变
福建省	0.747	0.790	0.945	递增
江西省	0.834	0.839	0.994	递增
山东省	1	1	1	不变
河南省	0.939	1	0.939	递减
湖北省	0.627	0.652	0.961	递减

续 表

省级行政区	综合技术效率	纯技术效率	规模效率	规模报酬
湖南省	0.574	0.681	0.843	递减
广东省	1	1	1	不变
广西壮族自治区	0.786	0.819	0.960	递增
海南省	0.431	0.784	0.549	递增
重庆市	0.427	0.436	0.979	递增
四川省	0.625	1	0.625	递减
云南省	0.666	0.797	0.836	递减
陕西省	0.480	0.48	1	不变
甘肃省	1	1	1	不变
青海省	1	1	1	不变
宁夏回族自治区	0.918	1	0.918	递增
新疆维吾尔自治区	1	1	1	不变
均　值	0.732	0.79	0.928	

1. 综合技术效率

从表 3.12 中可以看到，2012 年的综合技术效率均值为 0.732，综合技术效率水平总体较低，说明我国地方政府债务的总体使用效率水平有很大的改善空间。且从 2012 年各地区债务资金使用效率的测算结果来看，债务资金使用相对有效（综合技术效率值为 1）的省份只占到 21.43%，而效率低于 50%的省份也占到了样本的 21.43%，说明大部分省级行政区的债务资金使用是低效或者相对无效的。

其中，2012 年效率评价中处于综合技术效率值为 1 的省级行政区为 6 个（安徽、山东、广东、甘肃、青海、新疆），这些决策单元的投入、产出线性组合构成了综合技术效率的有效前沿面。但是，DEA 模型测算的综合技术效率值为 1 并不代表债务资金的使用效率已达到最优状态，只是相较于其他地区，这些省级行政区的综合技术效率较高，仍然存在可以提升的空间。综合技术效率得分低于 0.5 的省级行政区 6 个（北京、河北、上海、海南、重庆、陕西），说明这些地区债务投入都有超过 50%的浪费，亟须改善。值得注意的一点是，在测算结果中，经济相对落后（人均 GDP

低于3万元）的地区（如安徽、甘肃）的综合技术效率很高，而经济比较发达（人均GDP高于8万元）的地区（如上海、北京）的综合技术效率得分却很低。从效率得分结果来看，综合技术效率较低的地区普遍有相对较低的纯技术效率，说明债务资金的管理和运作不善是造成效率低下的重要原因。

从地区划分上来看，有3个东部地区、3个中部地区、4个西部地区的综合技术效率值排在前10名，东、中、西部地区的平均排名比较相近，分别为15.6、13.67、12.44，平均得分分别为0.6743、0.7607和0.7669，如表3.13所示，表明我国各地区之间地方政府债务使用效率差距不大，但中西部地区略优于东部地区。

表3.13　东、中、西部指标比较

	东　部	中　部	西　部
前10名中数量	3	3	4
平均排名	15.6	13.67	12.44
平均得分	0.6743	0.7607	0.7669

2. 纯技术效率

纯技术效率，可反映地方政府债务资金的管理和运作对使用效率带来的影响。由表3.12可知，2012年的纯技术效率的均值为0.790，处于较低水平，说明各省级行政区的债务资金管理和运作的平均水平有待提高。从表3.12中还能看到，纯技术效率值达到1的有10个省级行政区。其中江苏、河南、四川、宁夏的技术效率值虽然为1，但是综合技术效率却没有达到有效水平，说明使用效率不高是由于资金管理以外的因素，如债务规模的不合理引起的。同时，除宁夏以外，它们的规模报酬都呈现递减的趋势，说明可以通过缩小债务规模来改善资金使用效率。总体来看，除海南以外，综合技术效率低于0.5的省级行政区普遍都有较低的纯技术效率值，很可能是由债务资金的管理运用不善导致的。

3. 规模效率

规模效率是受决策单元的规模因素影响的生产效率，是指在管理运作水平一定的情况下，当前规模与最优规模之间的差异。效率值越接近 1，表明该决策单元的投入规模越接近相对最优水平。我国地方政府债务使用的规模效率均值为 0.928，处于较高的水平（表 3.12），说明地方政府债务由规模影响的效率基本处于合理范围内。

同时，规模效率均值大于纯技术效率均值，说明地方政府债务运作和管理水平决定的纯技术效率对整体使用效率具有较大的制约。但也有规模效率低于纯技术效率的地区，如江苏、河南、海南、四川、宁夏。由于综合技术效率值是纯技术效率值和规模效率值的乘积，而这些地区的规模效率要低于纯技术效率，说明债务规模的不合理是导致这些地区综合效率低下的主要原因。根据表 3.12 中给出的规模报酬结果，江苏、河南和四川的规模报酬递减，说明缩小债务规模可以从一定程度上改善这三个地区的债务资金的使用效率，而海南和宁夏的规模报酬递增，则需要进一步扩大债务规模和运用。

4. 规模报酬

规模报酬是当决策单元处于技术有效时，决策单元产量变化受到规模变化的影响。规模报酬递增表明可以通过扩大规模投入来提高决策单元的生产效率；反之，规模报酬不变时提高效率需要通过缩小投入规模来实现；规模报酬不变时，投入规模的变动不对生产效率产生影响。从表 3.12 的结果来看，截至 2012 年年底，28 个省级行政区中有 13 个处于规模报酬递减或不变的阶段，说明在技术效率达到有效水平的情况下，这些省级行政区可以通过控制或缩小债务规模来提高使用效率。

（二）效率得分稳定性检验

由于 DEA 方法是一种线性规划方法，不能简单地用统计方法检验其结果的稳定性。本文参考罗杭、郭珍（2014）的做法，利用“刀切法”，即 Jackknife 方法来检验模型的稳定性。在检验过程中，“刀切法”主要是在每一步中将一个最有效的决策单元剔除，以剩下的决策单元重新建立模型，并计算效率值，通过新的效率值之间的比较及它们的 Spearman 相关系数，可以判断模型的质量。具体来说，在 2012 年地方政府效率测算结果中，共有 6 个地区处于相对有效水平，效率值为 1。因此，需要重复该步骤6次，建立6个新的模型，从而得到6组新的效率值，如表3.14所示，通过各组效率值之间的Spearman相关系数计算，最小值为0.465，均值为0.765，迭代之后的效率均值比较相近，具有比较小的标准差，表明模型具有较好的稳定性。

表3.14 DEA效率得分的稳定性检验

迭代次数	剔除的*DMU*	综合技术效率均值	效率标准差
初　始		0.732	0.2266
第一次	安徽	0.727	0.2248
第二次	山东	0.774	0.2041
第三次	广东	0.789	0.2049
第四次	甘肃	0.784	0.2052
第五次	青海	0.775	0.2044
第六次	新疆	0.786	0.2008

（三）效率影响因素分析

对上述受限因变量建立回归模型，使用Eviews7.2软件，表3.15为回归结果。

表3.15 Tobit模型回归结果

解释变量	model Ⅰ	model Ⅱ
常数项α	0.9006*** (0.0031)	0.9102*** (0.0029)
东部（D1）	0.0549 (0.5827)	
西部（D2）	0.0809 (0.4146)	
财政分权度（fiscal_dec）	0.0032 (0.1145)	0.0035* (0.0576)
人均GDP（gdp）	0.0080 (0.1423)	0.0072 (0.1510)

续 表

解释变量	model Ⅰ	model Ⅱ
GDP 增长率（gdp_rate）	-0.030 2* (0.072 0)	-0.026 4* (0.091 5)
人口密度（pop_dens）	0.231 7 (0.427 8)	0.195 5* (0.057 6)
人均财政收入（revenue）	-1.086 3*** (0.000 5)	-1.056 2*** (0.000 8)
Log likelihood	10.525 8	10.089 9

注："*""**""***"分别表示在 0.10、0.05、0.01 的水平上显著。

模型 1 中加入了代表东、西部地区的虚拟变量，主要用于考察地理区位因素和自然禀赋因素对地方债使用效率的影响。从回归结果来看，模型中代表东、西部的变量的系数都不显著，说明自然禀赋和地理区位对地方债的使用效率影响不大，没有呈现明显的地域特征。且从对数似然值来看，两个模型相差不大，因此在模型 2 中去除了东、西部地区的虚拟变量。

从模型 2 的回归结果来看，财政分权度变量的系数为 0.003 5，且在 10%的水平上显著，说明适当的财政分权有利于地方债使用效率提高，证实了多数学者的观点，且与本文预期相符。

从经济指标来看，模型 2 中，人均 GDP 的系数为 0.007 2，说明人均 GDP 对债务资金使用效率有微弱的正向作用，证明了 Afonso 和 Fernandes（2008）的观点，反驳了 Loikkanen 和 Susiluoto（2006）等人的观点。GDP 增长率的系数为-0.026 4 且在 0.10 水平上显著。而 GDP 增长率则与效率变动呈反向关系，与本节假设相同。由于经济指标是地方政府官员政绩考核的主要标准之一，因此，地方官员很有可能为了追求高 GDP 增长率而大肆举债投资，因而忽视资金的使用效率。

地方政府债务本质上是用于公共支出，其目的在于向所在地区居民更好地提供公共物品和服务。因此，一个地区人口规模和密度会影响当地公共物品和服务的提供，进而影响地方政府债务使用效率。从表 3.15 中的结果来看，人口密度是提高地方政府债务使用效益的有利因素，这说明人口密度越大，越有利于地区债务使用效益的提高。这一结果支持了 Grossman 等（1999）的观点，认为居民规模的增加，可以使公共服务的提供产生规模经济效益。但是，这也不能完全否认 Athanassopoulos 和 Triantis（1998）以及 Loikkanen 和 Susiluoto（2006）的观点。北京、上海等人口密度较大的直辖市，债务使用效率偏低从某种程度上体现出，人口过多加大了社会治理难度。在资源有限且效率难以快速提升的情况下，人口过多引发的对公共服务过度需求可能导致服务水平价格提高，进一步增加政府的管理成本。

两个模型中人均财政收入变量的系数都十分显著，分别为-1.086 3、-1.056 2，说明财政收入水平对地方债使用效率有很大影响。同时证明了 De Borger、Kerstens（1996）的观点和本文假设，认为政府财政收入增加，会使地方政府缺乏有效利用资金的激励，导致使用效率的降低。这一结果也进一步解释了上一节的效率测算中安徽、甘肃等地的综合技术效率很高，而如上海、北京的综合技术效率得分较低的结果。

第三节　城投债与地方债收益率宏观影响因素分析

城投债是以城投公司、城建公司等地方融资平台为主体，公开发行的包括企业债、中期票据和短期融资券等一系列的债券类融资工具，城投债资金主要用于地方政府公共产品的投资，因而被视为“准市政债”的中国版。2009 年财政扩张政策实施后，城投债呈现爆发式增长。地方债是地方政府作为发债主体自行发行的债券，用于筹措地方政府资本项目资金。2011 年，财政部在上海、浙江、广东和深圳四个省市试点发行地方债，2013 年又增加江苏和山东两省，但这些债券均由财政部代办还本付息，并不属于真正意义上的地方政府债券。2015 年十八届三中全会中提出将地方债券合法化，地方债规模迅速扩大，以地方债替代城投债的呼声日益提高。那么，地方债可以取代城投债吗？两类债券受到宏观因素的影响有何不同？投资者对两者的选择和偏好有何区别？本节通过对比城投债和地方债收益率的特征及影响因素，对上述问题进行分析。

一、文献综述

近年来，随着城投债和地方债的快速增长以及对地方政府债务负担的关注，学界对城投债和地方债的研究热情逐渐提高。从举债的规范及监管上看，姜维壮（2009）提出地方政府发行债券长期处于举债盲目不规范的状态，通过综合美国和日本地方债管理的实践经验，提出要严格发行审批，加强地方公债用途管理，建立健全风险预警机制来规范地方债发行的途径[43]。田磊（2015）提出要通过完善分税制改革和转移支付制度、地方债务及风险管理制度，改革我国地方政府的融资机制[44]。梁瓒（2010）提出对城投债不宜一刀切式取缔，而应该逐步过渡到地方政府债券模式，做好两者的合理衔接和转换[45]。温来成（2013）提出建立城投债风险防范机制，以避免城投债向地方债转换过程中可能产生的系统性金融风险[46]。王晟（2012）实证分析了地方债代替城投债的可能性，虽然地方债到期收益率基本不受地方经济发展水平和财政状况影响，但应关注地方债的流动性风险[47]。刘少英（2015）实证分析发现期限和信用评级相同的城投债到期收益率高于产业债，而两者均受银行间债券市场的供求关系的影响较大[48]。武昱含（2015）从宏观和微观方面分析城投债收益率的影响因素，发现消费者物价指数、股票市场指数对其有正向影响，而发行规模和信用评级，以及货币供应量对其有反向影响[49]。

可以看出，虽然已有大量文献研究城投债收益风险的影响因素，但是对于地方债更多的是从体制、发债结构等问题上进行定性分析，对地方债的定量分析相对较少。从整个市场来看，近两年地方债快速发展，从发行启动前的3%增长到接近10%，但是仍然存在发行定价市场化受阻、二级市场交易不活跃、对土地收入的依赖高等问题。面对城投债和地方债市场的不断分化，本节以两类债券的收益率为分析起点，通过两者特点的对比分析，建立计量模型实证分析宏观因素对两者的不同影响。

二、地方债和城投债收益率的特征分析

到期收益率是债券未来现金流等于市场价格时的收益率，通常用于衡

量债券的收益水平。本节对城投债和地方债的到期收益率及影响因素进行分析，探讨城投债和地方债收益率相比，谁更容易受到宏观因素的影响，以此为城投债是否应逐步被地方债取代提供决策依据。

（一）城投债收益率特征

2009 年 1 月至 2017 年 2 月，我国城投债到期收益率表现为三次上行波动和三次下行波动，主要特征见图 3.8。

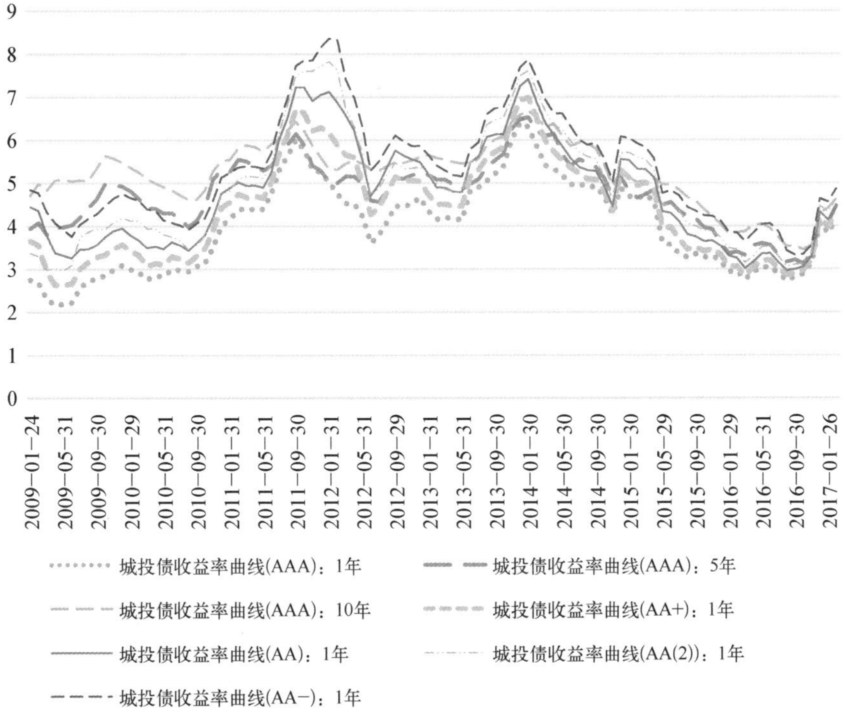

图 3.8　城投债到期收益率比较

数据来源：Wind 资讯网 https：//www. wind. com. cn/.

（1）整体来看，不管是相同信用等级不同年限的城投债还是相同年限不同信用等级的城投债，其收益率变动趋势基本趋同。

（2）在相同的期限下（以到期期限一年为例），债券信用等级越高，债券的信用风险越小，风险溢价也越低；同时，相同信用等级下，城投债的期限越长，到期收益率越高。

（3）总体上城投债到期收益率保持在5%左右波动。

（二）地方债收益率特征

2015年9月至2017年2月，我国地方债收益率整体波动趋势不大，前期总体保持平坦，在2016年年末出现小幅上升趋势，其间经历了三次上升和两次下降阶段，见图3.9。

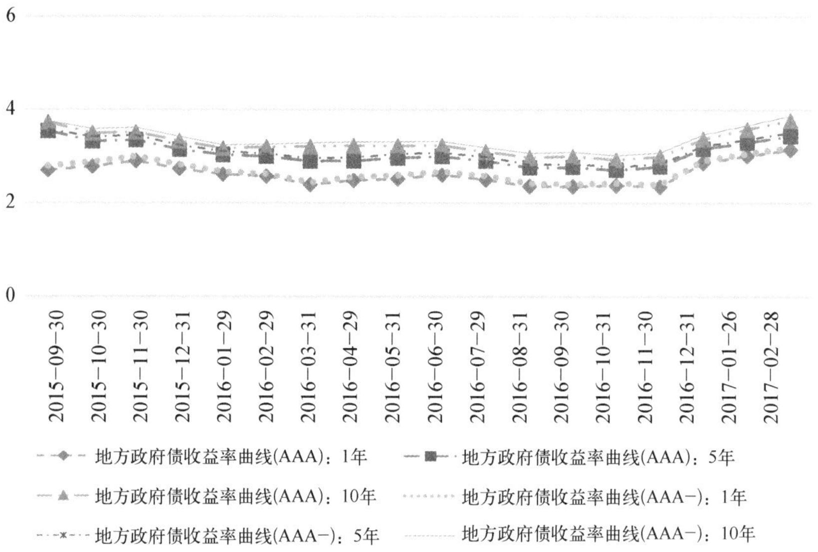

图3.9　地方债到期收益率比较

数据来源：Wind资讯网 https：//www. wind. com. cn/.

（1）整体来看，不管是相同信用等级不同年限的地方债还是相同年限不同信用等级的地方债，其收益率变动趋势趋同且变化幅度不大。相较于城投债收益率的变动，地方债收益率基本保持稳定，无陡升陡降情况。

（2）与城投债相同，在相同的期限下（以到期期限一年、五年、十年为例），债券信用等级越高，债券的信用风险越小，且风险溢价越低；同时，相同信用等级下，期限越长的地方债到期收益率越高。

（3）总体上地方债到期收益率水平保持在3.5%左右。

（三）城投债与地方债收益率的比较

对比城投债和地方债到期收益率的波动趋势如图3.10和图3.11所示。

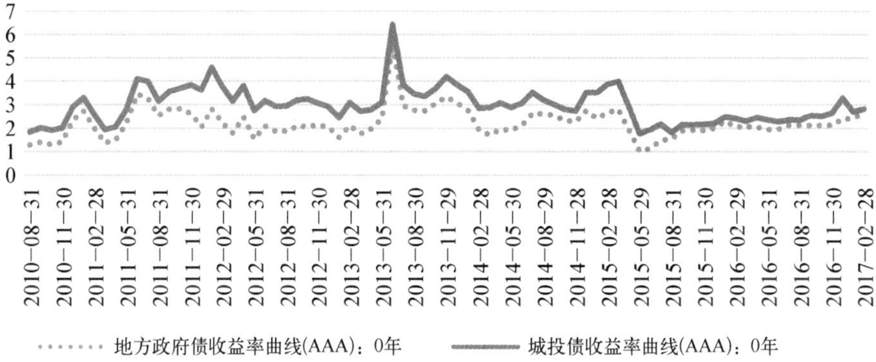

图 3.10　1 年内到期的城投债与地方债收益率比较

数据来源：Wind 资讯网 https：//www. wind. com. cn/.

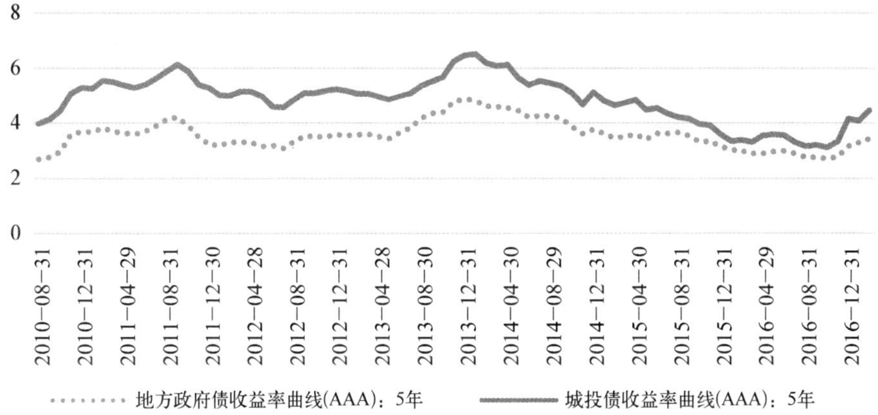

图 3.11　5 年到期城投债与地方债收益率比较

数据来源：Wind 资讯网 https：//www. wind. com. cn/.

（1）在相同信用等级和期限下，城投债到期收益率高于地方债，说明城投债信用风险高于地方债。由于城投债大都采用增信安排，所以即使两者信用评级相同，城投债的信用风险仍然高于地方债，这可以从城投债与地方债的收益率溢价中得到体现。

（2）相同年限的城投债与地方债收益率波动趋势趋于一致，但两者存在 2%左右的信用溢价。这反映出投资者对两者的风险偏好具有显著的不同。

（3）城投债和地方债的波动趋势基本保持同步，但不同时间段收益率溢价不同，表明两者虽然都受到宏观因素的影响，但影响结果和决定因素有所不同。

三、地方债和城投债收益率宏观影响因素的实证分析

（一）指标选取及数据来源

选取 1 年期 AAA 级地方债和城投债到期收益率月度数据。影响因素主要考虑货币政策、市场资金供求状况、金融市场价格波动、投资者预期等方面。具体分析如下。

（1）货币供应量 M2 衡量货币政策方面的影响。中央银行货币供给增加时，市场流动性宽松，会导致债券收益率的降低；中央银行减少货币供给，流动性收紧，债券收益率升高。

（2）银行间市场 7 天回购利率和银行间债券总指数衡量市场供求状况的影响。银行间债券回购利率是市场化利率，反映货币市场资金供求、成本和收益水平，被视作货币市场的基础利率。银行间债券总指数包括债券价格信息，较全面地反映债券价格的波动情况。

（3）深沪 300 指数衡量股票市场的变动及影响。股票市场和债券市场作为资本市场的两个分支，存在联动机制，所以股票市场的价格波动可能会传导至债券市场。

在构建计量模型中，以上指标作为解释变量，城投债和地方债收益率分别作为被解释变量。数据来自 Wind 资讯网、国家统计局网站、中国债券信息网，样本时期从 2009 年 1 月至 2017 年 2 月。

（二）实证分析及结果

1. 城投债的宏观影响因素分析

（1）单位根检验

对变量进行单位根检验，发现银行间债券总指数、M2 增长率、沪深 300 指数、7 天回购利率和城投债到期收益率都是 1 阶不平稳，即 I（1）。差分后满足同阶单整，见表 3.16，可以进行下一步分析。

表 3.16　单位根检验结果

变　量	ADF 值	检验类型	临　界　值			平稳性
			10%	5%	10%	
城投债收益率	-2.631 3	c（c，0，0）	-3.522 89	-2.901 78	-2.588 28	不平稳
M2	-0.943 37	c（c，0，0）	-3.521 58	-2.901 22	-2.587 98	不平稳
沪深 300 指数	-2.174 13	c（c，0，0）	-3.522 89	-2.901 78	-2.588 28	不平稳
银行间债券总指数	0.910 076	c（c，0，0）	-3.521 58	-2.901 22	-2.587 98	不平稳
7 天回购利率	-0.906 47	c（c，0，0）	-2.589 02	-1.944 18	-1.614 55	不平稳
Δ 城投债收益率	-5.756 95	c（c，0，0）	-3.520 31	-2.900 67	-2.587 69	*
Δ 银行间债券总指数	-6.261 89	c（c，0，0）	-3.521 58	-2.901 22	-2.587 98	*
Δ 沪深 300 指数	-6.895 46	c（c，0，0）	-3.521 58	-2.901 22	-2.587 98	*
ΔM2	-9.850 2	c（c，0，0）	-3.521 58	-2.901 22	-2.587 98	*
Δ7 天回购利率	-8.732 15	c（c，0，0）	-2.589 8	-1.944 29	-1.614 49	*

（2）因果检验

经过平稳性检验后，考察因变量和自变量的因果关系。检验结果分别拒绝了城投债到期收益率是银行间债券总指数、M2 增长率、沪深 300 指数、债券市场 7 天回购利率的原因，但接受了银行间债券总指数、M2 增长率、沪深 300 指数、7 天回购利率是引起城投债到期收益率变化的原因。城投债到期收益率的变化可以由银行间债券总指数、M2 增长率、沪深 300 指数、债券市场 7 天回购利率进行解释，见表 3.17。

表 3.17　因果检验结果

检　验　项　目	*F* 值	*P* 值	检验结果
银行间债券总指数不是收益率的原因	3.203 58	0.072 9	拒绝
收益率不是银行间债券总指数的原因	0.233 38	0.630 1	不拒绝
M2 增长率不是收益率的原因	3.254 06	0.074 4	拒绝
收益率不是 M2 增长率的原因	1.908 03	0.705	不拒绝
7 天回购利率不是收益率的原因	4.166 82	0.044	拒绝
收益率不是 7 天回购利率的原因	2.113 35	0.494	不拒绝
沪深 300 指数不是收益率的原因	3.842 37	0.067 9	拒绝
收益率不是沪深 300 指数的原因	1.458 76	0.230 2	不拒绝

（3）协整检验

为了检验银行间债券总指数、M2 增长率、沪深 300 指数、7 天回购利率是否存在长期均衡关系，可采用 Johansen 检验。首先，建立 VAR 模型，通过滞后阶数确定最优滞后项。基于各数据生成过程特征，结合 t 统计量的显著性检验，用赤池信息准则和施瓦茨信息准则来选择滞后阶，见表 3.18。可以确定，在 VAR 模型中的最优滞后项为 1。根据 eviews 检验结果，只有当检验假设为不存在协整关系时，P 值是 0.019 7，小于 5%，拒绝 Johansen 的原假设，即变量之间通过了协整检验，且所有变量之间只存在一个长期协整关系。所以，虽然银行间债券总指数、M2 增长率、沪深 300 指数、债券市场 7 天回购利率是不平稳序列，但是存在长期的均衡关系，可以进行回归分析，见表 3.19。

表 3.18 最优滞后项确定

Lag	LogL	LR	FPE	AIC	SC	HQ
0	−881.048 6	NA	33 626.99	24.612 46	24.770 56	24.675 4
1	−521.796 4	58.629 0*	0.127 486*	5.327 68*	16.276 29*	5.705 32*
2	−509.192 5	21.356 65	4.457 927	15.672 01	17.411 13	16.364 36
3	−498.342 7	16.877 51	6.776 033	16.065 07	18.594 7	17.072 13
4	−480.739 9	24.937 19	8.744 028	16.270 55	19.590 69	17.592 31
5	−466.948 9	17.621 93	12.975 29	16.581 91	20.692 56	18.218 37
6	−436.543 9	34.627 91	12.712 9	16.431 77	21.332 93	18.382 94
7	−412.571 7	23.972 11	15.863 21	16.460 33	22.151 99	18.726 2

表 3.19 协整检验

Hypothesized		Trace	0.05	
No. of CE (s)	Eigenvalue	Statistic	Critical Value	Prob.**
None*	0.336 01	73.772 08	69.818 89	0.023 4
At most 1	0.269 53	42.241 52	47.856 13	0.152 1
At most 2	0.137 541	18.058 39	29.797 07	0.561 7
At most 3	0.082 881	6.664 876	15.494 71	0.616 9
At most 4	3.92E−05	0.003 017	3.841 466	0.954 6

（4）脉冲响应和方差分解

首先进行稳定性检验。由图3.12可以看出，1阶VAR模型的AR根倒数都小于1，即位于单位圆之内，表示模型稳定。进一步可进行脉冲响应分析和方差分解，结果见图3.13和图3.14。

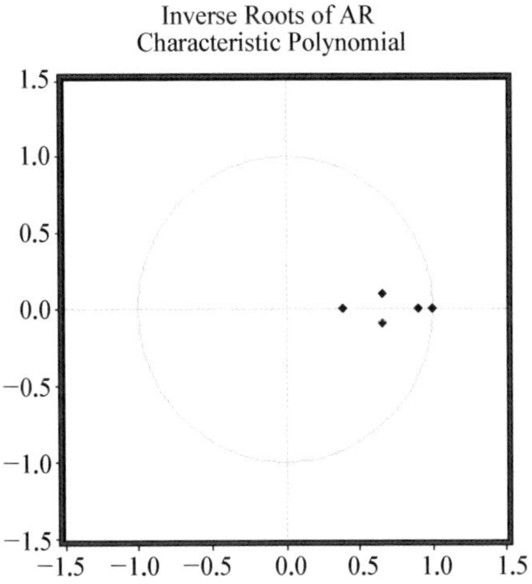

图3.12　AR根检验

由图3.13可见，沪深300指数在初期是负向反应，第3期负效应达到最大，随后反应逐渐收敛，这体现了股票市场对城投债一开始影响较大，但后劲不足。银行间债券总指数对城投债的收益率始终是负向反应，从初始到第8期逐渐增大，最后趋于平稳，说明债券总指数的反应是持续而长久的。M2在长期来看对城投债的收益率产生正向反应，到第9期才逐渐收敛，说明M2对城投债收益率具有长期的正向影响。7天回购利率在第2期之前对城投债收益率有正向增加的影响，从第2期后正向影响逐渐减弱，到第6.5期变为负向影响。

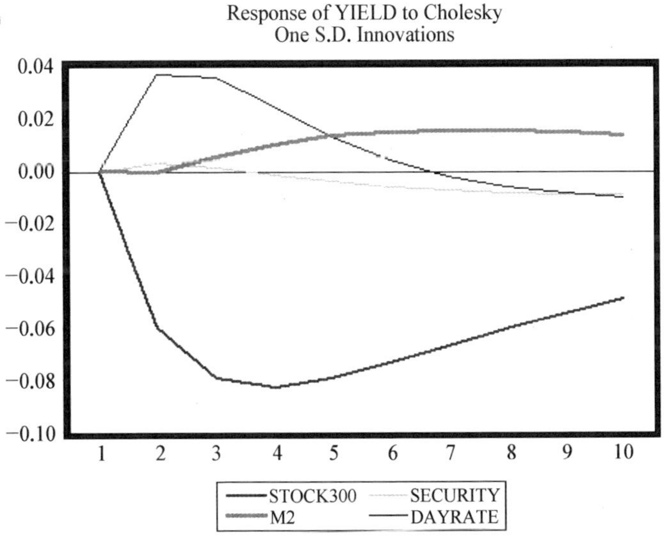

图3.13　脉冲响应

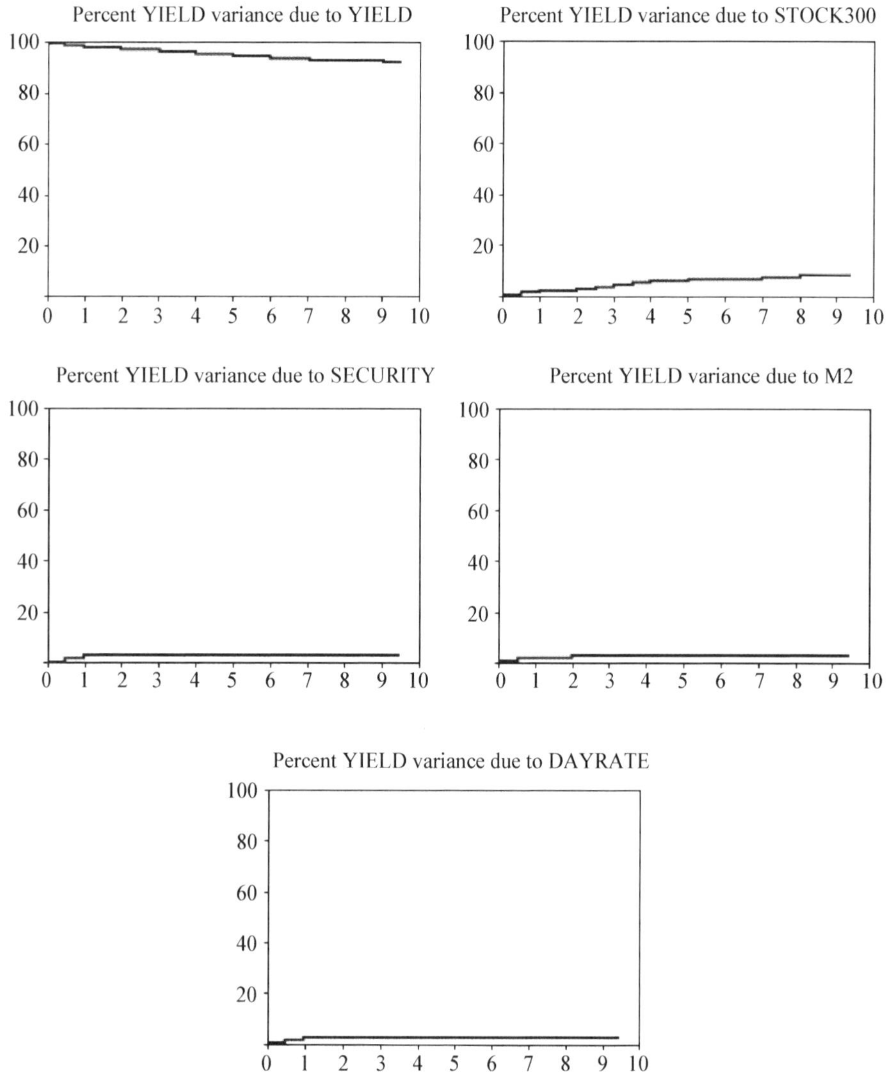

图 3.14　方差分解

由图 3.14 可见，影响城投债收益率最主要因素是其自身，但影响程度随时间逐步降低。在前 2 期中，其自身的影响是 100%，但随着时间变化，其自身的影响从 100%逐渐下降到 92%，而深沪 300 指数的影响逐渐增大，逐渐长到 8%。其余因素的影响都较小，且没有明显的波动起伏。

（5）模型估计和统计检验

建立银行间债券总指数、M2 增长率、沪深 300 指数、7 天回购利率的长期均衡关系的协整方程，如表 3. 20 所示。

表 3. 20　长期方程结果

yield=f（stock300，security，m2，dayrate）			
自　变　量	系数估计值	标　准　差	t-检验值
stock300	-0. 000 395	0. 000 11	3. 453 67*
security	-0. 001 88	0. 000 65	2. 897 79*
m2	-22. 446 18	4. 976 15	4. 510 75*
dayrate	0. 237 83	0. 092 42	-2. 573 49*

注：* 表示 10%的显著水平下显著。

依据赤池信息准则和施瓦茨信息准则确定为 1 阶滞后项，建立误差修正 VEM 模型，如表 3. 21 所示。

表 3. 21　短期误差修正模型

Δyield=f（ECM，Δyield-1，Δstock300-1，Δsecurity-1，Δm2-1，Δdayrate-1）			
自　变　量	系数估计值	标　准　差	t-检验值
ECM－1	-0. 641 99	0. 201 06	-3. 192 96*
Δyield-1	-0. 093 139	0. 258 4	-0. 360 44
Δstock300-1	0. 000 151	0. 000 29	0. 516 97
Δsecurity-1	-0. 004 979	0. 013 57	-0. 366 8
Δm2-1	21. 214 39	-8. 523 69	2. 488 87*
Δdayrate-1	0. 173 167	-0. 205 15	0. 844 08

注：* 表示 10%的显著水平下显著。

在短期误差修正模型中，协整关系的存在对城投债收益率有着显著影响，其系数为-0. 64。而银行间债券总指数、M2 增长率、沪深 300 指数、7 天回购利率的短期弹性系数分别为-0. 004 98、21. 214 4、0. 000 151、0. 173 167。

（6）回归结果分析

由城投债的长期方程来看，自变量中，银行间债券总指数、M2 增长率、沪深 300 指数、7 天回购利率在 10%的情况下都是显著的，对城投债的到期收益率有显著影响。在样本期内，城投债收益率受债券市场、货币供应量和股票市场三个因素的影响。从系数上看，最大的影响因素是货币供应量 M2，其次是 7 天回购利率，股票市场指数的影响最小。具体分析如下所示。

① 回购利率对城投债收益率有正向影响，每上升 1%，城投债收益率将上升 0.237 83%。

② 债券市场指数对城投债收益率有微弱的反向影响，每上升 1%，城投债收益率将下降 0.001 88%。

③ 货币供应量 M2 变动率对城投债收益率有较强的反向影响，每上升 1%，城投债收益率将下降 22.446%。

④ 沪深 300 指数对城投债收益率具有极其微弱的反向影响，每上升 1%，会导致城投债收益率下降 0.000 395%。

在误差修正模型中，各项差分反映了这些变量之间短期波动的影响。从模型估计系数来看，滞后一期的收益率、M2 增长率的变动对城投债的收益率有影响，其他因素的滞后项没有显著影响。而 ECM 的系数为 -0.641 99，反映了城投债到期收益率的实际值与均衡值的差距约有 64%得到修正或消除，这一调整力度还是相当大的。误差修正模型还显示上一期 M2 增长 1%将导致本期城投债收益率上升 21.21%，表明短期来看货币供应量 M2 的变化对城投债收益率影响具有一定的传导性。

2. 地方债的宏观影响因素分析

（1）地方债收益率的平稳性检验。地方债到期收益率和自变量都是一阶不平稳，属于同阶单整，需要进一步进行协整检验，见表 3.22。

表 3.22　单位根检验

变　量	ADF 值	检验类型	临　界　值			平稳性
			10%	5%	10%	
地方债收益率	-0.695 29	c（c，0，0）	-2.595 34	-1.945 08	-1.614 02	不平稳
M2	-0.943 37	c（c，0，0）	-3.521 58	-2.901 22	-2.587 98	不平稳
沪深 300 指数	-2.174 13	c（c，0，0）	-3.522 89	-2.901 78	-2.588 28	不平稳
银行间债券总指数	0.910 076	c（c，0，0）	-3.521 58	-2.901 22	-2.587 98	不平稳

续 表

变 量	ADF 值	检验类型	临 界 值			平稳性
			10%	5%	10%	
7 天回购利率	-0. 906 47	c (c, 0, 0)	-2. 589 02	-1. 944 18	-1. 614 55	不平稳
Δ 地方债收益率	-11. 000 7	c (c, 0, 0)	-2. 595 34	-1. 945 08	-1. 614 02	*
Δ 银行间债券总指数	-6. 261 89	c (c, 0, 0)	-3. 521 58	-2. 901 22	-2. 587 98	*
Δ 沪深 300 指数	-6. 895 46	c (c, 0, 0)	-3. 521 58	-2. 901 22	-2. 587 98	*
ΔM2	-9. 850 2	c (c, 0, 0)	-3. 521 58	-2. 901 22	-2. 587 98	*
Δ7 天回购利率	-8. 732 15	c (c, 0, 0)	-2. 589 8	-1. 944 29	-1. 614 49	*

注：* 表示 10%的显著水平下显著。

(2) 因果检验

对自变量和因变量进行 Granger 检验，Granger 检验的结果是拒绝 M2 不是导致到期收益率变化的假设，而接受了银行间债券总指数、沪深 300 指数、7 天回购利率不是引起地方债到期收益率变化的原因。所以，只有 M2 增长率是导致地方债收益率变化的因素，见表 3. 23。

表 3. 23 因果检验结果

检 验 项 目	F 的值	F 的 p 值	检验结果
沪深 300 指数不是收益率的原因	0. 324 5	0. 643 4	不拒绝
收益率不是沪深 300 指数的原因	0. 364 75	0. 547 7	不拒绝
银行间债券总指数不是收益率的原因	0. 202 1	0. 654 3	不拒绝
收益率不是银行间债券总指数的原因	0. 428 1	0. 514 9	不拒绝
7 天回购利率不是收益率的原因	8.70×10^{-5}	0. 992 6	不拒绝
收益率不是 7 天回购利率的原因	1. 208 71	0. 275 1	不拒绝
M2 增长率不是收益率的原因	4. 050 93	0. 050 1	拒绝
收益率不是 M2 增长率的原因	4. 070 13	0. 047 2	拒绝

(3) 协整检验

为检验自变量与地方债收益率的长期动态均衡关系，进行 Johansen 检验。基于各数据生成过程特征，结合 t 统计量的显著性检验，选取 1 阶为最优滞后阶数，见表 3. 24。对变量进行协整分析的结果见表 3. 25，结果表明自变量和因变量存在长期且唯一的均衡关系。

表 3.24　最优滞后项确定

Lag	LogL	LR	FPE	AIC	SC	HQ
0	-887.676	NA	40 423.9	24.796 55	24.954 65	24.859 49
1	-519.387	675.195 7	2.925 050*	15.260 76*	16.209 37*	15.638 40*
2	-503.931	26.190 79	3.851 711	15.525 85	17.264 97	16.218 2
3	-492.746	17.398 22	5.800 4	15.909 61	18.439 24	16.916 66
4	-473.002	27.970 85	7.052 785	16.055 61	19.375 74	17.377 36
5	-459.172	17.670 99	10.454 49	16.365 9	20.476 54	18.002 36
6	-418.097	6.780 30*	7.615 631	15.919 36	20.820 52	17.870 52
7	-396.618	21.478 9	10.184 26	16.017 17	21.708 83	18.283 04

注：* 表示 10%的显著水平下显著。

表 3.25　协整检验

Hypothesized		Trace	0.05	
No. of CE (s)	Eigenvalue	Statistic	Critical Value	Prob.**
None *	0.317 845	74.188 36	69.818 89	0.021 5
At most 1	0.285 854	44.736 03	47.856 13	0.095 4
At most 2	0.144 121	18.812 62	29.797 07	0.506 4
At most 3	0.083 738	6.829 389	15.494 71	0.597 6
At most 4	0.001 24	0.095 511	3.841 466	0.757 3

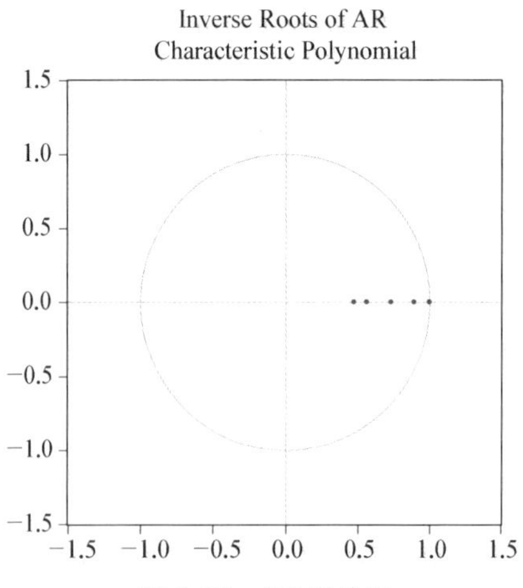

图 3.15　AR 根检验

（4）脉冲响应和方差分解

图 3.15 和图 3.16 分别为 AR 根检验和脉冲响应。

由图 3.15 和图 3.16 可以看出，方程是稳定的。沪深 300 指数的影响为负向反应，到第 3 期达到顶峰，而随后逐渐趋向 0，说明沪深 300 指数的影响较大但后劲小，这与城投债具有一定程度的类似性。而 7 天回购利率的影响从正向逐渐过渡到负向反应，且到第7期影响最大，随后与横轴逐渐平行，说明长期影响趋势稳定。而M2增长率与沪深300指数呈现相反的反应，且趋势非常相似。而银行间债券总指数的反应一直为0，说明其影响不明显。

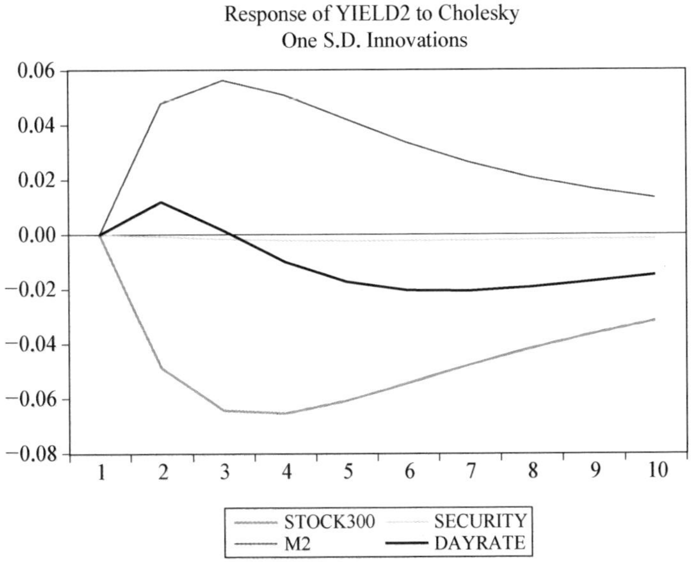

图 3.16 脉冲响应

图3.17显示了地方债收益率主要受其自身的影响，但是随着时间推移其影响逐步减少。在前2期中，其自身的影响是100%，但随着时间变化，其自身的影响从100%逐渐下降到91%，而深沪300指数和M2增长率的影响逐渐增大，但是两者总的影响仅为9%。而其余因素的影响都较小，且没有明显的波动起伏。

（5）模型估计和统计检验

银行间债券总指数、M2增长率、沪深300指数、7天回购利率之间存在长期的均衡关系，见表3.26。

表 3.26 长期方程结果

yield = f (stock300, security, m2, dayrate)			
自 变 量	系数估计值	标 准 差	t-检验值
stock300	−0. 000 374	0. 000 18	2. 074 64*
security	−0. 000 981	0. 001 02	0. 961 21

续 表

yield=f (stock300, security, m2, dayrate)			
自 变 量	系数估计值	标 准 差	t-检验值
m2	-16.988 13	7.800 9	2.177 72*
dayrate	-0.111 646	0.146 46	0.762 27

注：* 表示 10%的显著水平下显著。

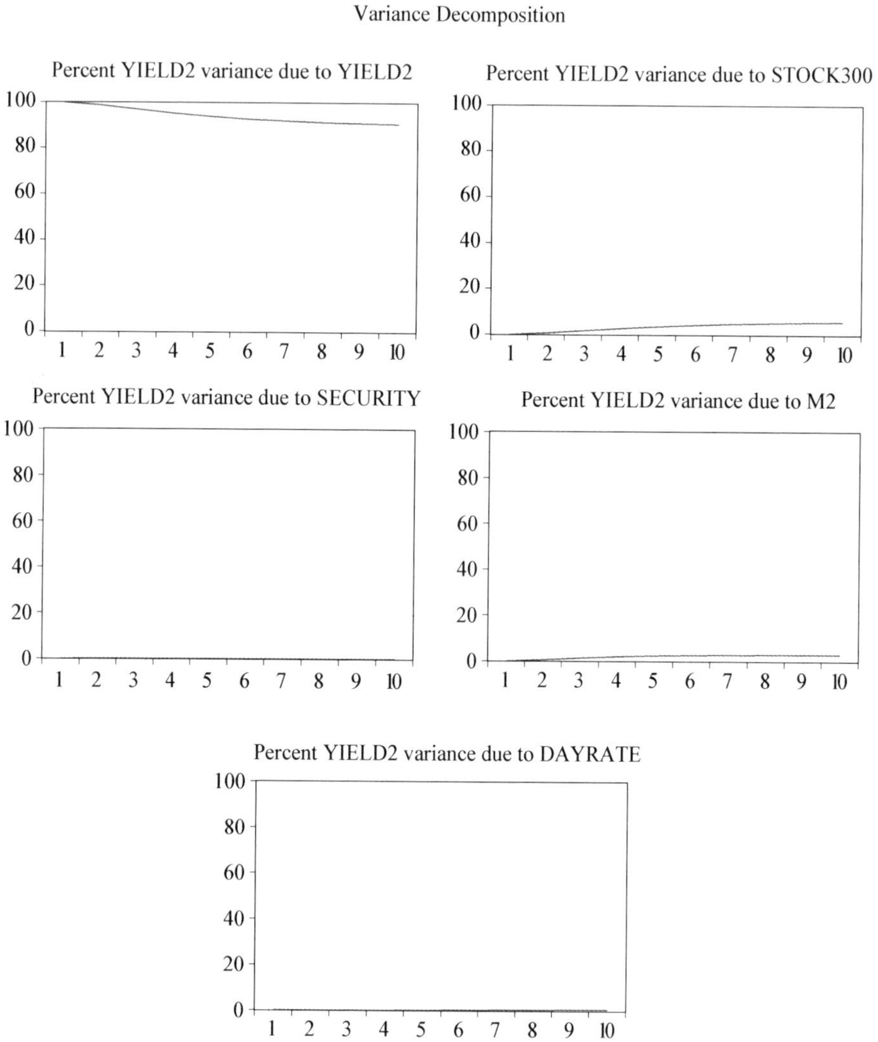

图 3.17 方差分解

采用赤池信息准则和施瓦茨信息准则确定 1 阶为最优滞后项，建立 VEM 模型，见表 3.27。

表 3.27　短期误差修正模型

Δyield=f（ECM，Δyield−1，Δstock300−1，Δsecurity−1，Δm2−1，Δdayrate−1）			
自 变 量	**系数估计值**	**标 准 差**	***t*-检验值**
ECM − 1	−0.390 744	0.126 24	−3.095 31*
Δyield−1	−0.155 522	0.250 04	−0.621 99
Δstock300−1	−7.29E−05	0.000 28	−0.262 58
Δsecurity−1	−0.003 579	0.012 43	−0.287 98
Δm2−1	14.033 89	8.252 14	1.700 64*
Δdayrate−1	0.166 085	0.199 76	0.831 43

注：* 表示 10%的显著水平下显著。

在短期误差修正模型中，协整关系的存在对地方债收益率有着显著影响，其系数为−0.39，而 M2 增长率的一阶差分在 10%显著性水平下具有显著影响，系数为 14.03。

（6）回归结果分析

由地方债的长期协整方程来看，自变量中，M2 增长率、沪深 300 指数在 10%的情况下都是显著的，即对地方债到期收益率有显著影响。具体来说，货币供应量 M2 对地方债收益率影响最大，M2 每上升 1%，导致地方债收益率将下降 16.988 13%。但对比 M2 对城投债和地方债的影响，可以看出 M2 对地方债影响力度较低；而沪深 300 指数对地方债收益率影响非常微弱，每上升 1%，收益率下降 0.000 374%。而在短期误差修正模型中，ECM 的系数为−0.390 744，反映了地方债到期收益率的实际值与均衡值之差约有 39%得到修正或消除，这一调整力度低于城投债的误差修正力度，而在 10%的显著性水平下，短期中只有 M2 增长率的一阶差分项有显著作用，其短期弹性是 14.033 89，表明上一期 M2 每增长 1%，将导致本期地方债到期收益率上升 14%，这种影响规律与城投债实证结果保持一致。

（三）主要研究结论

（1）从收益率的历史数据来看，城投债收益率普遍高于同期限同等级的地方债收益率。表明市场上对以地方政府融资平台作为发行主体的城投债有信用风险溢价的要求，而地方债作为市政债，在试点时期发行主体主要为财政状况良好的城市，风险较低，投资者要求的回报率也较低。

（2）影响地方债收益率和城投债收益率的共同因素是 M2 和沪深 300 指数。但是，M2 的系数要远远大于沪深 300 指数的系数。其中，M2 增长率每上升 1%，城投债收益率下降 22. 446 18%；地方债收益率下降幅度略小，为 16. 998 13%。这表明当货币政策环境宽松时，城投债和地方债的收益率就会随之降低，但地方债收益率受到货币政策的影响小于城投债。而沪深 300 指数对城投债和地方债的收益率影响分别为 0. 000 395、0. 000 374，表明股市对债券收益率具有微小的影响。

（3）相较于地方债，城投债收益率受到更多的宏观因素影响，包括银行间债券总指数、7 天回购利率。回购利率每变动 1%，城投债收益率会同向变动 0. 237 83%。回购利率上行表明流动性风险加剧、市场谨慎预期增加，导致债券收益率曲线上升。回购利率是集中获利了结的风险，当前交易盘追逐资本利得，如果回购利率上行，将制约长债下行空间，或者央行货币态度趋紧导致博弈空间减少，也将引发获利了结，导致债券收益率曲线的持续走高。而银行间债券价格总指数每上升 1%，城投债收益率下降 0. 001 88%，体现出债券收益率和市场价格的反向变动关系。

（4）综上分析，城投债作为政府筹资的主要手段，其收益率受到多种因素的影响，包括股票市场、债券市场和货币供应量。而地方债仅受到货币供应量变动的影响，并且在相同的影响因素下，城投债收益率的波动幅度无论从短期还是长期来看，都要明显大于地方债。所以，城投债收益率更容易受宏观环境影响，稳定性弱，这会增加政府融资成本和融资风险，增加偿债压力。相比较下，影响地方债的宏观因素较少，且影响的幅度明显小于城投债。所以，地方债的稳定性更强，更适合作为地方政府长期稳健的融资方式。

第四节 小 结

2015年之前，我国地方政府融资的主体是融资平台，债务融资的主要渠道是银行贷款和发行城投债券。随着新《预算法》的修订，融资平台债务逐步从地方政府剥离，纳入地方政府预算的融资平台贷款和城投债存量在2016—2018年逐步完成置换。虽然我国政府债务指标总体上低于国际警戒线，但地方政府和融资平台债务存量较高，而且近年来地方政府杠杆率小幅攀升，存在隐性债务风险。从地方政府债务的形成机制上看，财政分权下导致的预算外收入依赖、地方政府预算软约束和官员晋升激励与任期制度是地方政府举债的内在因素；地方政府之间财政竞争、地方政府举债的制度创新是地方政府债务规模扩大的原因。地方政府融资平台债务风险主要包括信用风险、流动性风险和利率风险三种类型，具有债务透明度低、风险传染性强，以及与宏观经济稳定高度相关的风险特征。

以融资平台为主体举借的地方政府债务使用效率如何？为回答此问题，本节运用DEA－Tobit两阶段模型，测算《预算法》修订之前的地方政府债务使用效率。结果表明，我国地方政府性债务使用效率的总体水平偏低，其主要原因是纯技术效率低下，即资金的管理运作不善造成的，因此地方政府债务使用效率有很大的提升空间。从债务规模来看，我国地方政府债务总体可控，适当缩小或者控制债务规模可以提高债务使用效率。从支出效率的影响因素上看，GDP增长率、人均财政收入和财政分权度对地方政府债务使用效率有显著影响。而盲目地追求地区经济高增长可能会导致地方政府债务使用效率的下降，地方政府财政收入的增加，也可能会使地方政府缺乏有效利用资金的激励，而适度的财政分权则有利于地方债使用效率的提高。

地方政府作为融资主体发行地方政府债券后，以地方债取代城投债的呼声日益提高。那么，市场上两种债券的收益率波动情况如何，受到宏观因素影响后的表现是否相同？回答这些问题可以为地方债取代城投债提供重要的决策依据。通过对比分析地方债（2010年10月到2017年2月）和城投债（2009年1月到2017年2月）的数据，发现城投债收益率普遍高于同等级、同期限的地方债收益率，说明投资者对城投债要求更高的信用风险溢价。宏观影响因素中，广义货币供应量 M2 对地方债和城投债收益率都产生影响，但对城投债的影响更大。而 7 天回购利率、银行间债券总指数，仅对城投债产生影响，其中 7 天回购利率对城投债的影响非常显著。而股票指数对两者均产生微小影响，可忽略不计。实证结果表明，城投债相较于地方债更容易受到宏观因素影响，且到期收益率更高，融资成本也更高。为了缓解地方政府偿债压力、有序实施地方政府“去杠杆”政策，应该在适度限制城投债发行的基础上扩大地方债的发行，降低地方政府性债务融资成本，保持债务可持续性。

第四章　国外地方政府融资及管理模式分析

第一节　国外地方政府投融资领域

早期的公共产品理论认为，公共产品消费具有非排他性和非竞争性特征，并不适合通过市场方式提供，而政府可以视为更合适的提供者主体。但进入20世纪60年代以后，私人供给公共物品的有效性不断被理论界和实践界证实。世界银行也建议发展中国家建立以市场为基础的基础设施投融资体制。

一、投资领域为非竞争产业

从各国发展实践看，政府一般不进入竞争性产业，将投资限定在公益性和基础性产业，而随着经济发展，政府投资的产业领域也在不断调整。通过英国、法国、美国不同经济阶段的政府投资对比，可见政府投资从技术和附加值较低的产业部门逐渐转向高附加值产业，而且政府投资规模和比重随经济发展不断地增加①。经济发展早期，政府主要投资于基础设施建设；在经济发展中期，政府降低对基础设施、支柱产业的投资比重，并逐渐退出民间投资能够解决的支柱产业群的投资领域；到了经济成熟时期，政府投资目标转变为促进社会安定和实现社会公平，更加侧重于社会公共领域②。

以欧盟为例，政府对一般公共领域的投资如表4.1和表4.2所示。

表4.1　欧盟公共用水、污水及垃圾处理

国　　家	公共水资源供应（%）	城市污水收集系统（%）	独立废水收集系统（%）	城市污水处理体系（%）	人均城市垃圾总量（千克/人）	垃圾掩埋率（%）	垃圾焚烧率（%）
保加利亚	98.8	68.0	32.0	39.0	471	84.1	0.0
捷克共和国	89.8	75.0	25.0	68.0	278	79.9	12.8

① 杨中贤．中西方地方政府投资领域的比较分析[J]．许昌师专学报（社会科学版），1999（2）：14－17.

② 郭英，李永奎．地方政府融资模式的国际比较和中国适应性选择：文献述评[J]．金融理论与实践，2011（3）：96－99.

续 表

国 家	公共水资源供应（%）	城市污水收集系统（%）	独立废水收集系统（%）	城市污水处理体系（%）	人均城市垃圾总量（千克/人）	垃圾掩埋率（%）	垃圾焚烧率（%）
爱沙尼亚	72.0	72.0	28.0	71.0	449	63.0	0.0
匈牙利	93.0	62.0	39.0	57.0	454	64.8	6.3
拉脱维亚	—	—	—	—	311	83.3	0.8
立陶宛	76.0	71.0	—	60.0	366	91.3	0.0
波兰	—	57.0	—	57.0	256	94.1	0.0
罗马尼亚	54.2	43.0	10.0	—	378	80.7	0.0
斯洛伐克	84.0	55.0	45	52.0	274	81.0	11.8
斯洛文尼亚	90.6	63.0	47.0	33.0	417	75.1	2.3
奥地利	89.6	86.0	14.0	86.0	627	20.1	23.3
比利时	96.4	—	—	—	465	10.1	33.4
丹麦	97.0	—	—	—	696	4.5	53.9
芬兰	—	81.0	19.0	81.0	455	60.0	9.2
德国	—	95.0	5.0	93.0	587	17.7	24.6
荷兰	99.9	99.0	2.0	99.0	625	1.8	33.2
葡萄牙	—	73.0	27.0	57.0	436	66.7	22.0
瑞典	—	85.0	14.0	85.0	464	9.1	50.2

数据来源：欧洲统计局（Eurostat）。

表 4.2 欧盟交通基础设施

国 家	公路网（2003 年）			铁路网（2004 年）	
	密度（国土面积/总长度，km/sqkm）	省道或区域道路（总长度百分比，%）	公共或地方道路（总长度百分比，%）	密度（国土面积/总长度，km/sqkm）	动车铁路（总长度百分比，%）
保加利亚	0.336	—	—	0.038	67.0
捷克共和国	1.653	—	56.6	0.123	31.4
爱沙尼亚	1.288	22.2	70.6	0.022	13.7
匈牙利	1.440	—	77.6	0.085	35.8

续 表

国 家	公路网（2003年）			铁路网（2004年）	
	密度（国土面积/总长度，km/sqkm）	省道或区域道路（总长度百分比，%）	公共或地方道路（总长度百分比，%）	密度（国土面积/总长度，km/sqkm）	动车铁路（总长度百分比，%）
拉脱维亚	0.920	—	—	0.035	11.4
立陶宛	1.208	—	—	0.027	6.8
波兰	1.208	14.6	53.5	0.063	60.8
罗马尼亚	0.331	45.4	35.7	0.045	60.8
斯洛伐克	1.001	23.9	68.5	0.061	41.0
斯洛文尼亚	0.362	21.0	58.5	0.075	42.5
奥地利	1.272	21.6	66.6	0.068	62.5
比利时	4.907	0.9	89.6	0.116	83.4
丹麦	1.672	13.5	84.2	0.050	28.6
芬兰	0.257	36.4	46.6	0.019	45.6
德国	1.756	13.8	77.7	0.097	55.7
荷兰	3.725	45.7	47.2	0.083	73.4
葡萄牙	0.864	5.7	78.7	0.031	48.2
瑞典	0.338	59.8	29.1	0.024	77.3

数据来源：欧洲统计局（Eurostat）。

二、投资活动符合“黄金法则”

国外地方政府的公共支出应集中于资本性支出，而非经常性支出，充分遵循“黄金法则”以保障投资的可持续性和代际公平性。“黄金法则”由英国财政大臣布朗在 1997 年提出，明确规定地方政府举借债务应该用于资本投资，而不是弥补当期税收的不足。20 世纪 80 年代日本财政重建时也采用了黄金法则，在促进经济增长的同时改善了财政收支状况。美国要求地方政府编制平衡预算，以限制地方政府在经常性支出方面的融资行为。英国和德国等直接规定地方政府的融资活动只能是资本性支出领域。而发展中国家由于预算软约束、财政透明度低和地方政府基础设施需求巨大等原因，往往更严格地限制了地方政府因经常性支出进行债务融资的行为。

三、地方政府投融资活动与分权程度高度相关

如果经济决策由中央政府统一制定，地方政府在没有财政自主性的情况下提供公共物品主要依靠中央政府的指令和转移支付。第一代财政联邦理论认为，通过多层级的政府体系提供公共物品比由单一的中央政府对所有公共支出决策更为有效；在分权框架下，地方政府主要负责市场失灵或地方性公共品的提供[①]。Kappeler 和 Valila（2008）运用 Euroatat New Cronos 数据库中的 1990—2005 年主要欧盟国家数据进行分析，用地方政府自有收入支撑支出的能力代表分权程度，结果表明分权程度较高的国家，在基础设施、医疗和公共品的投资领域相对较高，而分权程度的高低与收入分配方面的地方政府投资支出相关性较小，这可能是分权制度下财政竞争激励较强的缘故。地方政府面临的预算约束可以表示为：财政支出 - 财政收入 = 转移支付流入 + 新增地方政府债务。运用地方政府债务融资可以弥补当前财政收入和转移支付的缺口，有利于保证公共产品投资的充分性和稳定性。

世界银行总结了地方政府债务融资的合理性。① 地方政府债务支持跨期公共资本支出，更符合代际公平原则。② 通过市场化融资方式为公共产品提供资金，可以降低投资和运营成本。③ 适度的债务融资可以平滑临时性地方政府收支缺口。④ 债务融资比转移支付更能加强对于地方政府的问责。如果地方政府不能获得中央政府的财政救助，即不存在道德风险时，金融市场会成为地方政府融资行为的有利约束。因为如果地方政府通过借债来弥补财政赤字而非资本性支出，借贷市场的贷款人会调低对地方政府债务的信用评级，提高贷款的利率或者实施更加严格的信贷配给。所以，如果地方政府想要以较低成本在金融市场上获得资金，就必须约束自己的支出行为，强化财政纪律，注意维持财政平衡的良好形象。

---

① Due Hong Vo. The Economics of Fiscal Decentralization [J]. Journal of Economic Surveys, 2010, 24 (4): 657-679.

四、引入社会资本主要考虑财政风险和效率因素

国外地方政府在有经营收益的项目投资领域，如交通基础设施，出于对风险和项目持续经营的考虑，地方政府会选择公私合营和引入社会资本的方式。从欧洲国家公私合营方式运用于公共投资项目的领域可以看出，投资主要集中在具有垄断性质的行业如公路、铁路、机场、港口等，以及具有排他性、能够根据用户使用情况收费的行业如医疗、教育、供水、垃圾处理行业等。这些行业能够给予私人资本一定回报，采用公私合营方式可以减轻财政投资压力、降低地方政府债务负担和风险。

对于纯公共物品如政府部门办公场所、国防设施和社会保障性服务等，在采用公私合营时主要考虑的是效率因素。地方政府通过财政收入抵押等模式引入私人资本进行经营，发挥私人部门在经营项目中具备的效率优势。不过这些项目更多地还是采用了政府采购、特许权经营等模式，公私合营方式更适合于具有收益的地方政府资本性投资[①]。

欧洲各国公私合营领域如表 4.3 所示。

第二节　国外地方政府融资模式

一、公私合营模式

公私合营是引入社会资本的一种方式，地方政府提供公共服务既可以通过政府采购进行，也可以通过公私合营或者完全私有化进行。是否选择公私合营方式取决于能否提高项目的性价比（value for money）和实现项目风险的共同分担。项目性价比是指采用一种项目融资方式是否能够给政府带来效益和效率的提升，比如降低项目运行成本、提高项目产出质量。合适的风险分担机制是一种正向激励，使利益各方有效率地完成项目融资和运营，降低公共部门的财政风险。经济发展与合作组织（Organisation

---

① 《中国地方政府融资平台研究》课题组．中国财税发展研究报告——中国地方政府融资平台研究[M]．北京：中国财政经济出版社，2011.

表 4.3 欧洲各国 2009 年公私合营领域①

国家	公路	铁路/城市轻轨	港口	机场	车船停泊服务	信息技术/通信	能源（资源）	垃圾/水处理	卫生/医疗	学校/教育	司法/监狱	公共部门办公地点	公共娱乐（博物馆、体育场等）	国防	保障性住房
奥地利	▲	▲						▲	▲						
比利时	▲	▲	▲							▲	▲				
保加利亚	▲			▲		▲		▲	▲	▲					
克罗地亚	▲			▲				▲	▲	▲		▲			
塞浦路斯	▲	▲	▲		▲								▲		
捷克	▲	▲							▲		▲	▲	▲		
丹麦	▲									▲		▲	▲		
芬兰	▲	▲						▲							
法国	▲	▲		▲		▲		▲	▲	▲	▲		▲	▲	
德国	▲		▲	▲					▲	▲		▲	▲		
希腊	▲		▲			▲		▲	▲	▲	▲	▲		▲	
匈牙利	▲									▲					
意大利	▲	▲				▲		▲	▲						
拉脱维亚	▲		▲					▲	▲	▲	▲	▲			
立陶宛	▲											▲			

① 《中国地方政府融资平台研究》课题组．中国财税发展研究报告——中国地方政府融资平台研究［M］．中国财政经济出版社，2011.

续　表

国　家	公路	铁路/城市轻轨	港口	机场	车船停泊服务	信息技术/通信	能源（资源）	垃圾/水处理	卫生/医疗	学校/教育	司法/监狱	公共部门办公地点	公共娱乐（博物馆、体育场等）	国防	保障性住房
马耳他	▲		▲										▲		
荷兰	▲								▲	▲	▲	▲		▲	
挪威	▲			▲											
波兰	▲	▲						▲	▲	▲					
葡萄牙	▲	▲		▲						▲	▲				
爱尔兰	▲	▲						▲	▲	▲	▲				
罗马尼亚	▲	▲		▲				▲	▲						
俄罗斯	▲	▲		▲			▲	▲	▲				▲		
塞尔维亚	▲							▲							
斯洛伐克	▲			▲				▲	▲						
斯洛文尼亚	▲	▲		▲				▲	▲				▲		
西班牙	▲	▲		▲				▲	▲						
瑞典		▲							▲						
土耳其	▲						▲		▲	▲					
乌克兰	▲	▲		▲					▲				▲		
英国	▲	▲					▲	▲	▲	▲					▲

for Economic Co-operation and Development，OECD）在 2008 年总结了地方政府采用公私合营制需要考虑的四点因素。

（1）考虑政府对项目的支付能力和项目性价比的关系。对采用公私合营方式和其他方式的项目现金流量折合成现值后进行比较。如果采用公私合营方式，项目运营收益减去项目的建设和运行费用，扣除应该支付给私人部门的现金收益后，折算的现值和政府使用自身预算采购进行对比，从中选择性价比较高的方式。

（2）考虑法律规避和过度负债风险。在对地方政府债务和赤字实施限制性管理的国家或地区，无法运用当期预算进行长期公共项目的投资。公私合营是政府的资本性支出和预算外支出，可以绕过债务和赤字的监管规则投资公共项目。但是这也引发了道德风险，有些地方政府在无法满足财政规则的情况下，忽视项目本身性价比要求，滥用资本性支出，或者为了实现财政目标过度使用公私合营方式进行资本性支出。因此，OECD 建议在项目本身由于财政规则限制无法实现政府采购的情况下，要特别注意对采用公私合营项目的性价比进行评估。过度负债的另一个环境因素就是不完善的财政信息披露体系。实施公私合营时要加强信息披露，甚至将公私合营项目的成本收益纳入预算信息披露。欧盟统计局在 2004 年发布了公私合营成本费用统计核算规范，要求根据风险的分担程度将公私合营的成本费用纳入公共或私人部门预算。

（3）考虑是否形成合理的风险分担机制。公私合营项目性价比的实现有赖于参与项目的私人部门是否真正承担了风险，即公共部门和私人部门之间实现了风险分担的优化。通常的规则是，属于非项目自身的系统性外部风险，如政治、经济波动、政策性风险等，应该由公共部门承担；而项目本身运营的风险，可以通过私人部门技术革新、风险管理、成本控制等商业化手段来控制，应该由私人部门承担。只有私人部门真正参与了项目的运营和风险分担，而不仅仅是提供资金和获得固定收益，才能使公私合营的公共项目更有效率，整体上提高社会福利水平。

（4）在机制设计上应引入竞争。为激励私人部门提高项目运营效率和确保其承担项目风险，应在公私合营机制设计上引入竞争。比如可以在项目确定过程中采用招投标形式，项目进行过程中保留私人部门的退出和新部门的进入机制，在项目运行的整个供应链上也可以通过私人部门竞争合作来提高运行效率。

英国在 1988 年对许多自然垄断部门实施了不同程度的私有化改革。通过发挥私人资本投融资功能，建立了政府监管下的一体化模式：融资—设计—建设—经营—移交。具体有三种操作方法。

（1）自由竞争方式。适合具有运营收益的项目，政府向私人部门招标，投资、建设和运营由私人部门完成，政府不参与具体管理，但承担监督职能，项目建成后私人部门通过收取服务费方式获取投资回报。

（2）补贴方式。主要适用于项目运用现金流不能完全覆盖投资或者在项目早期现金流出远远大于现金流入的情况。这类公共项目，由私人公司投资建设，为社会提供市政服务等设施。投资回报除了来自服务性收费，还需要政府适当给予财政补贴。政府根据项目的特点在不同阶段实施补贴，如政府可以在隧道建设前期提供部分资金启动项目，也可以像英国伦敦广场地铁延伸线项目一样，建设资金完全靠私人公司举债获得，英国政府在项目建成后提供补贴以偿还本息。

（3）购买服务方式。适用于不宜通过收费回收投资的建设项目，如果承建省级公路项目的私人公司不能直接向使用者收取过路费，就需要政府按年车流量支付使用费用。这种方式下必须在合同中明确服务期限和付费标准，保证私人公司能回收投资。如英国政府每年用于购买服务的预算收入约为 5 亿英镑。

二、市场化融资模式

市场化融资主要是发行地方政府债券或者银行贷款，当融资主体是地方政府时，主要发行市政债券融资，而如果融资主体是专门的政府融资平台，可以通过发行企业债券或者银行贷款方式融资。前者直接成为地方政府债务，而后者也被视为地方政府的或有债务。两种举债方式中，银行贷款方式灵活度高，但是对地方政府约束能力相对较弱，由于贷款市场没有公开发行和交易的市场，银行贷款方式有利于地方政府更多地进行隐性债务融资，披露债务规模和风险的财政压力较小，而且可以通过与银行谈判化解债务违约风险。市政债券模式有利于增加地方政府的透明度，能够更好地利用金融市场规则来约束地方政府行为，便于市场上的投资者对地方政府债务存量和增量、债务运用管理能力及债务风险水平进行全方位动态监督。

采用债务融资要充分考虑融资过程中的不确定性和风险，包括能否顺利融资的不确定性，即筹资风险；能否偿还债务的不确定性，即偿债风险；当发生偿债困难时，能否顺利进行债务重组的不确定性，即债务重组风险。正如 Freire 和 Petersen（2003）[50]指出的，在多种资金来源中，决策者并不需要做出非此即彼的互斥选择。很多国家都会同时混合使用不同的融资模式，融资模式组合的评价标准是找到实现代际公平和控制风险的合适比例。而各种资金来源中包含地方政府自有财政资金、中央政府转移支付、私人股权资本投资和市场化的融资方式。很多国家的债务管理实践表明，地方政府财力主要是由经济总量、财政收入、财政自给度以及资本投入能力决定，财力越充足的地方政府，债券融资模式在地方政府融资结构中占比越高。

（一）美国地方债

美国城市基础设施投融资主体以私人为主、政府为辅。政府可用于投资的预算内资金包括财产税、销售税和所得税，各州根据“谁受益、谁出钱”原则还可以征收汽油消费税进行公路建设补贴。

市政债券是美国城市基础设施融资的最主要渠道，早在19世纪初纽约州为修建伊利运河发行了首张市政债券。第二次世界大战后随着美国经济的发展，城市基础设施建设资金需求加大，市政债市场快速发展。截至2008年底，美国地方债发行余额占 GDP 的 19%，约为 2.6 万亿美元，居世界首位。美国多数州规定财政经常项目采用预算平衡原则，不允许为经常项目赤字发行债券，市政债券一般只能筹集资本性投资项目。美国地方政府、政府代理或授权机构和债券使用机构可以作为市政债发行主体，通过地方立法规范发行和交易，无须经过上一级政府的批准。美国所有的州都发行市政债券，地方政府包括市和县。发行债券的市政当局行政分支包括学区以及防火、供水、排水和其他特别目的机构（Special Purpose

Vehicle, SPV)。公共机构或政府职能部门包括政府当局和委员会。

市政债券有短期和长期票据之分。预期将收到税收或者将通过发行债券获得资金时，通常会发行短期市政票据，以弥补市政当局季节性或者临时性财政收支的不平衡。发行期限在 3 年内的市政债券统称为短期市政票据，包括税收预期票据（Tax Anticipation Notes, TANs）、收入预期票据（Revenue Anticipation Notes, RANs）、拨款预期票据（Grant Anticipation Notes, GANs）和债券预期票据（Bond Anticipation Notes, BANs）。市政票据期限短至 3 个月，长至 3 年，多数票据的发行期限为 12 个月。TANs 和 RANs 基于对征收税款或其他收入的预期而发行。这些借款的发行目的是平缓地方政府不规则的收入流。BANs 基于对长期债券出售的预期而发行。

长期市政债券主要是为长期资本项目融资，比如建设学校、桥梁、道路和机场等，或是用于弥补长期预算赤字，包括税收支持债券（Tax-backed Debt）和收入债券（Revenue Bonds）两类。州、县、特区、市、镇和学区等可以发行税收支持债券，以税收收益为偿还保证，包括一般责任债券、拨款支持债券和公共信用增强计划支持债券。

（1）一般责任债券（General Obligation Debt）分为无限和有限税收两种类型。无限税收的税源保证包括公司和个人收入税、销售税和财产税等，被认为得到地方政府全部信用支持担保。有限税收一般责任债券只得到有限的税收保证，地方政府征税来偿还债务在税率上受到限制。某些一般责任债券还得到税收之外的额外资金保证，如特定税费和获得赠予等，因此又被称为双重保证债券。如由特殊目的服务系统发行的债务责任可以得到财产税的保证、从其提供的服务中心产生的运行收入的保证，或者同时得到两者的保证。

（2）拨款支持债券。这种债券通常由特别目的或者行政机构发行，当发行主体不能足额支付时，州政府负有潜在的偿债义务。但是这种担保是没有法律约束力的，因为从州的一般税收收入中拨款必须得到州立法机构的批准。这种无约束力税收收入担保的债券称为道义责任债券（Moral Obligation Bonds），道义责任担保的目的是增强发行主体的信用资质，降低发行成本，投资者必须依赖州政府的努力以使拨款得到批准。

（3）公共信用增强计划支持债券。这类债券是依法实施的，得到州政府或联邦政府机构的担保，或者当发行主体债务违约时州政府有自动保留资助资金并进行支付的义务（多用于州学校系统发行的债券）。例如，弗吉尼亚州债券担保计划是州信用增强计划的典型代表，该计划授权州政府在市政一般责任债券违约时保留向市政当局的资助资金转而为市政债券支付本金和利息。南卡罗莱纳州宪法要求在学区不能偿还一般责任债券时由州财政托管保留州政府对其的资助。得克萨斯州创建的"永久学校基金"为合格的学区债券的定期本金和利息支付提供担保，该基金的收入来源于得克萨斯拥有的土地和采矿权。

市政债券的第二种类型是收入债券。收入债券依托项目或企业，并用项目或企业运营产生的收入来保证对债券投资者的支付，如机场收入债券。长期市政债券期限包括 10 年、20 年、30 年和永续债，占美国地方政府债务市场的 90%以上，个人投资者直接或间接持有约 70%的市政债券，享受利息免交联邦收入税的税收豁免。

（二）日本地方债

日本地方债券原则上只能筹集投资性资金，但 20 世纪 90 年代后日本政府发行大量弥补经常性赤字的地方债券，导致地方财政持续恶化。截至 2007 年，日本地方债务余额占当年 GDP 的 38.5%，约为 1 968.7 万亿元，在比例上为世界第一。日本各级地方政府及机构可以根据地方自治法规定决定债券的发行。以地方政府作为发行主体的债券是地方公债；地方企业债是地方政府的或有债务，主要以企业收入偿还本息，但是政府承担最终责任，兼具政府债券和企业债券双重性质。债券可以选择公募和私募发行，私募发行利率略高于公募债券，通常比照同期国债利率制定。地方债券期限都是 10 年，每半年付息一次，本金采用抽签偿还方式，按照发行额的 3%每半年偿还一次，对债券利息给予一定的税收优惠。

（三）德国地方债

在欧盟成员国中德国地方政府债务规模最大。2009 年德国地方债务与

GDP之比为29.08%，约为西班牙（11.55%）和比利时（10.91%）的两倍。德国地方债务占德国公共债务的39.32%，而西班牙的地方债务占公共债务的比例仅为20.05%。从欧盟主要成员国债务结构来看，德国地方债务占整个地区的一半以上，为60.07%，远高于排名于其后的法国（13.55%）、意大利（11.21%）和西班牙（10.48%）。在欧洲地方债券市场中，德国地方政府及机构是最主要的发行者，未清偿债务占市场存量的40.97%，排名第二的是西班牙地方政府，占比35.99%。

德国联邦政府不予干预地方债的发行，地方政府依据各州宪法发行的债券，一般仅用于筹集投资性经费，但德国允许地方政府在经济萧条时期破例发行赤字债。地方政府债务发行额纳入年度预算，各州政府需要以预算为依据决定债券发行和借款。无论是地方政府为市政基础设施建设发行的债券，还是地方性公共机构为建设和运营发行的债券，都以地方政府的税收收入作为偿债担保。

德国银行承销地方债券，采取浮动发行方式，发行条件随市场情况做出调整。地方债券的期限最低2年，最高15年。大部分地方债券享受证券交易税豁免。对于一些中小市政设施，一般不通过发行债券融资，而是由抵押银行提供无担保贷款。抵押银行受到银行业和政府债务管理部门的双重监管。

此外，德国要求未清偿的地方债务必须具备公共债务贷款保险。立法机构严格规定用作保险的抵押贷款价值。抵押银行为更低成本地提供贷款，也可以发行地方债券进行融资，并且是金融市场的重要机构投资者。

（四）瑞典地方债

瑞典地方债包括发行票据和债券。截至2008年末，瑞典地方债发行余额约占当年GDP的5%，总计1 771亿瑞典克朗。瑞典地方政府可以自行决定发债和资金用途，而且可以发行债券弥补赤字。但2000年之后，瑞典按照预算平衡原则管理财政收支，不再允许预算出现赤字，决算阶段发生财政赤字必须在3年内予以消除。政府出资设立和运营的地方金融公社是瑞典地方政府债券的发行主体，属于非营利性组织，以自身信用发行债券募集资金，并向瑞典地方政府提供低息贷款和财务顾问服务。地方政府贷款利率分为固定和浮动两种，在地方政府之间基本没有贷款利率差异，即便某个地方政府财务状况恶化，不得不提高利率，利差也控制在5个基点（Basis Point，BP）左右。可以看出，瑞典的地方政府债务市场没有引进竞争机制，而是以地方金融公社这个政策性金融机构统一募集资金和发放地方政府贷款，带有明显的政策性和资金池特征。

美国、日本、德国、瑞典地方债发行框架的比较如表4.4所示。

表4.4 美国、日本、德国、瑞典地方债发行框架比较①

		美国	日本	德国	瑞典
基本原则		很多州在经常账户中采用平衡预算原则	经常项目和资本项目均采用平衡预算原则	不存在多个会计年度内实现经常收支平衡的规定	经常项目和资本项目均采用平衡预算原则
		很多州经多个会计年度来进行财务收支管理	—	—	如果出现决算赤字，须在3年内消除
地方债发行制度	筹资目的	原则上限于投资性经费	原则上限于投资性经费	原则上限于投资性经费	没有特别规定用途
		部分地区可以破例发行地方赤字债	根据特例法可以发行地方赤字债	为提振经济，州政府可发性地方赤字债	制度上允许发行地方赤字债
	发债自主权	原则上可以自由发行	原则上可自由发行	原则上可自由发行	原则上可自由发行
		作为免税债券发行时，须遵守《国内税收法》规定	实质公债费比率超过18%的，须取得中央政府发债许可	视需要由联邦上议院设定发债额度上限	—
		发行制度由地方政府自行制定	—	发行制度由地方政府自行制定	—

① 纪慧松，荣艺华．主要发达国家地方债制度比较[J]．中国货币市场，2010（5）：33-37.

第三节　国外地方政府债务管理制度安排

地方债务管理的核心是建立有效控制债务规模的机制。根据各自预算制度和金融市场约束程度不同，可以分为需求管理和供给管理。需求管理是来自上级政府的监管，包括弱控制、行政控制、规则控制和协商控制，也可以将上述四种方式相融合。供给管理是来自金融市场的约束。这样划分并不意味着必须从需求管理和供给管理中选择一个，除了上级政府的管理外，资本市场在地方政府债务管理中也扮演着重要作用。广泛的国际比较表明，对于地方政府举债控制合适模式的选择，通常取决于市场的约束能力和预算约束的严格程度。市场约束能力弱，就需要更加严格的举债规则进行需求和供给控制。如果地方政府对于转移支付的依赖程度高，对中央政府救援的预期较高，有更加严重的预算软约束问题，即使市场约束能力较高，中央政府的控制仍然非常重要。只有当市场和预算的约束能力都很强的情况下，完全依赖于市场的弱控制模式才能成为较优的选择。反之，在低市场约束力和预算软约束情况下，即使完全基于规则也可能无法控制地方政府过度举债和债务危机的发生。

一、需求管理：来自上级政府的管理

1. 弱控制（或称纯粹市场规则约束）框架

上级政府不直接对地方政府的借贷行为进行管理和约束，而是通过金融市场的投资者对于资本的定价和借贷意愿来管理地方政府融资。这样，地方政府融资渠道和融资数量上有相当的自由度。该模式的优势在于地方政府能够发挥比中央政府了解地方居民公共服务偏好的信息优势，实现对资源更加有效的配置。市场约束机制发挥作用需要具备以下条件：金融市场自由公开、地方政府债务信息获取渠道畅通、市场预期中央政府不会对地方政府进行债务救助。因为大多数国家难以满足这些条件，所以弱控制框架运用的较少，采用该框架的主要有美国、法国和芬兰等。这些国家的信用评级机构在对地方政府举债的市场约束中起着重要作用，地方政府为

了降低融资成本，有约束自己获取较高信用评级的激励。

2. 行政控制框架

上级政府对地方政府借贷直接控制，如对债务规模和外部借款的限制，对特殊投资项目的审批限制。该模式有助于控制国家债务总水平，避免过度举借外债。但它削弱了地方政府投融资决策的灵活性和自主性，增加了地方政府对中央政府的财政依赖。一旦地方政府和市场形成这种预期，加上中央政府与地方政府、地方政府与金融市场之间的信息不对称，容易引发比较严重的道德风险问题。这种方式在很多国家广泛运用，如爱尔兰、日本、韩国、西班牙、英国等发达国家和玻利维亚、智利、哥伦比亚、印度等发展中国家。

3. 协调控制框架

上级和下级政府协商确定地方政府借贷限制，地方政府通过参与制定宏观经济目标，在更高层面加强债务管理的规则和意识，各地分配的债务限额也更容易得到地方政府的理解和认可。协商框架的优势在于促进了中央和地方政府的信息交流，使最终确定的财政预算不仅体现了中央政府的政策意图，也兼顾了地方政府的意愿，更容易被地方政府接受并执行。协商机制也使地方政府认识到自身在国家宏观经济和债务管理中的角色和作用，激励其政治责任感。协商机制还有利于地方政府之间就资源分配进行磋商，保留地方政府财政管理的灵活性。但是协商控制模式的作用发挥必须满足以下条件：中央政府在协商中的谈判能力较强，能控制住局面；地方政府间存在着协商和协作的传统和基础；各地方政府发展比较平衡，差异并不悬殊；不存在较为严重的财政和债务危机等。如果不满足这些条件，协商控制就会削弱中央政府的控制力和领导力，诱使地方政府向中央政府索要更多的转移支付，或者导致地方政府之间相互推诿责任，恶化预算软约束等问题。运用该种模式的国家包括澳大利亚、比利时和丹麦等。

4. 规则控制框架

法律对地方政府的行为规则做出明确的界定，包括地方政府赤字、支出项目、债务额度、类型以及风险指标等。优点是规则透明、易于理解、方便中央政府依据规则进行监管。同时它对地方政府一视同仁，形成公平的监管环境。但是规则控制能否成功取决于对遵循规则的监控能力。如果对于违反规则的地方政府没有有效的惩罚和督促改进措施，规则的约束力就大打折扣。此外，中央政府在制定规则时还要注意约束力和灵活性的平衡，规则越是细致和严格，留给地方政府的调整余地越小；而如果规则灵活性较高又给地方政府留下了规避规则的空间。采用这种方法的国家或组织包括欧盟、巴西、阿根廷和墨西哥等。

二、供给管理：市场约束

大多数国家在地方政府举债管理方面都不同程度地依赖于市场约束，约束程度一方面取决于市场成熟度，另一方面与债务融资方式有关。融资方式主要包括贷款和发行债券。两种融资模式在很多国家都是共存的，但从信息披露和融资成本比较来看，市政债券模式越来越受到青睐，因为其内生性地促使地方政府财政透明化和实现自我约束。

1. 地方政府贷款

该贷款方式由于没有公开发行和交易的市场，对地方政府举债的约束能力相对较弱，主要包括以下特征。① 市政银行建立与地方政府持续和稳定的关系。银行全程参与政府投资项目的规划、融资和实施过程。这种咨询和辅导的作用尤其有利于层级较低的地方政府获取项目融资。② 市政银行起到代理监管的作用。银行代表投资者对地方政府进行监督，不仅降低了监管成本，而且可以发挥银行作为中介的信息优势，因为银行可以通过监管政府项目融资全过程而获得更加完全和有效的信息。③ 市政银行运作以捆绑服务和捆绑价格为特征。地方政府要获得银行贷款，必须同时使用该银行的其他配套服务，如市政人员工资的发放、经常性财政账户管理等，并且将其他服务价格和贷款价格捆绑在一起计算。

2. 市政债券

市政债券是以公开市场为基础的融资模式，市场约束能力较强。主要包括以下特征。① 以市场竞争而不是客户关系为基础。每一次市政债券的发行都是市场竞争性报价，有利于降低地方政府的融资成本。但是对于缺乏融资经验和记录的小地方政府，很难在债券市场上单独融资，变通方式就是多个小的地方政府发行集合债券，或者通过债券银行转贷。如美国建立的债券银行以其较高的信用等级发行债券获取资金，再通过购买地方债权的形式将资金转贷给地方政府。② 以公共监管而不是代理监管为基础。债券市场要求发行地方政府债券的主体公开财务信息、使用规范的会计准则、通过第三方的审计和信用评级等。信用评级机构对地方政府信息进行评估，并及时向公众披露评级结果，从而形成市场对地方政府债券的有效监管。③ 无须和其他服务捆绑融资。地方政府可以选择不同机构的咨询或项目相关服务，而不一定要从市政银行获得，这也降低了和债务融资相关的交易成本。

三、需求与供给管理融合：上级控制和市场约束结合

国际经验表明，上级控制和市场约束是相辅相成的，仅依赖单一控制框架往往难以奏效。即使宪法明确规定所有地方政府都必须满足平衡预算要求，对借款的实际控制作用也是有限的。通常平衡预算的要求只适用于去除了社会保证和资本支出的预算，在某些情况下，这一要求只是针对事前制定的预算方案，而非实际执行的预算。另外，法规还可能包含较多条免责条款，也难以涵盖预算外资金来源。因此，必须借助市场约束实现对地方政府举债的有效控制。所以，大多数国家在采用上级控制的同时，纷纷采取措施进行改革，加强对举债行为的市场约束。西欧地方政府机构框架如表 4.5 所示。

表 4.5　西欧地方政府机构框架

国　家	平　等	救　助	政府授权	国内稳定公约	黄金法则	债务合法性
德国	是	否	否	是	是	是
奥地利	是	否	—	是	是	—
比利时	是	否	是	是	是	否
西班牙	是	否	是	是	是	是
法国	否	否	否	否	是	否
意大利	否	否	是	是	是	否

四、地方债务监管体系

尽管各国地方政府债务管理各有特色，但还是存在有效控制地方政府债务、增强财务纪律、强化预算约束的普遍方法。具体来说，债务管理可分为事前规则、事中监管和事后危机处理机制[①]，如表 4.6 所示。

表 4.6 地方政府债务监管体系

<table>
<tr><th rowspan="2">机 制</th><th colspan="2">需 求 管 理</th><th>供给管理</th></tr>
<tr><th>中央政府主导</th><th>地方政府主导</th><th>市场主导</th></tr>
<tr><td>事前控制</td><td>黄金法则
对财政指标的限定
对金融业的管制
禁止中央兜底地方债务</td><td rowspan="3">财政和债务信息透明化
中期预算</td><td rowspan="3">信用评级
债券保险</td></tr>
<tr><td>事中监管</td><td>预警体系
对违反规则者的惩罚</td></tr>
<tr><td>事后危机处理</td><td>触发机制
财政调整
债务重组</td></tr>
</table>

1. 事前规则

“黄金法则”根据资金来源取决于支出需要的原则，规定地方政府融资作为资本性支出，而经常性收入支付当期公共产品的支出，实现预算平衡。很多国家在运用黄金法则时，以财政责任法的形式，对政府资本性支出设定必要的规则和约束，只有地方政府满足一定的财政指标后才能进行债务融资。同时对可以为地方政府提供资金的供给方，即金融机构进行了限制和监管。最后要避免形成中央政府兜底地方政府债务的预期，虽然在危机情况中央政府会对地方的财务困境伸出援手，但必须建立地方政府为其债务负责的财政责任预期。

---

① 《中国地方政府融资平台研究》课题组．中国财税发展研究报告——中国地方政府融资平台研究[M]．北京：中国财政经济出版社，2011.

2. 事中监督

各国实践反复证明，一些先兆指标可以预测政府债务危机，如财政支出严重超出 GDP 增速、财政赤字持续积累且无法找到有效途径消除等。这就促使地方政府通过建立债务风险预警体系，密切关注财政状况以避免陷入债务危机。地方政府债务风险预警体系包括以下因素：① 科学衡量地方政府债务规模和水平；② 设置合理的债务风险预警指标体系；③ 建立跨期预算制度，从更长周期观测和控制债务风险。预警体系可以帮助地方政府及时发现违规融资行为，但更重要的是要建立处罚机制，使违规地方政府承担责任。

3. 事后危机处理机制

该机制主要包括三个方面：第一是对债务危机处理的触发机制进行界定，明确何时以及何种情况下应进入危机处理程序；第二是尽快进行财政调整，合理匹配地方财政收支，以及借债和偿债能力；第三是促成债务人和债权人之间的谈判和债务重组。债务危机处理可以通过司法程序，由法院判决地方政府破产清偿或债务重组。而行政干预一般由上级政府出面，协调各方之间的债权债务关系和清偿事宜。

事前、事中和事后机制缺一不可，相辅相成。完善的债务处理机制有助于降低中央政府兜底地方债务的预期，强化预算约束。只有当地方政府和债权人清楚地认识到他们将在地方政府无力偿债时承担责任和惩罚，他们才会真正遵守事前规则和事中监督。

第四节　发达国家地方政府债务管理实践——以美国为例

一、美国地方政府债务基本情况

美国的州和地方政府债务是政府及其所有独立机构名下的短期和长期有息债务。根据美国相关部门统计数据，2012 年美国州和地方政府债务为 2.9 万亿美元，2007 年为 2.4 万亿美元，5 年增长了 21%。1990 年、2000 年、2001 年和 2014 年州和地方政府债务总额情况见表 4.7①。

表 4.7　美国州和地方政府未偿付债务　　单位：10 亿美元

财政年度		总　额	长　期	短　期
1990	总额	858.0	838.7	19.3
	州	318.3	315.5	2.8
	地方	539.7	523.2	16.5
2000	总额	1 451.8	1 427.5	24.3
	州	547.9	541.5	6.4
	地方	903.9	886.0	17.9
2011	总额	2 907.7	2 873.0	34.7
	州	1 132.8	1 127.5	5.32
	地方	1 774.9	1 745.5	29.4
2014	总额	3 053.1	—	—
	州	1 187.3	—	—
	地方	1 865.8	—	—

资料来源：美国人口普查局，政府财政，GF 系列第 5 号，年度数据，1990 年。其后资料来自 Federal, State, and Local Governments, Finance, State and Local Government Finances, 2007－2008, June 2011; State and Local Government Finances, 2010－2011, July 2013; Christopher Chantrill, "U. S. Government Debt", http://www.usgovernmentdebt.us.

美国州和地方政府债务主要用于经济发展项目、公立大学、自然资源保护等支出。如表 4.8 所示，在 8 个有代表性的州中，伊利诺伊、肯塔基、印第安纳和加利福尼亚的州政府债务占总产值的比重较高；肯塔基、加利福尼亚和田纳西的地方政府债务占总产值的比重较高。如果把退休金隐性债务包括进来，肯塔基、伊利诺伊和加利福尼亚的总债务比重较高。

① 张帆．美国州和地方政府债务对中国地方债问题的借鉴［J］．国际经济评论，2016（3）：69－84.

表 4.8　2010 年美国部分州的政府债务占总产出的百分比　　单位：%

州	州债券	地方政府债券	没有资金来源的退休金	没有资金来源的健康保险	债券总计
密苏里	8.4	9.9	5.4	1.3	25.0
阿肯色	4.2	9.2	5.8	1.8	21
密西西比	6.8	7.7	12.1	0.8	27.4
田纳西	2.3	12.7	1.4	0.7	17.1
肯塔基	9.0	17.2	10.7	4.7	41.6
印第安纳	8.8	10.3	5.1	0.1	24.3
伊利诺伊	9.5	11.5	11.8	6.8	39.6
加利福尼亚	7.9	13.6	6.0	4.1	31.6

资料来源：Pew Center on the States, Bureau of Economic Analysis and Census Bureau; Ricketts and Waller 2012。

二、美国地方政府债券信用评级

美国地方政府在进入资本市场之时，和其他融资主体一样要满足《债券交易法》和美国证券交易委员会（SEC）的相关规定。地方政府公共财政账户必须进行第三方独立审计机构的审计，相关数据信息要严格按照规范公开披露，接受资本市场投资人和全社会的监督。地方政府债券的发行和交易应遵循以下基本原则。① 发行人职责——信息披露。发行人必须向投资者告知地方政府债券销售的风险，并提示投资者自担风险。② 经纪人——诚实交易。地方政府债券的承销人和经纪公司，必须对所有投资人保持诚实、公平和一致的态度。③ 遵守证券交易法和市政债券相关法律。除必须遵守证券交易法的相关规定外，交易商和经纪公司还必须遵守有关市政债券规则制定委员会的要求和规定。

地方政府债券评级的上限一般以该国的主权信用评级为准，宏观政策和国家的整体经济发展状况对地方政府债券的风险具有重要影响。由于地方政府债券比国家主权债务更容易出现违约，美国各级市政债的信用评级和美国国债以及当地政府的信用密切相关。由于美国有庞大的市政债市场，交易活跃，竞争充分且流动性较好，市政债券的信用评级直接决定融资成本，AAA 评级的市政债券利率最低，评级每下降一级，利率水平随之上升。由于市政债券风险总体上低于一般公司债券，所以市政债券的收益率水平一般介于美国国债和公司债之间。信用评级机构在对地方政府进行资信评估时主要考虑以下方面①。

（1）地方政府治理结构和政策。美国各州具有对本地区市政债券发行和管理的立法权，通常州立法允许地方政府在市政债的发行种类、限额和期限等方面灵活确定。评级机构对不同地方政府在财政预算和债务管理政策方面进行评估，包括地方政府资本性项目投资政策、预算编制和调整方法、税收对市政债券的支持以及历史上是否存在地方政府债券违约等。

（2）地方政府的税收基础。地方政府是否有稳定的税基、支持税收流入的产业及人口结构，是评估地方政府偿债能力的重要方面。所在地区的产业越具有竞争力、劳动力的受教育程度越高、人口结构越年轻化、有持续的劳动力增长等，都是支持市政债发行和偿还的重要基础。

（3）全面考察地方政府债务负担。除市政债券之外，地方政府的债务负担还包括银行贷款等直接债务和政府雇员退休金等间接债务。评级机构要考察总债务水平和人均债务负担，并进行各地方政府之间的横向比较和该地方政府历史各时期的纵向比较。

（4）地方政府财政收支的流动性风险。地方政府财政收支情况与其信用评级密切相关。一般来说，发行市政债主要是筹集资本性项目的投资，但评级机构会将地方政府经常性财政收支和资本项目预算一起考虑。特别是考察地方政府财政收入是否稳定，能否和财政支出在时间上合理匹配。如果财政收支出现期限错配，那么通过何种手段进行融资解决流动性问题。另外，评级机构还特别关心地方政府有无储备应付突发情况的资金，以及是否具有债务风险的应急处理预案等。

三、美国地方政府的债务监督体系

美国具有比较健全和严格的地方政府债务监督体系，但历史上也多次

---

① Moody's Investors Service State Debt Medians Report 2012.

出现地方政府破产或是市政债券违约案例，比较著名的就是奥兰治县和受金融危机影响的底特律市政债券违约事件。监督体系能在一定程度上减小地方政府债务风险演变为债务危机的概率，但并不是要达到美国地方政府不会破产的效果。恰恰相反，正是因为明确的监管原则和事后处理方法，让国内和国际投资者认识到，美国联邦政府不会对地方政府债务进行最后救助，地方政府需要依靠自己的努力来实现收支平衡并承担偿债责任，这在很大程度上有效地抑制了地方政府盲目举债和投资者盲目投资的道德风险。

事前和事中监管。各州立法规定地方政府在发行市政债券之前需要满足以下条件：① 必须遵守“黄金法则”，债券资金仅能用于长期资本支出，不能用于地方政府的经常性支出；② 必须具有健全的财政收支体系，在赤字率、偿债比率、债务担保限额等方面满足立法规定的要求；③ 地方政府需要编制跨期财政预算，一般为 3~5 年的中期预算，使投资者了解资金的运用规划，同时可以审核地方政府是否能够保持债务的可持续性；④ 预算编制及决算过程公开透明，定期公告预算使用情况和债务的偿还情况，财政报告需要经过独立的第三方机构审计。

事后破产机制。破产机制不仅是对债务管理问题的一种惩罚，更是对资不抵债的地方政府的保护机制。美国在设计政府债务破产机制时，既要考虑到保护债权人和投资人的利益，也必须要保证地方政府能够在破产期间继续提供基本公共服务。以底特律为例，在市政债券风险爆发时期，密歇根州通过协调底特律周边地区的税收和转移支付，来保证底特律的警察体系、政府体系的运转，如密歇根大学所在的安娜堡市，由于税基稳定且居民收入较高，该市消费税收入的一部分就用于补贴底特律市的公共开支。

四、对隐性和或有负债估算方法的改革

和其他国家一样，美国地方政府也有一些间接债务没有纳入地方政府公布预算体系，比如政府工作人员的养老金和福利等。美国实施“401K 计划”，安排非政府人员的养老金支付，该计划要求企业雇主和职员从工

资收入中保留一部分，积累起来的资金成立“企业年金”，通过在资本市场投资运营、获取收益来应付未来退休金的支付。但对于政府工作人员来说，他们本质上不创造价值，也没有相应的“年金计划”，他们的退休金及福利就构成地方政府一项庞大的应付责任，本质上属于公务员向地方政府提供的贷款，需要政府进行合理的财务安排，以便能在未来偿付。

对政府退休金债务风险的担忧主要在于如何计算未来退休金相当于多少当前债务，也就是如何对退休金进行贴现的问题。可以表示为

$$\text{地方政府退休金现值} = \sum_{t=1}^{n} \frac{\text{各期须支付的退休金金额}}{(1+i)^t}$$

对目前计算的争议主要在于使用的贴现率 i 上。批评者认为，目前采用8%的长期利率水平导致退休金债务缺口被严重低估。在充分考虑地方经济增长、税收变化、政府雇员年龄结构和通货膨胀因素后，应该按照市政债券的利率计算退休金现值。按照目前市政债券3%的利率水平计算，地方政府退休金的缺口大大增加，从目前的24%扩大到约43%的水平。

美国地方政府也承担一定的或有负债，不纳入预算管理，比较难以衡量，如政府对学生贷款提供的担保、地方中低水平住房抵押贷款担保等。这些或有负债的偿还情况视第一责任人的财务状况而定，具有较大的不确定性，一旦债务人不能偿还，地方政府要代为偿付。虽然地方政府在债务偿付后保有对原债权人追讨的权利，但形成坏账的概率很高，而且还需要承担相应的追讨成本和司法费用。这部分或有债务由于没有纳入预算管理，不会向社会和投资者公开，从而构成地方政府的隐性负债。

美国地方政府债市政债发行和资本项目运作时，普遍使用特殊目的机构（Special－Purpose Vehicles，SPVs）。特殊目的机构一般采用有限公司或者有限合伙形式，在资金运作和财务制度上和企业一样适用美国的财务会计准则FIN46R。SPV由于具有组建灵活，可以在避税港设立、可以作为利润中心和转移定价中心等特点，比较适合于投资方用于规避金融风险，进行关联交易和隐藏债务。所以美国要求地方政府必须在其报表中披露和SPV之间的财务关系，以及所控制的SPV的负债等财务状况。

五、美国地方政府的破产机制和联邦政府的救助

当地方政府无力偿付债务，可以申请进入破产程序。美国的破产法允许市、市级以下的地方政府宣布破产，从20世纪80年代开始，共有45个市级以上地方政府申请破产。2008年以后，地方政府财政压力和债务偿还压力加大，2009年美国有10个地方政府申请破产保护，到2010年，金融危机有所缓解，申请破产的地方政府减少到5个。但不允许州政府申请破产保护，从20世纪30年代的“大萧条”以来，没有出现州政府债务违约的案例。1980年以来，有45个市、镇、村和县申请了破产。2009年美国有10个地方政府寻求破产保护，2010年减少到5个[①]。

破产处置过程中地方政府及其债权人都需要调整两个方面。① 债务人地方政府需要对财政支出和债务预算进行调整，使地方政府债务状况和偿债能力保持一致。② 地方政府与其债权人协商对债务本金、利息减免以及偿还条款进行债务重组。地方政府破产处置不同于私人机构的破产，由于地方政府虽然资不抵债，但所须提供的公共服务不能中断，其拥有的公益资产也不能被扣押或者处置，所以地方政府破产处置更多采取的债务重组而不是清算方式。

解决地方政府违约的途径有司法和行政两种。一般对地方政府实施债务重组是通过法律途径进行的，这样可以避免政治干扰[②]。实施法律途径并不排斥行政途径，即申请破产保护期间上级政府临时接管和控制下级政府的管理运作，特别是财政支出和债务管理。

《破产法》对三个方面进行了规定。① 对触发程序的规定。为避免地方政府利用破产逃避债务，触发程序对地方政府申请破产设置了一定的障碍，只有满足规定要求的地方政府才能够得到《破产法》的保护，这样可以避免某些地方政府为减轻债务负担而选择战略性破产。② 债务人必须制

---

① 申请破产保护的地方政府有宾夕法尼亚州哈里斯堡市、加利福尼亚州瓦里奥市、爱达荷州包伊斯县、加利福尼亚州斯托克顿市和密歇根州的底特律市等。

② 州以下各级政府进行债务重组，依据《破产法》第9章（Chapter 9，Title 11 of the U. S. Code）进行。

订有利于财政平衡和债务偿还的收支计划。破产保护不单是隔离债务人的资产风险，同时也是对地方政府偿债能力的一种提升。地方政府只有提出有建设性的偿债计划及更有效率的财政管理模式，从根本上改变原有的财政收支问题，才能从破产保护中得到真正的保护，而不至于再次破产。③ 进行有效的债务重组。通过降低利率、免除部分本金或利息、延长债务偿还期等方式，降低地方政府近期的偿债压力，同时又可以使债权人的利益得到保护。

虽然美国联邦政府通过各种立法表明自己不会轻易承担对地方政府的救助，但是危急关头，特别是关乎地区稳定和经济安全时，联邦政府还是会出手相助，帮助地方政府度过债务危机。特别是对于州政府来说，联邦救助的意义更大，因为州政府无法通过破产解决债务问题。但在美国国家治理中，确实很少出现联邦政府救助州政府的情况①。由于联邦政府传递了明确的信息，州政府努力调整财政收支和预算管理，通过增收减支来缓解债务压力，这有效地避免了州和地方政府不负责任的过度负债和道德风险。为防止州和地方政府在债务危机时期过分削减财政开支，导致地区经济衰退，联邦政府虽然不提供整体救助，但会给予部分救助。比如在 2008 年金融危机过程中，联邦政府就对一些地方政府实施了救助。2009 年美国通过《复苏与再投资法案》（*American Recovery and Reinvestment Act*），向地方政府提供 1 350 亿美元的紧急救助资金，避免债务负担较重的地方政府因削减开支而陷入更深层次的经济衰退。

第五节　发展中国家地方政府债务管理改革实践

一、金砖国家——加强债务风险管理

“金砖四国”包括巴西、俄罗斯、印度和中国，由于这些国家名称的首个英文字母组合与“砖块”（Brick）类似，四国又都是新兴经济大国，因此被

① 除 1997 年的华盛顿特区的危机外，在一系列财政危机中，联邦政府都未将紧急援助纳入备选方案，任地方政府“自生自灭”。

称为“金砖四国”。随着2010年南非的加入，“金砖国家”（BRICS）又添一员。金砖国家都属于发展中国家或是转轨国家，最近20年的经济发展速度高于世界平均水平。但金砖国家也都存在较大的基础设施建设需求，同时由于国内金融市场不够成熟、财政监管制度不健全等因素，在经济发展过程中，俄罗斯、巴西、印度等都曾发生过不同程度的债务危机。进入21世纪以来，金砖国家开始进行地方政府债务管理改革，在严格财政纪律、提高透明度、化解地方政府性债务危机方面进行探索。

（一）俄罗斯——债务危机后加强立法

俄罗斯政府架构分为三个层级，最高一级是中央政府，第二级是联邦主体或地方政府，第三级是大型城市和都市区。对于各级地方政府的国内债务，俄罗斯中央政府一般不做限制，地方政府也可以通过以资源作为抵押向国外借款，但需要得到中央政府的批准。20世纪90年代，俄罗斯一些地方政府大量借贷短期债务用于弥补经常项目赤字，莫斯科和圣彼得堡等大城市还积极在国外借款。在紧缩货币政策及固定汇率体制下，不断积累的外债引发了1998年8月的俄罗斯债务危机，随后引发货币危机和银行危机，俄罗斯国民生产总值下降4.9%，通胀率高达84%，在89个地方政府中有57个拖欠债务。

为加强债务管理，俄罗斯政府实施了一系列改革，具体包括以下方面。

（1）立法管理。俄罗斯在1997年、1998年和2000年相继颁布了《俄罗斯联邦地方政府财政基础法》《预算法》和《预算修正法》，建立了较为全面的地方政府债务管理法律框架。在债务资金运用方面，遵循“黄金法则”，借款用途仅限于资本性公共支出；在借款来源上，除中央政府外，地方政府不得向国外借款；在债务融资方式上，规定地方政府可以通过发行债券和银行贷款方式融资。

（2）债务风险管理。俄罗斯对地方政府债务设置了一系列风险管理指标。在借款额度上，地方政府借款不得超出预算支出的15%；在借款方式上，不能进行多个政府的联合借款；地方政府不能向地方自有银行借款；地方政府债券不能取得中央政府的担保；国有企业如果出现亏损，地方政府不能为其担保；将地方政府或有债务和担保也纳入预算管理；地方政府的公共账户信息要按照国际惯例进行披露，以保证债务的公开和透明性。

（3）地方政府债务危机管理。俄罗斯20世纪90年代的债务危机具有区域性和系统性特征。为避免危机再次发生，俄罗斯虽然允许地方政府在债务危机时进入破产程序，但是对破产过程及以后的财政改革提出明确要求，以防止地方政府在危机前过度负债，积累较高风险，以及危机后倾向于通过破产和联邦救助摆脱债务危机，逃避偿债责任。

（二）印度——中央政府控制和管理

印度是由中央政府、25个邦政府和8个中央直辖区，及邦以下地方政府构成的三级联邦制体系。印度是个农业人口占绝对比重的国家，2/3的人口为农村人口。虽然印度每个邦都有自己的立法议会，但在债务管理上，中央集权色彩非常浓重。和其他发展中国家类似，印度财政关系存在着横向和纵向的不平衡。从横向上看，印度地方经济发展不平衡，各邦政府征税、人力资源、公共服务供给水平和质量等方面存在较大差异。高收入邦经常性开支中77%来自邦内税收等自有收入，中等收入邦经常性开支占自有收入的59.4%，而低收入邦自有收入仅能提供45.3%的经常性开支，超过一半的经常性开支需要短期债务和中央转移支付弥补。横向财政收支不平衡阻碍了印度政府制定和实施统一的地方政府债务管理制度。从纵向上看，印度财政收入向中央政府集中，地方政府对中央政府转移支付和补贴依赖程度很高。这又使得印度需要由中央政府实施自上而下的统一债务管理制度。所以，印度地方政府债务管理体制以制度约束型为主，中央政府在地方政府借债、偿还和危机处理等方面处于主导地位，具体措施包括以下两个方面。

（1）立法管理。全国的《宪法》和各邦立法通过的《财政责任法》对地方政府债务的形式、发行标准、限额及风险管理等方面做出明确规定。

（2）地方政府债务限额管理。印度邦及以下政府可以发行地方政府债券，但必须经过联邦政府的批准。发行债券的前提是地方政府已经消除了以前年度积累的赤字，并且发债当年的赤字低于国民生产总值（GNP）的3%。

虽然债务管理有比较完善的立法和严格的管理框架，但是印度地方政府的担保和或有债务却没有进行有效监管，所以依然存在较为严重的预算软约束和过度负债问题。印度地方政府可以为亏损国有企业提供借款担保、为支付政府人员的退休金借债、为基础设施项目进行预算外借款，这些因政府提供预算内服务而产生的负债，不纳入政府预算管理。同时，地方政府还可在面临偿债困难时申请债务减免，包括延期偿还、减免利息、变更还款条件、降低利率以及贷款合并等。

（三）南非——严格规范债务管理

南非由中央、9个省及284个市组成，具有部分联邦制国家的特点。南非是非洲第二大经济体，属于中等收入的发展中国家，金融、法律体系完善，通信、交通、能源等基础设施完备。南非实施较为严格的约束型地方政府债务管理模式，具体包括以下七个方面。

（1）地方政府债务立法。南非在宪法中规定地方政府债务的用途，财政年度之外的跨期债务资金仅能用于资本性公共支出，财政年度内可以临时性为经常开支进行短期借款。《市政财政管理法》在宪法的基础上，详尽规范了地方政府债务管理体制，要求强化财政人员责任，建立透明有效的财政报告体系。

（2）规范举债行为。无论是长期债务还是短期债务，地方政府必须具有必要的偿还保障。在地方政府预算中明确规定借款限额，经批准生效后地方政府必须执行，特殊情况下只有市议会有权修改。如果短期债务没有在借款当年的财政年度偿还，地方政府就失去了再融资资格。同时严厉禁止地方政府举借外债。

（3）实行债务预算管理。地方政府财政预算内必须包含政府举借的债务，而且包含短期债务在内的年度财政预算收支必须保证平衡。长期债务、或有债务和潜在负债要体现在地方政府跨期预算中，一般按照地方政府债务风险的不同等级纳入不同类型的预算进行管理。

（4）规范债务担保。地方政府只有在三种情形下可以为其他企业或自然人提供担保。① 担保金额在预算规定的限额内，且需要经过市议会批准；② 地方政府可以在经市议会批准的情况下为其企业或经济实体提供担保；③ 地方政府可以为其参股的实体企业提供担保，但需要有与担保金额相等的现金储备或者保险，并且经国家财政部批准。

（5）债务披露透明。地方政府如果举借债务，那就将影响债权人和投资人的重大信息进行披露，并且要保证信息披露的准确性。所有和债务有关的政府预算、预算执行和决算报告、制定预算的相关政策、长期借款合同及其他债务契约等都必须在网上公布。

（6）健全债务危机化解制度。根据《市政财政管理法》的规定，一旦地方政府未能按期还款并且债权人或市场投资者已经怀疑政府信用，就可以认定为地方政府面临债务危机。在危机处理机制上，上一级政府在危机发生时必须介入危机政府的财政调整管理，监督和协助危机政府制定债务重组和财政复苏计划。在行政干预的同时，地方政府也可以向法院申请破产保护，暂停清偿全部或部分债务，直到找到化解债务危机的途径和方法。

（7）严格惩罚措施。南非在《市政财政管理法》中对地方政府违法违规债务行为规定了严格的惩罚措施。无论地方政府主观故意还是疏忽不慎，只要债务管理决策失误，债务资金没有合理使用造成浪费或者没有客观、公允、完整地进行财政信息披露等，都被视为违反债务管理规定，并对其负责人进行行政处罚。对于恶意违规或者严重疏忽致使债务资金严重损失、项目决策严重失误或者引发贪污腐败行为，则已经触犯法律，将被处以 5 年以下有期徒刑并处以罚款，相应责任人除承担刑事责任外，还需要承担应有的民事赔偿责任。

（四）巴西——强化债务管理责任

巴西包括 26 个州和 1 个联邦区（巴西利亚联邦区），州下设市，是联邦制国家。20 世纪 80 年代以来，巴西先后经历了三次大规模的债务危机。

第一次是地方政府对国外债权人的外债危机。20 世纪 80 年代末，国际金融市场受石油危机的影响，流动性紧张，利率攀升，使巴西地方政府的国外借款偿还压力加大，各州相继停止了外债的偿还，进一步加剧国外债权人的恐慌，债务问题向汇率传导，演变为货币危机。在此背景下，巴西中央政府不得不出面，作为地方政府的担保人与国外债权人签署债务重组协议，并接管了期限 20 年、占 GDP 2%的 190 亿美元外债。债务重组将地方政府的偿还责任转嫁给了中央政府，虽然缓解了地方政府的偿债困境，却也为后续发生的债务危机埋下隐患。

第二次是地方政府对联邦金融机构的偿债危机。1993 年，巴西大部分地方政府无法偿还对联邦金融机构的借款和债务，导致再融资中断，地方政府举步维艰。这种情况下，中央政府再次出面，为地方政府出具担保，并代替部分地方政府偿还拖欠金融机构的 208 亿美元债务，偿还期限为 20 年。在两次债务危机下，巴西的地方政府既丧失了在国际金融市场上的信用，也失去了对本国金融体系的信心，但这不是最糟糕的。最致命的是，两次债务危机都通过中央政府救助解决，加重了地方政府的道德风险，引起危机的根本问题没有得到有效解决，因此第三次危机就难以避免。

1996 年，巴西爆发了历史上最严重的地方政府债券危机。1994 年巴西推行经济稳定计划，使当时的恶性通胀率问题得到缓解，通胀率水平从 1994 年的 929%急剧下降到 1996 年的 9%。通胀问题的解决固然稳定了巴西的地方经济，但同时也带来严重的货币升值问题，使得本就负债累累的地方政府面临严重的财政支出压力。据统计，各州政府工资和养老金支出占财政收入的比重达到 80%~90%，远高于通胀前的水平。同时，金融市场上债券利率走高，导致地方政府债券大面积违约。与前两次相同，也和地方政府希望的一样，巴西中央政府再次承诺援助。通过将地方政府债券兑换成中央银行债券的方式，一方面帮助地方政府偿还金融市场投资人的债权，另一方面也成为地方政府的实质债权人。由于危机涉及面太广，巴西有 25 个州和 183 个市进行了债务重组，重组债务占地方债务总额的 95%。为了对地方政府实施必要的惩戒，中央政府在接管债务的同时也要求地方政府以税收收入和其他收入作为担保，重组的机会收益在于中央债券的利率较低，而地方政府债券的利率较高，这部分利差能够减轻地方政府的债务压力。

三次债务危机给巴西经济带来了沉重的负担，同时也极大地损害了巴西在国际金融市场的形象和信用，为之后获取较低成本的外国资金带来了障碍。在总结和反思了历史教训后，巴西启动了“财政稳定计划”，开始全面加强地方政府债务管理，具体措施如下。

（1）对地方政府债务进行立法管理。2000 年 5 月，巴西颁布《财政责任法》及其配套法案，要求建立三级政府财政及债务预算框架和报告制度、强化地方政府应遵循的公共财政规则和独立承担债务风险的管理责任。为使财政责任法案具有可操作性，也设立了一系列规范地方政府举债行为的量化指标。

（2）控制债务规模，降低过度负债冲动。从需求和供给两个方面对地方政府的债务规模进行控制。地方政府在中央政府兜底的情况下，有无限的借债冲动，为使地方政府合理利用债务资源，从债务规模、债务期限、债务偿还方面做出严格规定，如表 4.9 所示。

表 4.9　巴西地方政府债务需求管理

限制举借新债	债务余额/州政府净收入<200% 债务余额/市政府净收入<120% 新增债务额/政府净收入<18% 政府负担债务余额/政府净收入<22%
限制举债时间	州及市政府换届前的 8 个月内不允许举借新债
限制偿还债务	还本付息额/政府净收入≥13% 未偿还联邦政府债务之前，不得举借新债

地方政府供给管理主要是约束金融机构对地方政府的融资。巴西中央银行对各类银行向地方政府提供贷款做出限制，要求地方政府债务余额/银行净资产<45%。禁止向违规举债、超出赤字上限或者无法偿贷款的地方政府提供贷款；禁止地方政府的关联交易方向地方政府或者与地方政府相关的公共服务提供主体贷款；禁止地方政府投资或者组建的银行向其提供贷款。

（3）提高财政和债务透明度。财政年度内地方政府须向联邦政府汇报财政收支状况，并公示财政账户数据；政府债务报告每四个月发布一次，并须经过地方行政长官签署。如果公示的债务水平或者财政收支不符合预算规定，那么必须在 8 个月内调整到法律允许的限额。如果宽限期内未能调整成功，则该地方政府将被列入黑名单并进行公示。地方政府的每一笔借贷交易都在国家信息系统中登记，并与银行系统联网，未做登记的将被视为非法交易。国家信息系统向社会和金融机构公开，地方政府无法对公示信息进行干预，做到公开透明。

（4）落实相关人员责任，严格惩罚措施。地方政府债务相关负责人对债务管理情况承担责任，如果违反《财政责任法》的规定义务，或者在债务管理中玩忽职守、出现重大失误或者贪污腐败行为，将视情节轻重给予行政处分、革职查办、禁止进入公共部门工作等处罚，严重者需要承担刑事责任，同时被处以罚款，承担赔偿责任。

二、墨西哥——探索市场化监管模式

（一）墨西哥地方政府债务改革的背景

墨西哥地方政府债务并没有像巴西一样成为宏观经济问题。1997 年墨西哥地方政府债务相当于当年 GDP 的 2%和公共债务总额的 6%，远低于巴西的 20%和阿根廷的 5%。同时，墨西哥宪法禁止各州向国外投资者发行债券和贷款，以防止债务危机引发货币危机及经济危机。虽然墨西哥地方政府债务水平较低，但也存在不稳定因素——道德风险、公共服务供给水平较低和或有负债。在 20 世纪 90 年代之前，快速的民主化促成了墨西哥的财政分权，而当时公共服务的提供比较分散，主要依赖银行贷款和发行债券弥补地方政府在基础设施方面的投融资需求。1995 年墨西哥发生了债务危机，由于大型基础设施项目都是由政府担保的，联邦政府对几乎所有的州都实施了救助，这部分转移支付最终成为偿还银行债务本息的保障。事实上，联邦政府的隐性担保已经成为地方政府进入信贷市场的先决条件，也就是说，墨西哥银行不仅以抵押物价值作为贷款的发放标准，还非常看重联邦政府对地方债的认可和保证，这使得商业银行缺少评估地方政府债务风险的激励。1995 年金融危机后，金融市场的结构性问题暴露出来，由于商业担保和破产法执行力度薄弱，促使银行远离私人借贷者，转向联邦政府和州政府实体提供担保性贷款。墨西哥银行监管规则中对单一客户贷款集中度的限制，并不适用于地方政府贷款，因此地方政府债务对银行来说更有吸引力。

总体来说，墨西哥地方政府有能力做出独立的借款决定，同时有增加支出满足公共服务需求的冲动，而联邦政府又能对地方政府债务进行担保和救助，这些都使得墨西哥地方政府具有债务扩张的激励，从而对国家宏观经济稳定造成潜在风险。

（二）建立基于市场的国家借贷监管方法

为了扭转以上局面，墨西哥联邦政府一方面在事前建立以市场为基础的监管机制，以防止地方政府的过度借贷，同时传达事后联邦政府不会无条件救助债务困境的可靠信号。2000 年 4 月，墨西哥公布新的地方债务管理框架，包括以下六个组成部分。

（1）在 2000 年财政预算中删除对地方政府债务救助和担保的预算内容，这得到了国会的一致通过。

（2）废除联邦政府法定偿债条款。要求地方政府与其债权人根据自身情况制定信托协议，需要考虑还款收入来源、其他债务担保以及法律风险，而不再向联邦政府求助。

（3）限制单个地方政府债务上限，要求金融市场按照对其他借贷主体一样的标准对地方政府债务进行评估，以减轻地方政府债务风险传导至金融体系带来的损害。

（4）为地方政府贷款设置银行风险资本权重。由国际声誉良好的两家信用评级机构公布的全球范围的本币信用评级，并将此与地方政府贷款风险权重联系起来。风险权重的范围在 20% 至 115% 之间。这一创新方案与 1999 年 6 月巴塞尔委员会的建议一致，是由于存在问题的地方政府获得的信用评级与联邦政府本币债务评级的不一致。为了控制地方政府购买评级服务，监管机构要求提供两家机构的评级。如果两者存在较大的差异（比如超过两个等级），就对地方政府贷款实施更严格的风险权重。当然，这些规定的目的是在没有联邦政府干预的新框架下，银行能依据地方政府风险情况进行贷款定价。财务状况较差的地方政府可能贷款利率很高或者无法借到款项，而财务稳健的地方政府会享受到较低的贷款利率。

（5）披露地方政府债务数据，提高债务透明性。要求地方政府向联邦政府登记和注册地方债务数据，按照地方政府公布上一年度决算中的债务数据以及对政府开发银行的所有偿债义务。未在联邦政府注册的地方政府贷款会自动被监管机构要求150%的风险加权资本权重。提高透明度的另一项激励措施是确保地方政府与信用评级机构之间的合约，不会导致地方政府隐瞒财务状况信息。总之，只有在选民和反对党能够充分了解地方政府财务状况和风险的条件下，已经设置的财政纪律才能奏效。

(6) 联邦政府所有的开发银行只有当贷款符合注册条件并且相应的风险资本权重低于100%时才能给地方政府发放新贷款。这一政策，加上之前提到的注册条件，使联邦开发银行置于监管框架之下，而不是让它们成为潜在的监管漏洞。

监管框架并不禁止向财务状况较弱的地方政府发放贷款，毕竟这类地方政府是需要开发银行提供援助的对象。相反，如果贷款计划包含由国际开发银行提供的技术援助组成部分，则允许地方政府贷款的风险资本权重超过100%。后一种安排传达了这样一种信号，即当地方政府贷款风险特别大（贷款利率特别高）时，这笔贷款应该由专门的机构发起和监管。

三、欧盟转轨国家——从预算约束到预算责任

欧盟中的转轨国家是指在2004年至2007年加入欧盟的中东欧10国(Central and Eastern Europe，CEE)，包括保加利亚、捷克共和国、爱沙尼亚、匈牙利、拉脱维亚、立陶宛、波兰、罗马尼亚、斯洛伐克和斯洛文尼亚。尽管这些国家在政治上已经结束了中央集权治理，但大多还不知道如何采用正确的债务融资方式来增加公共基础设施建设。如Blazek等(2003)认为捷克共和国的地方政府在公共投资中带来的更多是债务而不是收入。Dvorakova（2006）提出地方主要财政支出中转移支付和无偿援助仅占了四分之一，同时地方级的公共部门投资支出超过了地方政府总收入的50%。然而，在每年的财政收入和外部资金援助波动较大的情况下，是难以保证常规贷款的获取和偿还的。和有限的资金来源相比，CEE国家从苏维埃时期继承下来的基础设施日益陈旧，又必须满足欧盟较高的公共设施服务标准，这使得公共基础设施需求庞大，特别是在环保和公共交通

方面。根据欧洲委员会预计，CEE 国家在 2004 年至 2013 年期间仅为环境保护和交通运输就需要投资 1 400 亿至 1 900 亿欧元。

(一) 地方政府厌恶债权融资的倾向

地方公共债务的对比数据（表 4.10）表明，CEE 中只有一个国家的地方政府债务超过了该国 GDP 的 3%。对比分析发现，欧盟中发达国家的地方债务大约占 GDP 的 6.6%，而 CEE 国家该占比为 2%~3%。CEE 国家中央政府债务占总债务的绝大部分，除了爱沙尼亚（26.7%）和捷克共和国（10.7%），可见中央政府将地方政府排除在金融市场之外。从整体上说，CEE 国家的负债率是整个欧洲中最低的，能够较好地满足《马斯特里赫特条约》的要求。

表 4.10　2005 年欧盟地方公共债务

国　家	地方公共债务		
	人均债务（欧元）	GDP 占比（%）	在总的政府公共债务占比（%）
保加利亚	—	—	—
捷克共和国	270	2.8	10.7
爱沙尼亚	234	3.3	26.7
匈牙利	259	2.9	4.3
拉脱维亚	—	—	—
立陶宛	47	0.8	3.5
波兰	149	2.3	5.9
罗马尼亚	—	—	—
斯洛伐克	161	2.3	5.9
斯洛文尼亚	—	—	—
奥地利	804	2.7	3.7
比利时	1 509	5.2	5.4
丹麦	2 825	7.8	15.5
芬兰	2 765	9.5	17.5
德国	1 443	5.3	7.4

续 表

国 家	地方公共债务		
	人均债务（欧元）	GDP 占比（%）	在总的政府公共债务占比（%）
荷兰	3 144	10.1	9.8
葡萄牙	537	3.8	2.8
瑞典	2 724	8.5	5.2

来源：IMF（2006），欧盟统计局。

CEE 国家的地方政府不愿意负债不仅与经济发展状况相关，也与政府间的财政机制、政治家及居民对负债的态度有关。包括以下可能的原因：①金融市场还不够成熟；②金融市场利率太高，地方政府负债产生的额外风险过高；③法规条例对借贷管理过于严苛；④地方政府决策者认为借贷是财政不稳定的信号，是有风险的融资手段，同时借贷融资给未来纳税人带来不公平的负担；⑤地方政府在公共部门投资决策中的作用受到限制；⑥政府间的援助资金供给充足，可以不依赖于债权融资；⑦财政经常收支中的税收难以预测，地方政府无法做出兑现长期资本预算的利息偿还承诺；⑧地方政府缺乏必要的债务管理能力。

以上问题有时单独出现，也可能是几项同时出现在一些国家或者地区。这就导致虽然有些国家认为债务融资是合理的财政融资手段，但地方政府却更愿意采取其他的融资方式。特别是在税收收入不可预测的情况下，CEE 国家中央政府的财政拨款、欧盟及其他成员国的转移支付，以及政府和私人的合作组织提供的资金援助等往往是更加理想的资金来源。

尽管在过去十多年中，CEE 地区对于债务融资是十分谨慎的，但捷克斯洛伐克共和国、波兰、匈牙利和爱沙尼亚的一些地方政府的债务融资比例仍有所增加。这是由不同的原因造成的：第一，这些国家地方政府的债务管理技巧和预算责任感提高较快；第二，地方经济的发展体现在了税收收入的增加上，这就保证了地方政府未来偿债能力的提高；第三，整体宏观经济情况的改善降低了利息率。以上三个原因使金融市场最大限度地对信用等级过关的地方政府开放，这就降低了地方政府借债的风险和成本。

波兰地方政府债务限制的演变是很好的案例。1990 年，波兰通过了地方政府法案，规定财政年度内每一地方政府短期贷款不得超过预算支出的 5%。如果地方政府贷款本息在本年度得到偿还，则可以为本年度的财政支出融资。同时，财政年度上半年的债务总额不能超过年度计划支出的 8%，而下半年限额为 4%。如果贷款本息不超过年度计划支出的 5%，则可以为财政赤字融资。在 1993 年，支出比率上升到 10%。1994 年至 1998 年又补充规定，年度内偿还的债务（信用、贷款、证券的赎回和担保等）不能超过计划收入的 15%。

1999 年，波兰地方政府债务规则也进行了重大改革。地方政府可以在年内贷款或者发行债券为赤字融资（这类债务必须在同一年度内偿还），还可以为年度内计划财政收入无法支付的早期债务进行融资，但是年末总债务不得超过财政收入的 60%。总债务中必须在预算年度内偿还的部分，不得超过计划财政收入的 15%；当公共债务/GDP 比率超过 55%时，不得超过 12%。

2014 年，波兰实施了一项开拓性的改革措施，分别制定了各个地方政府的债务上限。这样，财政预算计划内的分期信贷、证券赎回、服务费用和担保总额占财政收入的份额不能超过 3 年平均的财政盈余水平（即财政收入与财政支出之间的正差）及总财政收入中资产销售的部分。从 2011 年起，波兰禁止用以前年份的盈余和免费资源弥补财政赤字。因此，债务的增长不会导致经常账户的预算赤字，而是用于为地方政府的投资活动进行融资。

（二）现有基础设施融资存在的问题

虽然 CEE 国家可以通过政府间转移支付、国外援助或者公共物品私有化等方式来满足基础设施融资需求，但这些融资方式也存在自身的问题，包括以下七个方面。

（1）政府间的资金援助制造了“免费午餐”的假象，削弱了地方政府的责任感。援助金额和分配规则经常要服从中央政府预算要求，也无法保证下一年度资金的连续性以及中央政府提供项目资金的承诺能够兑现。在这些状况下，地方政府就无法制定合理及可持续的投资计划。当援助资金是附带条件时，CEE 国家地方政府常常要在本应优先考虑的基础设施和符合援助条件的基础设施之间艰难取舍。更为糟糕的是，援助资金一般不能用于在建项目，这就刺激地方政府不断发起新的投资项目，而不去考虑长期财政状况，因而导致地方政府无效率地过度投资。

（2）国外的援助性捐赠还附带财务指标的要求，这就抑制了本地和本国对潜在可用资金的利用。事后报销的规定要求受益者提前做好项目的财政预算工作。由于这个规定要求地方政府具有很强的项目管理能力，而这种能力恰恰是一些地方政府所缺乏的。无论来源、条件或匹配要求如何，接受援助的地方政府总是花费其他纳税人的钱。因此，获得免费资金削弱了预算责任感，并可能导致资源浪费。

（3）由于企业和个人收入具有不确定性，地方政府以此为税基的税收具有不确定性，所以地方政府一般不将这些收入列入未来支出的考虑。此外，如果将公共财产私有化，将会降低这些资产本可以给地方政府带来的收入和价值，如果服务价格上升，还会损害居民的社会福利。

（4）由于大多数 CEE 国家的中央政府占有主要的税收收入，有限的地方税收限制了基础设施和服务功能的发挥。而且，地方政府不希望提高税率造成人口流失。迄今为止，很少有地方政府认识到促进地方经济活动可以扩大税基，从而提高该地方的收入潜力。

（5）CEE 国家的基础设施收费通常低于项目投资成本，因此无法为资产及相关服务的运营成本提供融资，更不用说维护和更新资产。

（6）一般来说，与波兰和捷克共和国相比，拉脱维亚、匈牙利和大多数其他 CEE 国家的政府间财务系统不允许地方政府通过自有资金为基础设施投资。

（7）政府与私人合作（PPP）提供的资金可能会满足某些特定基础设施项目的资金需求，但并不能为当地政府的整个投资政策提供足够的资金。

（三）CEE 国家实施预算约束的优缺点

1. CEE 国家地方政府借贷限制

在过去十几年中，CEE 国家所有的地方政府都实施借贷限制，包括限制借贷金额，限制从其他国家或中央银行的借贷。为了解决地方政府过度借债、无力偿债的问题，匈牙利中央政府专门制订了具体的合法借贷程序。其他 CEE 国家中央政府通过控制商业信贷及信用评级机构来加强对地方借债的管制，还有一些中央政府采取直接的行政控制措施加以限制。CEE 国家惯常使用的地方政府债务管理方法是法规约束和直接约束，对于不遵守法规条例的地区也使用市场管制和处罚措施。

适当的法规可以防止地方出现经济的失误从而对国家整体经济造成不良影响，但依靠法规和行政管制的方法也存在局限。法规管制普遍缺乏弹性，在一些国家就有地方政府违法的情况。行政管制的方法使地方政府过分依赖中央政府的支持并产生严重的问题，在地方政府出现失误的情况下中央政府必须提供紧急援助。在 CEE 地区，不同的国家"政策组合"已经有效地奠定了地方借款监管的基础。法规属于事前控制，任何地方政府的借贷决策都要受到法律法规的约束，而处罚是对过度负债的事后处理措施。虽然法规和处罚措施是必要的，但并不足以合理有效地管理地方债务。地方政府独立的决策行为对于在地方水平上进行合理债务管理实践的发展具有积极影响。然而，CEE 国家一味强调预算管制的重要性，为了担心处罚而服从法规会使地方政府的决策受到限制。当然，法律法规惩罚措施可能能够有效避免地方政府因过度负债而需要国家援助，避免中央政府面临财政上的失衡，但这些法规并不能指导地方决策者权衡债权融资带来的收益和风险。

2. CEE 国家典型的管理失误以及"黄金法则"的作用

（1）CEE 国家地方政府债务融资管理失误

CEE 国家的地方政府普遍遵守相关国家法规框架进行地方借债，这些负债管理政策并非全部合理，主要缺陷是地方政府难以获得投资和资本预算的技能和经验，包括缺乏资本预算规划及项目可行性评估，信息系统滞后以及会计政策不够完善等。图 4.1 显示了一些普遍存在于 CEE 国家地方政府投资决策过程中的失误，当然，并不是所有国家都有过这些失误。

从图 4.1 可以看出，这些失误分为两类：第一类是与投资项目相关的经济管理失误；第二类是由政治管理不当产生的失误。

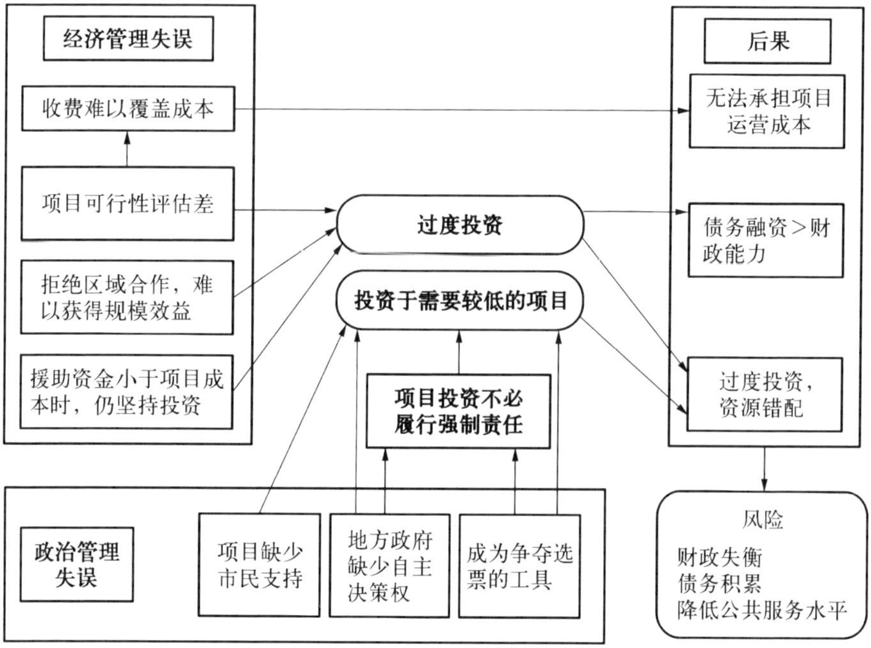

图 4.1　CEE 国家地方政府投资决策失误

在经济管理失误中，典型投资项目相关失误包括项目可行性的评估较差，以及对跨部门合作的持续抵制，特别是小的乡镇经常出现巨额财政赤字。在匈牙利，一些小的乡镇政府致力于大规模的基础设施建设，却无法满足技术与资金需求，最终导致破产。另一个可能导致失误的原因是缺乏专业的指导和计划能力。Trasberg 和 Jahoda（2006）研究发现这些地方政府忽视了与周边市镇的投资合作，而地方间的合作可以通过规模经济节约项目投资成本。错误的成本收益分析会导致地方政府在公用事业方面不能完全开发潜在的资源收入，一些 CEE 国家的地方政府对公共事业收费过低且难以满足资产的维护及运营需求。地方政府财务主管倾向于采用更简单的方式为资产维护和运营提供融资。地方政府也做出了一些根本不产生任何收益的投资。这种情况下，区分公共和私人资产就尤为重要。属于私人领域的资产（如商业和住宅房地产、农用地、工厂）与其他私人财产一样受制于相同的规则。因此，这些资产的任何投资成本必须全部由资产收入（最好由相关服务的价格、租金和费用）支付。政府财产的公共投资分为两类，用于提供公共设施（如城市交通、供水、污水处理、垃圾处理等）的投资可以通过税收和使用费提供资金。相反，行政部门、学校、医院、道路、自然景观等不能被转移也几乎不产生什么收益，但仍然需要政府的投资。地方政府可能会从这些项目中实现间接的投资回报，因为市政府进行学校、医院等公益性投资增加了社区的吸引力，最终导致更大的税基。总的来说，对于可以带来直接或间接收益的项目债务融资管制不应该过于严格，仅需要地方决策者对预期支出与收入做好预测工作。经济管理的第四个失误是当项目的资金使用已经陷入困境，地方政府仍然僵硬地实施项目。大多数地方政府因担心失去他们已经从中央或国外投资者获得的经济支持而不愿意放弃这类投资项目。他们坚持原定计划，用自有资金、债券或银行借款去填补资金缺口，从而导致了资金流动性不足的问题。所以，经济管理失误通常会因没有相关资金控制能力导致该项目资金负荷过大。

投资项目的政治管理失误大多数情况下与不同项目实施的优先顺序有关。首先，需要大多数群众支持该项目建设，并会使用该设施。第二，经过民主程序确定的投资优先顺序应该是合理的。正如之前所述，CEE 国家的地方投资计划主要是由中央政府的资金支持和国际援助资金决定，在获取资金不稳定的情况下，即使当地的社会状况并不适合开展某类大型项目，但只要能符合援助资金的要求，地方政府也要开展。由于援助性融资是地方发展最重要的融资方式，民众对这类不合适项目的反对即便有效但却十分困难。第三个政治管理错误是由地方政府的面子工程导致的。普遍存在的情况是地方政府官员为了追求政绩或者为了得到更多的选票而浪费资金，建设一些不必要的项目。一方面，这些不必要的投资项目是为地区政绩服务，乃至为地方官员服务。另一方面，这类投资项目抢夺了本应投放在学校、医院或环境保护等基础项目上的资源。

政治管理失误会导致以下三类问题。① 过度投资导致负债水平超出了地方政府能承受的极限；② 新建资产被迅速消耗，并且由于没有资产维护和运营的财政预算，新建资产也不能被很好地利用；③ 产生的过剩产能增加了不必要的间接成本。

如果地方政府不对这些管理问题采取合理的解决措施，那么情况就会升级，并导致持续的财政收支失衡、债务的累积，以及地方公共服务质量和数量的下降。具体包括以下典型问题。

① 政府间的援助资金需要依据预算法进行逐年修正，导致无法实行长期投资预算及资产维护和运营计划。只要援助的资金流入无法确定，地方政府就会因担心下一年国家财政预算消失而利用金融机构进行贷款。

② 国家和国际的资金支持项目刺激地方去借贷他们承担不了的长期贷款作为配套资金。

③ 投资资金援助并不能保证未来的资产维护和运营费用。

④ 公共预算要求政府公共部门不断追求收支预算平衡，但这阻碍了地方政府资产合理管理能力的提高。

⑤ 在大多数 CEE 国家，资产按其账面净值（购置成本减累计债务分期）记录，这可能与其当前的实际经济价值存在很大差异，从而使资产管理和用户收费计算复杂化，这就使债务偿还与基础设施的折旧不相对应。

（2）“黄金法则”在 CEE 国家的运用

为了避免地方财政收支的极度不平衡和地方政府过度负债，人们提出了一个经典的财政联邦制和分权理论——“黄金法则”。该法则要求地方政府保持经常项目预算账户的平衡，只允许在资本账户上出现与投资相对应的赤字。

耐人寻味的是，尽管“黄金法则”构成了欧共体成员国控制赤字和债务的有效工具，但它们在 CEE 国家中几乎都不存在或不发挥作用。在保加利亚、克罗地亚、捷克共和国、匈牙利、波兰以及罗马尼亚，地方政府债务融资既可用于经常项目也可用于资本项目。在阿尔巴尼亚和爱沙尼亚，地方借款仅限于投资目的，但地方当局不需要正式将其资本预算与经常预算分开（尽管他们被鼓励这样做）。斯洛伐克是唯一一个要求地方政府将经常项目预算与资本预算完全分离的国家，但要求现金流的平衡。“黄金法则”规定“除非地区自治出现问题，否则地方只能从中央获得 25% 的预算收入的资金用以平衡支出”。迄今为止，CEE 国家的地方政府很少违背这个规定，但若地方政府的经常项目资金日益短缺，终将会导致违背“黄金法则”的情况发生。

对于“黄金法则”的运用有一个重要的前提条件，即对“投资”“负债服务”“分期偿还”这些关键词的准确定义，同时经常预算与资本预算也要完全分离。而“黄金法则”的缺点是应对周期性经济下降时不够灵活。

如果国家立法并不要求经常预算与资本预算分离，那么“黄金法则”

的应用就缺乏原则性的基础，地方政府在他们的内部财政管理中盲目地应用“黄金法则”也无法被阻止。在一个体制成熟的联邦制国家，地方政府不仅被赋予高度自治权，并且对自身的财政预算有很强的责任感。在赤字和债务控制方面，地方政府很难判断应选择服从强制规定还是自我约束。严格的财政法规要求政策制定者不能出于政治目的或因经济萧条就随意采取财政赤字政策。相反，如果一个地区在财政政策上有自由裁量权，可能会导致过度赤字，但同时也为经济萧条时期实施财政赤字提供了灵活性。

（四）从预算约束到预算责任

1. 预算约束与预算责任对比分析

与西欧国家相比，CEE 国家的地方负债率相对较低，造成过度负债的主要原因是地方政策制定者对当地负债管理能力缺乏谨慎的态度。他们认为正常地遵守组织管理严密的法规、金融市场的良好的信用评级是发起新投资项目的保证，但他们忽略了自身是否有好的投资计划，忽略了评估新增债务引起的财政状况变动。基于这些原因，可以看出地方政府依靠预算约束获得预算平衡是一种消极手段，而相对积极的手段是地方政府通过谨慎、积极主动的预算政策审查平衡预算，使投资政策符合该地区的财政能力，并可以通过项目投资获得收益，避免过度负债。这种方法就是地方政府自我约束的预算责任。

地方政府预算责任和预算约束都与财政管理能力的提高有着密切的关系，但两者侧重点不同。一方面，预算约束是被动的，而预算责任是主动的。理论上说，当上级政府向下级政府强加一项财政法规，同时地方政府认为遵守该法规可以满足审慎财政管理的要求，这种情况下预算约束可能优于预算责任。但是，当地方政府希望采取一种积极的财政管理策略，并提出了最优的项目方案和投资融资手段，这种情况下，即使最严格的外部法规约束都不能取代预算责任（预算自我控制）。另一方面，预算约束可能过于严苛和缺乏弹性，一项法规能同时实现经常项目和资本项目的财政平衡几乎是不可能的，因为这与跨期资本和债务融资相矛盾。

预算纪律和预算责任与问责制密切相关。根据定义，在实行预算约束时，地方政府对中央政府负责，而预算责任则要求地方政府对当地民众负责。预算责任是地方行政对预算和财政计划采取积极主动的态度，即行政措施要保证经常性资本项目收支在地方财政能力范围之内。尽管如此，这一行为仅仅涉及财务约束，忽视了选区中的特定支出职能和税负分配。问责制解决了后面这些问题，即有效性（与当地需求相匹配，将预算花费在明智的和有用的支出方案上）以及在平衡预算内使用税收的效率（成本-效益比、最低程度的浪费）。地方行政对预算的平衡是对纳税者负责的表现，但更重要的是政府要将纳税者的钱花得有意义，花在他们所希望的地方。换句话说，责任制不仅要求平衡预算，更意味要对预算内容负责。

预算责任很自然会产生以下问题：谁为投资决策失误负责？哪个组织或者个人可以承担总预算责任？显然，地方政府和立法组织首先要承担责任，而个人或者市民只有参与民主决策时才可能承担部分责任。虽然组织也是由个人组成，但只有经过一系列讨论，充分考虑收入与支出的平衡才能做出最终集体决策。集体责任制是财政决策中的首要要求，如果投资项目没有合理设计，没有资金支持，那么地方民众支持这项决策的结果就会导致自身税收支出的增加。此外，地方行政人员如果是为了得到选票而没有做好项目实施前的准备工作，那么这些行政人员将面临被罢免的压力。

从预算约束到预算责任的转换并不意味取消对地方债务的常规监管，而是要求在地方政府组织内部也要对地方债务决议制定相应的法规和处罚条例。在联邦国家，对于已经在法律体系中制定相应法规和条例的地方政府，中央可以制定最低标准的条例稍加限制。相反，在集权体制的国家中，中央政府就需要为借贷制定具体强制的法规和行政程序。显然，只有当地方政府服从一个严格的预算约束，并且对辖区人民提供的资金有强烈的责任感时，地方政府才能对公共基础设施投资和融资进行自我约束。然而我们所希望的是地方政府内部的法规能对外部制定的法规做出补充而不是将外部法规直接等同于内部法规。

2. 预算责任的影响因素

Dafflon（2002）[①] 提出了十个关键问题清单，衡量地方政府的预算管

---

① Dafflon, A. et al. Local Public Finance in Europe: Balancing the Budget and Controlling Debt[M]. Edward Elgar, Cheltenham, 2002.

理实践是否达到了预算责任水平。该理论基于财政经常账户与资本账户分离的原则，将“黄金法则”与“用多少付多少”（pay-as-you-use）原理联系起来，形成地方政府合理投资管理方案的分析框架。以此为基础，可以分析投资项目如何成为地方政府预算的一部分，以及预算变化如何导致进一步的投资决策。图 4.2 展示了地方公共财政的循环回路和两个切入点。

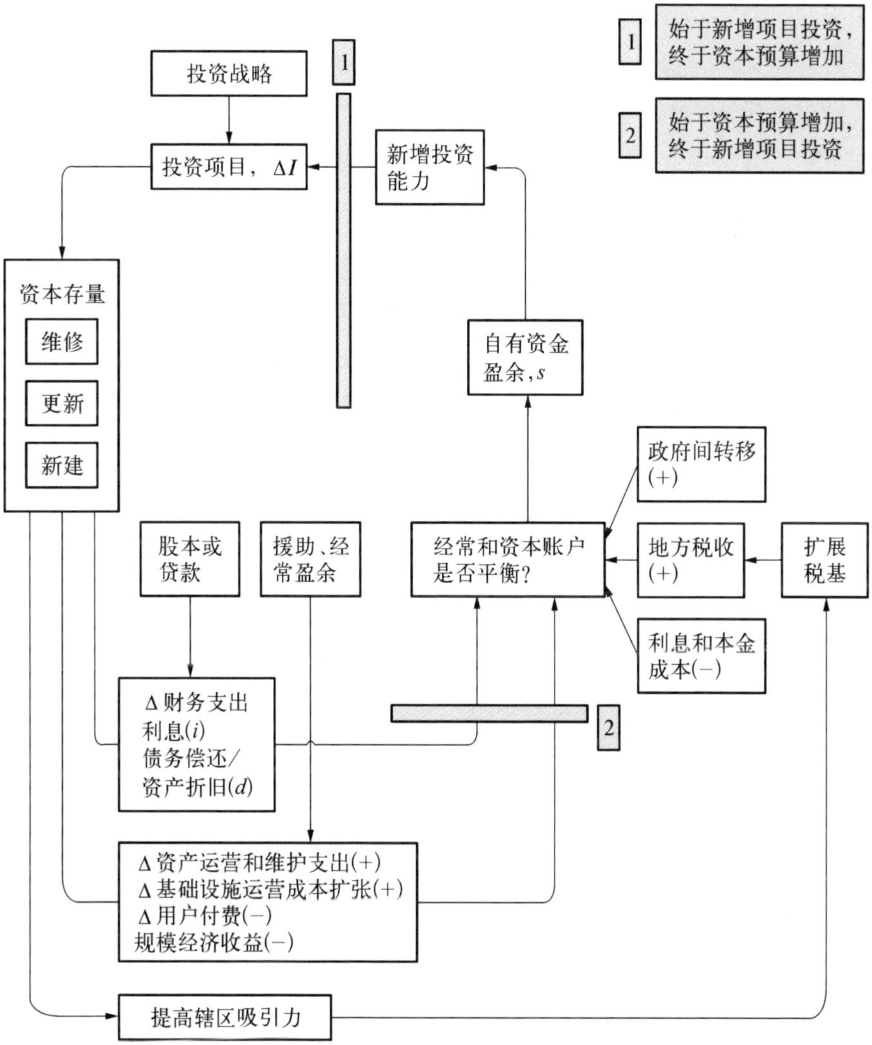

图 4.2　地方政府“健全投资管理”循环

第一个切入点是规定的投资项目（ΔI），该项目是地方政府战略规划的重点。资金来源包括股票、贷款、转移拨款或其他经常性收入。如果融资计划包括股本或负债（ΔB），地方政府必须考虑债权融资成本（$i\times\Delta B$）、债务的分期偿还、固定资产折旧（$d\times\Delta B$），以及项目资产（M）的运营和维持费用。此外还需要计算通过新资产（E）提供的本地公共服务的成本，这些额外的支出（至少部分支出）可以通过使用者付费或其他收入（R）、经营性拨款（O），或者投资规模经济得到弥补。地方政府要遵循"黄金法则"，维持一年的当期收入、支出平衡，所有这些成本项目都会影响地方政府的预算，根据"黄金法则"的要求，经常性收入和支出将在财政年度结束时保持平衡。只有当地方政府能保证在项目资产的整个生命周期内能不断地得到援助或转移支付资金，政府间援助收入才会被视为一种可行的融资方式，但这并不容易做到。

尽管所有三种类型的投资——维护、更新和新建项目都增加了社区的财务和运营支出，但第三种类型即新设施的建设也增强了当地政府对公民和企业的吸引力。从中长期来看，新建投资可以吸引新的纳税者进入社区，从而增加地方的税基及税收收入和使用者付费收入。加上政府间转移支付和"继承"的基础设施存量（减去相关的财务和运营支出），这一新的税收收入将提高地方政府预算。相比之下，除非维持、更新现有资产这两种类型的投资能对资产产生实质性提高，否则对于增加税收的作用就弱得多了。这也是地方决策者更愿意做第三种投资的原因。但是，这三种类型的投资都很重要，预算责任意味着地方政府要首先考虑维护型的投资，对现有的具有生产力的资产进行维护。其次，在决定对资产进行更新工作时，要分析更新资产是否具有持续的需求。新建型投资只是第三重要的投资类型，这种类型应该最后考虑，只有当投资还有余力的时候才可以进行。

第二个循环的切入点是地方政府可用资源（S），即在给定税基的情况下，地方政府净储备能满足偿还债务本金和利息的需要。显然，如果支出与收益不匹配，那么地方政府可能会用增加使用者付费或减少支出的办法来尽量增大财务回旋余地。如果经常项目预算不平衡，反而存在小量结构性盈余，地方政府可能会实现所谓的自有资金盈余（the self-financing margin)。这意味着地方政府的资金融通能力比前一期得到了提高，同时也使政府可以考虑增加包括投资在内的支出。简而言之，自有资金盈余是衡量地方政府可支配剩余收入的指标，在本财政年度结束时将剩余的资金用于其他目的。

作为能力指标的自有资金盈余并不等于总体预算盈余，它是从实际平衡中得到的，由一系列有效运营节约累积而来。盈余数据会被用作调整额外收入和支出及影响内部留存收益的账面摊销上，用以保证内部账目的统一。因此，自有资金盈余不仅是财政年度的综合财务结果，而且还是一个规划工具，用来预测未来投资决策是否可行。地方政府可以决定这些剩余资金如何使用，并且不用担心这些决策的失败，但在中期财务报表中也要披露资金使用情况。财政审慎原则要求最后计算时不需要考虑非常规的收入和支出项目，这使得地方政府自有资金盈余率的计算更为精确，因而能够更好地衡量该地区财政资金的管理能力。

第六节　小　　结

地方政府债务管理比较成功的国家非常重视债务风险管理，并对于地方政府适合投资的领域和特点做出了明确的规定。投资领域应为非竞争性产业，投资活动需要遵循“黄金法则”，投融资活动与财政分权程度高度相关，在引入社会资本时要考虑风险和效率因素。在融资模式方面，国外地方政府主要采用公私合营模式或市场化投融资模式。对比美国、日本、德国和瑞典四个发达国家，发现各国在地方政府债务融资基本原则上都采用了“黄金法则”+“平衡预算”制度，严格控制经常预算赤字，但在债务发行上可以给地方政府较高的决策权，市场约束成为行政约束的重要补充，以加强地方政府主动承担预算责任。

国外地方政府的债务管理框架分为需求管理和供给管理两类。无论哪一类框架下，都包含事前规则、事中监管和事后危机处理的全面风险管理体系。尽管如此，2008 年的经济危机仍然使发达国家蒙上了债务危机的阴影。本章着重分析了危机发源地——美国的地方政府债务管理体系，在危机之后，美国建立了更加全面和系统的债务风险监管体制，同时秉持了一贯的上级政府不救助下级政府原则，为金融市场上的投资者传递了风险自担的信号，一定程度上加强了地方政府的财政责任感，促使其提高债务管理能力，同时防止其过度发债而引发地方政府信用评级下降。

在对发展中国家的地方政府债务风险管理研究中，本章重点分析了“金砖国家”、墨西哥以及欧洲转轨国家（CEE）的改革实践。“金砖四国”纷纷严格规范地方政府债务管理，降低地方政府过度负债的风险，特别是南非，建立了较为完善的债务风险监管指标体系。墨西哥积极探索市场化的地方政府债务监管模式，将地方政府债务信息披露、偿债能力等指标纳入贷款银行的资本权重体系，结合巴塞尔监管要求，加强银行体系对地方政府贷款的约束。欧洲转轨国家（CEE）探索从预算约束到预算责任的实现机制。在传统的预算约束下，CEE 国家地方政府要么厌恶债务融资，要么存在过度负债和投资风险，这都是没有承担预算责任的体现。将被动地满足预算约束转变为主动地承担预算责任，是地方政府真正对当地经济和发展负责的体现，有利于提高地方政府投资的质量和债务使用效率，更好地促进地方经济的发展。

第五章　地方政府融资平台债务风险顺周期机理研究

2014年以来，随着中国经济步入“新常态”，投资收益下降，有效需求不足，地方政府债务面临集中到期偿还、风险压力加大等问题。2015年12月18日召开的中央经济工作会议将“去杠杆”和“去产能、去库存、降成本、补短板”一起，作为新常态下推进供给侧结构性改革战略目标的重要举措。地方政府债务杠杆率运行规律及决定因素与金融脆弱性息息相关，在经济周期不同阶段地方政府债务杠杆率的变化可以视为经济和金融安全的重要判断指标。本章在明斯基金融脆弱性假说分析框架基础上，运用存量流量一致模型，建立包含地方政府融资平台的宏观经济各部门之间的存量-流量表，研究地方政府融资平台预期杠杆率和实际杠杆率动力学机制引致的风险顺周期性，同时分析影响地方政府杠杆率变动的因素，以及资产证券化、家庭部门提高杠杆率对地方政府杠杆率变动的影响，提出地方政府债务风险顺周期性的应对策略。

第一节　研究背景

地方政府的基础设施投资对我国经济发展起到了重要的推动作用。2008年金融危机爆发后，在积极财政政策引领下，我国地方政府各级融资平台数量迅速增长，在拉动投资和经济的同时，平台债务也迅速增加。截至2014年年末，地方政府拥有资产总计108.2万亿元，负债总计30.28万亿元，净资产总计77.92万亿元。从地方资产负债的结构来看，土地资产、国有企业股权投资、政府办公场所等固定资产占资产比重较大。借入款项和债券融资占地方政府负债的绝大部分比重，其中融资平台银行贷款、发行的城投债和基建信托项目是地方政府债务融资的主要方式。伴随着资产和负债的扩张，2012—2014年地方政府的净资产规模稳步提升，已达到近80万亿元。但考虑到地方政府资产的可交易性较低，尤其是地方政府拥有的土地、楼堂馆所等在变现时都会受到限制，所以还不能将地方政府净资产规模作为衡量偿债能力和抵御债务风险的有效指标。地方政府对外投资特别是国有企业权益，作为第二大资产来源规模可观，可以通过资产证券化等手段将其作为地方政府债务的还本付息方式之一。因此，整体而言，地方政府基本不存在无力偿还债务的清偿力风险。

2015 年中央经济工作会议提出“去产能、去库存、去杠杆、降成本、补短板”的经济发展目标，在“去杠杆”要求下地方政府债务风险问题再次成为关注热点。地方政府的主要风险表现为债务增速高居不下；筹资结构趋向复杂化；债务集中到期偿付的流动性风险较大；现有的偿债基础具有一定的不确定性；或有债务的风险敞口正在扩大。

2016 年 8 月 31 日由国家金融与发展实验室（National Institution for Finance & Development，NIFD）组织的“中国去杠杆 2016：数据、风险与对策”国际研讨会，发布报告指出“去杠杆并不意味着总体杠杆率的下降，长期而言，中国总体杠杆率还处于上升阶段”。从国家资产负债表来测算我国的主权债务情况，按照宽口径计算，2014 年我国主权资产总计 227.3 万亿元，主权负债总计 124 万亿元，主权资产净值为 103.3 万亿元；按照窄口径计算，我国主权资产净值为 28.5 万亿元①。2015 年末政府部门的杠杆率为 56.8%，在 2014 年杠杆率保持不变的基础上，2015 年比 2014 年又下降了 1%，进一步确立了政府部门去杠杆的趋势。进一步细分可以发现，中央政府在轻微加杠杆（从 2014 年的 15%上升至 2015 年的 15.8%），而地方政府呈现逐步去杠杆（从 2014 年的 42.8%下降至 2015 年的 41.1%）的趋势。报告表明，我国政府已经从杠杆率的变动来监测地方政府债务风险。在今后经济增速放缓的过程中，为了在“保增长”的同时“去杠杆”，就要明确中央政府和地方政府的角色，对地方政府的杠杆率形成机制及周期性规律有可靠的判断，以此制定有效的财政政策。

杠杆率的变动与金融脆弱性息息相关，在经济周期不同阶段杠杆率的变化可以视为经济和金融安全的重要判断指标。所以，去杠杆本身不是目的，而是配合去产能、去库存、降成本、补短板的政策安排。基于金融脆弱性的分析框架剖析杠杆率的表现，可以理解地方政府债务杠杆率的周期性运行规律，对于选择合适的杠杆率指标，实现“保增长、控杠杆”的经济目标，具有重要的意义。本章在明斯基金融脆弱性假说[51]分析框架基础上，运用存量流量一致模型，建立包含地方政府的经济各部门之间的存量表、流量表，研究地方政府预期杠杆率和实际杠杆率动力学机制引致的风

① http://www.nifd.cn.

险顺周期性，同时分析影响地方政府杠杆率变动的因素，以及资产证券化、家庭部门提高杠杆率对地方政府杠杆率变动的影响。

第二节 理论及文献综述

一、存量流量一致性模型（SFC）

以数学模型呈现的大量宏观经济学模型，由于要满足比较苛刻的数学约束，在建模时常常无法考虑经济体的全部约束条件，从而使模型丧失系统性[52]。特别是在对经济危机的预测中，主流经济学的这种乏力感表现得尤为明显。2007 年爆发的美国次贷危机，以及后危机时代的长期经济低迷，主流经济学家既没能预测危机，也没有对危机后的复苏提供有力的理论和政策支持。这充分暴露出主流宏观经济理论一直存在的缺陷，即缺乏将货币金融体系纳入整个宏观经济框架进行分析。也就是说，主流经济学家对金融体系是否运行良好，及其在经济运行中究竟发挥什么作用缺乏充分的研究（Goodhart，2008；Friedman，2009）[53,54]。次贷危机让人们再次关注经济体中债务的生成及在各部门中的流转和分配。在企业层面，学者们开始关注企业、家庭甚至是政府债务杠杆率在不同经济周期的动态特征及相互之间的影响和转化关系[55]。在金融监管领域，《巴塞尔协议Ⅲ》将银行的杠杆率作为补充指标纳入宏观审慎监管体系[56]。

将货币金融体系纳入宏观经济分析框架，考虑经济体各方面约束的一种重要方法是存量流量一致模型（stock-flow consistent model，下文简称 SFC 模型）[57]。SFC 模型基本方法表现为：① 宏观经济部门依托资产负债矩阵和资金流量表进行宏观经济部门建模，模型中的存量和流量核算要保持一致；② 存量因素主要包括实物资本、金融资产和负债，流量因素包括国民收入和金融交易，存量和流量相互之间动态影响并以此建立宏观经济体系的行为方程核算等式；③ 运用后凯恩斯主义经济学的相关假设，包括历史时间、过程理性、强调货币金融不是面纱，而是金融和经济不稳定性的重要因素，反对主流宏观理论的逻辑时间、理性预期和两分法；④ 通过数值模拟方法对不同经济情况进行试验。

Copeland（1949）建立了 SFC 的资金流量账户和分析方法[58]，运用四部门记账体系（quadruple-entry system）描述宏观经济中总支出的融资来源和资金去向，并构建了代表商品服务交易的实际产出流量与代表净借入借出的金融流量之间的平衡关系。Tobin（1982）[59]将 SFC 与凯恩斯经济理论结合，建立了希克斯“IS－LM”模型的替代框架，主要从时间假设、追踪存量、考虑多种资产收益率、对货币和金融政策操作建模及瓦尔拉斯法则和加总约束等方面对“IS－LM”模型进行了修正。此后，英国新剑桥学派、列维经济研究所（Levy Institute of Bard College）和社会研究新学院（New School for Social Research）等非主流经济学家共同推动了 SFC 的发展。以新剑桥学派的 Godley（Godley，Cripps，1983；Godley，Lavoie，2007）为代表的经济学家在保持存量流量核算一致性基础上，引入后凯恩斯主义经济学的理论方法，构建出更能真实反映经济世界的分析框架[57, 60]，对货币金融体系运行、金融危机等问题进行分析。

存量流量一致性模型具有以下四点特征。

（1）刻画了宏观经济系统的动态结构

SFC 模型中的一致性首先表现为经济体资金流入流出的平衡，即某一部门的资金流入必须对应着其他部门的资金流出，也可以说是资金来源必然对应着资金运用，这与会计核算的一致性相同。一致性其次表现为存量和流量之间的动态相互作用，即存量是流量的积累，流量变动将影响存量，同时存量变动也会对随后的流量产生影响。SFC 模型中，用核算等式和方程体现存量流量核算的一致性和相互影响，并需要满足预算约束和加总约束。这就在宏观经济系统中引入了动态结构，能够用以分析宏观经济系统的内在动力学机制。SFC 模型考虑流量和存量之间的相互影响，收入和财富代表实体部门的流量和存量，信贷和债务代表金融部门的流量和存量，构建了实体经济与金融市场的动态关系和反馈机制。这就使模型可以探讨债务存量过度积累对实体经济投融资流量的影响，当实体部门的融资结构可能由抵补型向庞氏型转变时，金融体系的风险会不断积累甚至可能引发金融危机。

（2）各部门的行为决策原则

家庭部门行为决策不是基于效用最大化原则。家庭基于预期收入和净资产价值进行消费和组合投资。家庭财富按照不同资产的收益率配置现金、银行存款、政府债券和股票。

企业部门决策行为不是基于理性预期和利润最大化原则。产能利用率、实际贷款利率、托宾 q 比率和 留存利润 / 资产比率 共同决定了固定资产投资增长率。存货投资取决于存流量比率（stock-flow norms），即财富存量与收入流量的比。产品定价采用成本加成法，价格中包含工资、企业利润及利息支付等。企业为生产资本品需要进行融资，融资可以采用内源方式——留存利润，也可以运用银行贷款和发行股票、债券等外源融资模式。

货币并非中性，包含金融机构和市场的金融体系也并非面纱，而是形成对实体经济产生冲击的重要因素。银行贷款是企业生产和家庭消费的主要融资来源。存款利率和贷款利率不是贷款市场出清时的利率水平，而是由银行设定（Godley，Lavoie，2007）。存款利率变动主要取决于银行设定的流动性比率（银行持有债券/银行存款）的目标范围，而贷款利率变动取决于银行平均利润边际（银行利润/存款滞后项）的目标范围。贷款需求来自企业生产投资活动，所以货币不是完全由中央银行外生供给，投资需求可以内生性创造货币。而宏观经济波动和企业自身经营结果可能使银行产生不良贷款并导致信贷紧缩，从而对实体经济产生实质性影响。

政府和中央银行对实体经济的适应性决策。政府通过征税和发行债券为财政支出和赤字融资，政府的杠杆率水平对家庭和企业杠杆率起到反向平衡作用。中央银行设定债券利率和隔夜拆借利率目标，并通过公开市场操作来实现利率目标。货币金融体系内生性地创造货币，表现为银行根据企业融资需求提供贷款，而中央银行根据银行需求发放基础货币。

（3）历史时间假设

历史时间假设由后凯恩斯主义学派提出，强调分析经济变化过程的不同阶段均衡及影响因素，比如国际金融危机下一国经济运行体系会发生何种变化。现实世界中的经济模式很难达到经济学教科书中的瞬间均衡，从经济受到冲击到达稳态往往需要一个较为长期的过程，它是该时期不同阶段短期经济运行的结果。也就是说，和主流宏观经济学均衡分析框架的逻辑时间假设不同，经济体中某些参数的变化对经济的影响不可能瞬间完成，所以仅仅比较新的均衡点与旧的均衡点之间的变化，而不考虑过程变化的分析是缺乏深度的，也是脱离现实的。

（4）过程理性假设

SFC 模型假定经济代理人拥有过程理性（Procedural Rationality）而非完全理性。认为经济代理人不具有获得完全信息的能力，也不会做出完全理性的决策，在决策时更多地是根据风俗习惯、行为准则、经验和模仿其他代理人的行为来克服信息不对称和降低不确定性引起的焦虑。比如商业银行无法准确判断每一位贷款申请者的信用状况，在经营时会遵从一定的杠杆率和流动性比率、企业在生产时会遵照存流量比率等。既然代理人不是完全理性和完全预期的，所以会出现预期错误，产品市场无法出清。这样就能解释现实中商品存货可能卖不出去，也可能会无法满足市场需求的现象。那么此时对经济的刻画就不是均衡点的寻找而是围绕着某一目标比率波动的均衡调整过程。家庭预期的错误会反映在其持有的货币余额变动上，企业预期的错误会反映在存货波动上，金融系统预期的错误会由政府债券或者央行贷款等变量来吸收。可见，SFC 和主流经济学中代理人基于效用最大化、利润最大化或理性预期假设不同，所以代理人不能拥有无限的知识并能预先计算出最终结果，冲击导致的经济偏离稳态不一定能在短期内自动恢复平衡，市场也就不是总能够出清，有可能出现非自愿失业或经济持久衰退的情况。

Godley（1999）利用 SFC 模型分析 20 世纪 90 年代以来依靠私人部门债务支撑的美国经济增长是不可持续的[61]，其早在 2007 年 4 月就预测美国即将发生经济衰退和大量失业（Godley，Wray，2000；Godley，Zezza，2006；Godley et al，2007）[62, 63]。Eatwell 等（2008）通过 SFC 模型分析提出导致次贷危机的主要驱动因素是金融创新（如金融脱媒、资产证券化）扩张了金融中介的资产负债和流动性，加剧了金融杠杆的顺周期性[64]。Toporowski 和 Mitchell（2011）利用 SFC 方法分析企业的过度资本化（over-capitalization）[65]，由于企业融资过度超过所需资本，产生了超过自身需要的流动性，从而必须花费更多的时间和成本去进行股票债券等金融资产的投资，以管理过剩的流动性，这样反而挤占了企业进行实物投资的时间和人力资源。Le Heron（2012）基于 SFC 模型研究银行、企业融资风险及信息状态之间的关系，发现在危机从金融部门向实体部门传导的过程中，预期起到关键作用且能够自我实现[66]。

二、金融脆弱性假说（FML）

金融脆弱性（Financial Fragility）有广义和狭义之分。狭义的金融脆弱性又称为金融内在脆弱性，是指金融机构高负债的行业特征使其更容易放大经济周期的不稳定性，并在经济下行周期更容易积聚风险并形成危机。广义的金融脆弱性是指经济中的生产活动必须先融资再投资，各个经济主体融资链条交织在一起，从而形成家庭、金融机构和政府及央行之间的相互作用，表现为在经济不同周期中各部门融资杠杆率的变化特征及相互转化，形成经济从稳定走向不稳定的动力学特征。

最早开始金融脆弱性研究的是欧文·费雪，他认为经济面的恶化是银行体系脆弱性的基础和根源，金融脆弱性与经济周期不同阶段的债务清偿密切相关，并提出著名的"债务-通缩"理论对1929—1933年的"大萧条"进行了详尽分析。明斯基首次提出了金融不稳定性观点（Minsky，1975）[67]和金融脆弱性假说（Minsky，1977）[68]。金融脆弱性假说包含三方面内容。首先，实体经济的行为依赖于融资结构和金融体系。第二，发生金融危机的可能性取决于过去经济运行所形成的融资结构。第三，随着经济周期从复苏走向繁荣，融资结构变得越来越不稳定。金融脆弱性假说揭示出经济运行会内生性地形成易于导致金融危机的融资结构，这是由于在上升周期经济运行对收入、现金支出和资产价格的变化越来越敏感。所以，研究整个经济体和经济中各部门融资结构的变化是非常重要的。

明斯基将经济主体按照融资结构的特征分成三类。一是抵补型融资企业（Hedge-Financed Firm）。这类企业的预期收入无论是在总量上还是在各个时期，都大于应付债务本息。因此现金流入足以支付现金支付要求，安全边际最高，是最安全的融资结构。第二类是投机型融资企业（Speculative-Financed Firm）。该类企业的预期收入虽然在总量上大于债务总额，但在项目建设的时期，不产生现金流入或现金流入较少，不足以支付当期本息，存在债务敞口。因此，投机型融资企业存在不确定性风险，需要滚动负债和再融资，一旦再融资遇到障碍或者资产价格剧烈下跌，该类企业具有资金链断裂风险。第三类是庞兹型融资企业（Ponzi-Finance Firms）。该类企业虽然总体预期收入大于债务，但是项目回收期很长，且项目最终获利具有较大不确定性。而在债务存续的每一时期，融资企业的现金收入都不足以偿还当期本息，甚至现期收入无法满足利息支付的要求。该类企业对再融资和资产价格上涨的依赖性极强，资金链断裂风险的概率较高。企业的融资结构可以用杠杆率来表示，杠杆率等于投资支出中借贷融资所占的比重，即杠杆率=借贷融资/投资。明斯基指出，在一个上涨的经济周期，社会上的平均杠杆率会越来越高，也就是经济中抵补型融资企业所占比重逐渐下降，而投机型和庞兹型企业所占比重逐渐升高。

继明斯基提出金融脆弱性假说之后，一批学者围绕其核心思想进行研究，形成了一系列金融脆弱性研究文献（formal Minskyan literature，FML）。Fazzari、Papadimitriou（1992）[69]和Bellofiore、Ferri（2001）[70]等对明斯基的文献和金融脆弱性理论的本质和内涵进行分析。Nasica（2000）[71]运用新凯恩斯分析框架研究金融脆弱性问题，将金融变量（如利率、负债率或金融脆弱性指数和金融透明性指数等）纳入标准宏观框架，以此证明在特定条件下能够形成明斯基金融假说中的产出波动。这些研究也被称为“后凯恩斯主义动力学”（dynamic Post-Keynesian）、“金融结构主义”（financial structuralism）或者“货币市场经济的动态理论”（dynamic theories of monetary market economies）（Delli Gatti et al，1994；Skott，1994；Dymski，Pollin，1994；Kregel，2000）[72, 73]。

三、SFC与FML的融合

SFC和FML有很多相同的基本假设。两者都将货币金融体系纳入宏观分析框架，并着重研究货币金融体系对经济稳定性的影响。和主流经济学不同，强调过程理性、历史时间和预期的重要性，都认为经济可能长期偏离均衡状态，也就是市场不一定能出清。而且，SFC的方法可以解释明斯基金融脆弱性假说的合成谬误问题，即单个企业或者单个部门的杠杆率随投资的增长扩张，而整体企业的杠杆率可能保持不变甚至下降。Claudio

H. Dos Santos（2004）介绍了后凯恩斯结构主义关于金融脆弱性研究的文献和模型，并在封闭经济下运用 SFC 模型对 FML 理论展开系统性研究。Tymoigne（2006）[74]加入现金支付（cash commitment）、现金流量杠杆率等变量，运用系统动力学模型和 SFC 模型，研究资产和负债的期限匹配及分期付款率对金融脆弱性的影响。Ryoo（2010）运用 SFC 模型建立了考虑企业融资结构、家庭资产组合及家庭在资本市场的信心状态的长波动态系统，验证了明斯基的金融不稳定性假说[75]。Passarella（2011）[76]利用 SFC 模型建立了新的货币金融回路，刻画了 20 世纪 80 年代后美国非金融企业由于留存收益的不断增长以及投资活动的增长成为资金净借出人，而家庭由于借贷消费成为资金净借入人。该模型表明美国的次贷危机主要源于消费信贷的激增和资产价格泡沫。

四、地方政府债务风险顺周期性

有关地方政府债务顺周期性问题，国外学者集中研究了财政政策的顺周期性。对发达国家财政收支是否存在顺周期性的研究结论并不一致。Albert 等（2004）指出发达国家财政指标呈现温和的逆周期性；Ernesto 等（2005）、Melitz（2006）的实证研究表明发达国家财政收入具有顺周期性，财政赤字顺周期敏感性大。发展中国家财政收支存在顺周期性，在学界形成了基本一致的观点。在经济上升期，发展中国家的财政收入提高，可以提供更多的抵押品进行债务融资，财政收支都随着上升周期快速增长（Carlos 等，2000；Kaminsky，2004）。经济下滑时期，会引发财政收入减少、信贷配给出现、融资条件恶化等问题，财政收支随经济下行逐步减少（Alfredo 等，2005）。由于财政政策传导机制缺陷，发展中国家财政政策与预期目标适得其反，造成财政政策顺周期性显著（Carlos 等，2000、2002）。

关于中国地方政府支出周期性的研究，学者们集中在财政分权和官员治理形成的利益冲突与协调方面。郭庆旺和贾俊雪（2006）考虑地方政府行为对宏观经济稳定的冲击，分析地方政府过度引资、投资和负债的财政和政治双重激励[77]。Brandt 和 Zhu（2000，2001）、Bennett 和 Dixon

(2001) 以及 Feltenstein 和 Iwata (2005) 指出，中国的财政分权使地方政府更加追求地区利益，激励其通过隐性担保、信贷干预等手段支持辖区内的国有企业，这是导致信贷规模扩张的驱动因素，也容易引发通货膨胀。赵文哲和周业安 (2009) 从财政分权对地方政府间财政支出竞争的影响进行分析，认为财政竞争导致地方政府支出规模膨胀，对物价稳定带来不利影响[78]。方红生和张军 (2009) 着重研究预算软约束问题协同财政和政治激励，导致地方政府具有明显的扩张性支出行为[79]。李猛和沈坤荣 (2010) 持有不同观点，通过实证研究发现，构成了中国经济波动的重要根源是官员腐败导致的地方政府短期化行为，而非财政和政治激励[80]。贾俊雪等 (2012) 提出了中央和地方政府支出行为的周期性悖论假说，从全国的地方政府支出行为来看，呈现出较明显反周期性，有助于全国经济的稳定；而从省份来看，呈现顺周期特征，特别是欠发达地区更加突出，加剧了省份经济波动和地区间的不平衡性[81]。

第三节　地方政府融资平台债务风险顺周期机制
——基于金融脆弱性分析框架

金融脆弱性假说的内在逻辑，即在一个逐渐繁荣的经济周期当中，有一股内生的力量逐步地使经济体从保守型融资结构向现金流量缺口加大、资产负债表流动性减弱和高杠杆率的融资状况发展。因此，经济主体变得对收入、现金支付和资产价格变动越来越敏感，并且越来越依赖于再融资可得性。再融资渠道的任何中断都会导致资产清算，如果这种清算效应不能被“经济内在稳定器”控制，就会导致大幅度的资产价格下跌。这会通过影响净财富、企业风险和贷款风险，对实体经济产生反馈效应。反馈效应接着影响金融系统并且导致进一步的衰退。

金融脆弱性的基本动力学机制是由预期和实际的杠杆率之间的衔接导致的。预期杠杆率是投资之前期望获得的和可以获得的融资杠杆，即经济“预期面”；实际杠杆率是生产活动之后企业实际承担的杠杆率，即经济“实体面”。两者之间的动态反馈作用形成金融脆弱性的动力学机制。

在本章中，地方政府融资平台作为“特殊的企业”，通过融资进行各项投资，并获得项目现金流回报和土地增值回报。根据明斯基对融资结构的划分，政府平台的融资结构分为三类：抵补型融资。项目预期收入无论出现何种情况，都能抵补债务所需的现金流出，一些项目回收期短，且收益良好的地方政府融资平台项目属于该种类型，但是占比很小。第二类是投机型融资。项目投资早期现金流入无法满足现金流出，需要滚动负债和再融资，存在不确定性风险，一旦再融资遇到障碍或者资产价格剧烈下跌，该类平台具有资金链断裂风险。大部分具有收益的融资平台项目都符合这个特征。第三类是庞兹型融资。该类项目虽然总体预期收入大于债务，但是项目回收期很长，且项目最终获利具有较大不确定性。而在债务存续的每一时期，融资平台的现金收入都不足以偿还当期本息，甚至现期收入无法满足利息支付的要求。该类平台对再融资和资产价格上涨的依赖性极强，资金链断裂风险的概率较高。公益性融资项目就属于这类融资结构模式。在正常情况下，地方政府平台融资结构应该以抵补型和投机型为主。但在一个上涨的经济周期，抵补型融资所占比率逐渐下降，而投机型和庞兹型平台所占比重逐渐升高。基于金融脆弱性分析框架，以地方政府融资平台杠杆率衡量债务风险，根据预期杠杆率和实际杠杆率的相互作用可以分析地方政府债务风险的顺周期性特征。

一、地方政府融资平台预期杠杆率变化及其影响

经济主体在做基本投机决策时，需要考虑合适的预期杠杆水平，即决定预期现金支付占预期现金流入的比例。对地方政府融资平台来说，就有

$$E(cc) \equiv E(CC)/Q, \quad Q \equiv E(\Pi) \tag{5.1}$$

式中，$E(cc)$ 是预期杠杆利润率，或者被称为预期杠杆流量比率；$E(CC)$ 是预期现金支付量，Q 是预期现金流入量（或利润）。$E(CC)$ 包括由过去债务合约带来的现金流出和新增投资所带来的额外现金支付。因此

$$E(CC) = CC + E(\Delta CC) \tag{5.2}$$

$$E(cc) = CC/Q + E(\Delta CC)/Q \tag{5.3}$$

预期杠杆率代表了地方政府融资平台和银行对合适的杠杆率水平的一般判断，预期被限制在大多数悲观经济部门认为合理或正常的范围。

$$E(cc) = \min(cc_d,\ cc_a) \tag{5.4}$$

cc_d 代表地方政府融资平台预期想要获得的杠杆率，cc_a 代表地方政府融资平台预期可获得的杠杆率（由银行系统决定），预期杠杆率 $E(cc)$ 取两者的较小值，同时也是名义杠杆率，即 $cc_n \equiv E(cc)$。这样，cc_n 表示两者达成了合适的债务结构共识下的杠杆率水平。

预期现金流出由投资所需的外部融资决定：$E(\Delta CC) = (i + a)E(\Delta L_I)$，$(i + a)$ 是分期偿还贷款的利息和本金比率。

$$E(\Delta L_I) = \frac{E(\Delta CC)}{(i + a)} = \left[E(cc) - \frac{CC}{Q}\right] \cdot \frac{Q}{(i + a)} \tag{5.5}$$

所以有：

$$E(\Delta L_I) = \left[E(cc) - cc \cdot \frac{\Pi}{Q}\right] \cdot \frac{Q}{(i + a)} \tag{5.6}$$

投资所需的外部融资由两个因素决定。一是预期杠杆比率 $E(cc)$ 和实际杠杆比率 $cc = CC/\Pi$ 之差，后者由实际利润与预期利润之比 Π/Q 调节。如果 $\Pi_t > Q_t$，实际利润大于预期利润，投资所需外部融资减少；反之，则增加。对于地方政府融资平台来说由于债务期限的普遍错配，短借长贷，一般 $\Pi_t < Q_t$，投资中将使用较多的外部资金。第二个重要因素就是预期准租金的贴现值 $\frac{Q}{i + a}$，如果地方政府不能以自身信用发行地方债，而转为融资平台贷款或者城投债，那么一方面利率 i 较高，另一方面分期还款期限较短，导致 a 较大，所以 $(i + a)$ 整体较高，对外部融资的需求降低。

流量杠杆率和现金流量利润率是互为倒数的。所以，cc_n 既表示合适的杠杆率预期，也表示合适的现金流量利润率预期。较低的实际融资杠杆率 cc 等同于较高的现金流量利润率，这意味着地方政府融资平台有更高的流动性，因此更有利于投资。而较低的名义杠杆率 cc_n 代表着更高的名义现金流量利润率，即银行和地方政府融资平台及其他经济主体有更保守的投资标准，这不利于投资。

在经济繁荣时期，大多数经济主体的 $E(cc)$ 增加，或者是受到领袖人物和专家的劝说，或者是被承受的经济压力推动，会相信经济已经进入一个不会衰退的新时代。这一点在金融领域表现得更为明显。这就使社会上普遍认为使用杠杆是安全的，并且可以获得巨大的收益。只有“愚蠢”的人才会不这么想。因此，在一个成长的经济体中，首先是领先部门，然后是其他部门的名义现金流量利润率上升，即 $E(cc)$ 上升。人们变得勇于冒险。相反，当危机发生的时候，“新经济时代”被证明是错的，$E(cc)$ 剧烈地下降并一直保持在很低的水平。没有人愿意承担高杠杆，也没有人对总收益抱有很高的预期。

$E(cc)$ 的变化影响地方政府融资平台的借款能力，一旦 $E(cc)$ 下降，会对经济产生不利影响。首先，可实施的投资项目的数量下降，因为名义杠杆率的下降导致借款变得困难，所以必须用大量的自有资金才能完成投资，但这恰恰是地方政府缺乏的。第二，再融资可能性缩水。当地方政府具有很高的再融资需求时，信贷紧缩就直接导致地方政府债务危机，迫使地方政府清算资产来偿还债务。如果 $E(\Delta L_l)/I$ 不显著，$E(cc)$ 的改变就不会对投资有很大的影响，也就不会导致地方政府资产的清算。最后，对经济长期前景的看淡会对产出和就业带来灾难性的影响，特别是地方政府的融资状况很脆弱的时候。这样，经济预期面和经济实际面就交织在一起。

二、预期杠杆率和实际杠杆率的相互作用机制

在投资活动中，实际杠杆率和预期杠杆率并不一定保持一致。因为预期杠杆率是由微观愿望决定的，而实际杠杆率是由宏观力量决定的，宏观力量可能导致微观愿望的自我失败。在扩张的经济周期中，这是导致地方政府融资平台债务风险的重要因素。

在总水平上，投资内生地决定地方政府融资平台的收益和内部资金量。所以，除了 Q_{IF} 曲线外，我们需要在明斯基的投资图中再画一条 Π_{IF} 曲线，如图 5.1 所示。

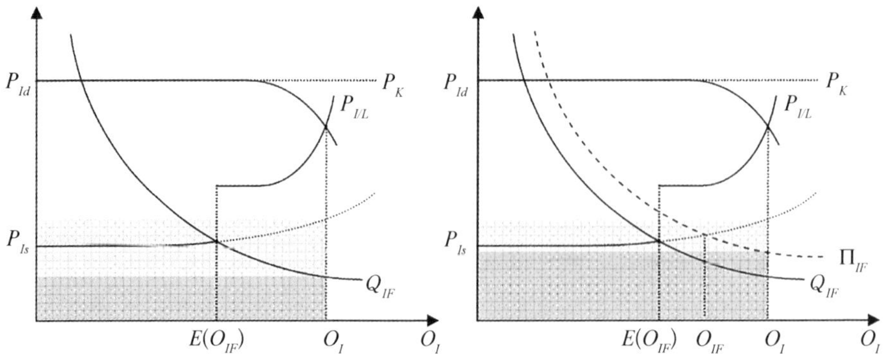

图 5.1 预期和实际的融资结构

Q_{IF} 曲线代表地方政府融资平台的预期收益；Π_{IF} 曲线代表地方政府融资平台的实际收益；O_I 代表资本品数量；P_{Id} 代表资本品的需求价格；P_{Is} 代表资本品的供给价格。在给定的需求和供给价格下，内部资金的量（黑灰色区域）比预期的大幅度提高：$\Pi_{IFt} > Q_{IFt-1}$。因此，预期正向“受挫”了，经过一段时期后使得在给定 Q 的水平下，投资中借款风险和地方政府融资平台风险水平降低。因此，在经济周期上升阶段宏观面开始以下过程。

(1) 地方政府融资平台预期收益 Q 在支付利息等必要支出后，足以对 $E(O_{IF})$ 提供资金：$O_{IF} = Q - t_{\Pi}Q - CC$。预期收益 Q 在很大程度上独立于现有的投资和现有总收益。

(2) 为了决定投资需求量，地方政府融资平台必须首先确定融资计划。期望杠杆率 cc_d 反映了地方政府的债务融资意愿。如果 $cc_d > 0$，地方政府融资平台可到银行或者金融市场融资。cc_d 根据经验、地方政府债务政策环境和风险偏好来确定。

(3) 期望杠杆率 cc_d、上一期的实际杠杆率 cc 以及可获得的杠杆率 cc_a 进行比较。如果 $cc < cc_d < cc_a$，期望的外部融资计划就能执行；如果 $cc < cc_a < cc_d$，就会出现信贷配给。

(4) 获得外部融资后，地方政府融资平台在当期购买 $O_I > E(O_{IF})$，可获得土地增值等预期收益 Q。这产生了依赖于投资水平的收益 Π，并形成了 Π_{IF} 曲线。

(5) 如果 $\Pi_{IFt}(I) > Q_{IFt-1}$，地方政府融资平台期望的外部融资计划将

"受挫"。更多的资本品可以用内部资金购买，所以 ΔCC 和 CC 低于预期，杠杆率 cc 下降。这使地方政府融资平台修正原有的预期融资杠杆率，进行外部融资的意愿增加：$\Delta cc_d > 0$，$\Delta cc_a > 0$，因此 $\Delta E(cc) > 0$。未使用过的杠杆 $E(cc) - cc$，可以被用于增加未来的投资。

（6）随着 $E(cc)$ 的增长，收益 Π 的增长慢于投资 I 和现金支付 CC 的增长。这样，一段时间后，杠杆率 cc 开始上升。虽然这种情况在商业周期的开始并不一定出现，但随着扩张的进行，最后还是会导致杠杆率 cc 的上升。

这就是所谓的"杠杆的悖论"：实际杠杆率下降导致预期杠杆率上升，从而推动投资的扩张。在预期和实际杠杆率相互作用的过程中，虽然并非所有地方政府融资项目都会面临融资状况的恶化，但在平均水平上，地方政府的融资状况变得越来越糟。杠杆的悖论揭示出经济内生性地从稳定状态发展到不稳定状态，而这是由于经济主体有限理性和不完全预期的结果。因为经济主体如果能够正确预期投资行为产生的宏观后果，即 $Q = \Pi$，他们就不会感觉到预期"受挫"，也就不会更勇于冒险。在这种情况下，就不会产生预期面引发的经济实体面衰弱。

在经济周期下行阶段，预期杠杆率和实际杠杆率开始反向相互作用，形成金融危机后的去杠杆过程。

（1）地方政府融资平台预期收益 Q 在支付利息等必要支出后，足以对 $E(O_{IF})$ 提供资金：$O_{IF} = Q - t_{\Pi}Q - CC$。

（2）地方政府融资平台为投资制定融资计划，期望杠杆率 cc_d。如果 $cc_d > 0$，地方政府融资平台可到银行或者金融市场融资。

（3）期望杠杆率 cc_d 和上一期的实际杠杆率 cc 以及可获得的杠杆率 cc_a 进行比较。如果 $cc < cc_d < cc_a$，期望的外部融资计划就能执行；如果 $cc < cc_a < cc_d$，就会出现信贷配给。

（4）获得外部融资后，地方政府融资平台在当期购买 $O_I > E(O_{IF})$，可获得预期收益 Q。这产生了依赖于投资水平的利润 Π，并形成了 Π_{IF} 曲线。

（5）如果 $\Pi_{IFt}(I) < Q_{IFt-1}$，地方政府融资平台实际收益小于预期收益，ΔCC 和 CC 高于预期，杠杆率 cc 上升。这表明预期杠杆率过高，承担了过

多的风险，导致地方政府融资平台外部融资的意愿下降：$\Delta cc_d < 0$，$\Delta cc_a < 0$，因此 $\Delta E(cc) < 0$。多承担的杠杆 $E(cc) - cc$ 将在下一期缩减，从而引起投资的收缩。

（6）随着 $E(cc)$ 的下降，收益 Π 的增长快于投资 I 和现金支付 CC 的增长。这样，一段时间后，杠杆率 cc 开始下降，经济逐渐从萧条走向复苏。

第四节　包含地方政府融资平台的四部门 SFC 模型

一、基本假设和 SFC 模型构建

本节构造了一个包含四部门的封闭经济体存量流量一致模型，假设公共服务是经济体系唯一的消费品，地方政府通过购买劳动力和资本品来提供公共服务。所以可以将地方政府融资平台视为消费品生产企业。

（1）家庭：向企业提供劳动并以此获得货币工资，用于购买消费品和持有金融资产（包括存款、股票、债券等）。

（2）消费品生产企业（c-firm）：通过购买资本品和劳动力提供公共服务。

（3）资本品生产企业（i-firm）：仅雇佣劳动来生产，不购买资本品[①]。

（4）银行体系：包括商业银行和中央银行（提供贷款）、投资银行及其他金融机构（创造衍生金融工具和提供其他金融服务）。

模型省略了中央政府和外部部门，构成一个封闭经济体的会计框架。并且假定所有的利率和回报率（包括银行贷款利率 i_L、银行存款利率 i_D 等）在给定时期保持不变。贷款、债券利息支付等都在期末得到清偿。同时做出如下假设。

（1）家庭部门的工资收入先进行消费，剩余部分用于配置银行存款、股票和衍生金融工具，但不持有资本品。

① 从整个部门来看，资本品生产企业购买资本品属于部门内部产品流动，不产生净流量。

（2）消费品生产企业购买劳动和资本品并发行股票[①]，同时可以向银行贷款用于工资支付和资本品（部分或者全部）的购买。

（3）资本品生产企业不购买资本品，不发行股票，也不购买金融资产，可以向银行贷款为生产融资。

（4）银行向企业发放贷款（包括为工资融资的流动性贷款和为资本品融资的投资贷款），同时将部分贷款证券化向家庭部门发行；银行和非银行金融机构可以购买企业发行的股票。

封闭经济体的资金流量矩阵如表 5.1 所示。

表 5.1　封闭经济体的资金流量矩阵

		1. 家庭	2. 生产企业		3. 银行和非银行金融机构	合计
			消费品生产企业	资本品生产企业		
收入和支出矩阵	1. 消费	$-p_c \cdot C$	$+p_c \cdot C$			0
	2. 投资（资本品）		$[-p_i \cdot \Delta K]$	$+p_i \cdot \Delta K$		0
	3. 工资	$+W$	$-w_c$	$-w_i$		0
	4. 银行贷款利息		$-i_L \cdot \Delta L_c$	$-i_L \cdot \Delta L_i$	$+i_L \cdot \Delta L$	0
	5. 存款利息	$+i_D \cdot \Delta D$			$-i_D \cdot \Delta D$	0
	6. 债券利息	$+i_B \cdot \Delta B$			$-i_B \cdot \Delta B$	0
	7. 股利	$+F_{ch}$	$-F_c$		$+F_{cb}$	0
	当期储蓄	S_h	F_{uc}	F_{ui}	F_{ub}	S_{tot}
资金流量矩阵	8. Δ 银行存款	$-\Delta D$			$+\Delta D$	0
	9. Δ 银行贷款		$+\Delta L_c$	$+\Delta L_i$	$-\Delta L$	0
	10. Δ 抵押贷款债券	$-\Delta B$			$+\Delta B$	0
	11. Δ 股票	$-p_{Ec} \cdot \Delta E_{ch}$	$+p_{Ec} \cdot \Delta E_{Nc}$		$-p_{Ec} \cdot \Delta E_{cb}$	0
	加总	0	0	0	0	0
	净资产	$S_h + \Delta p_{Ec} \cdot E_{ch(-1)}$	$F_{uc} - \Delta p_{Ec} \cdot E_{Nc(-1)} + \Delta p_i \cdot K_{(-1)}$	$F_{ui} - \Delta p_i \cdot K_{(-1)}$	$F_{ub} + \Delta p_{Ec} \cdot E_{cb(-1)}$	$S_{tot} + \Delta p \cdot K_{(t-1)}$

注：假设公共服务是经济体系唯一的消费品，地方政府通过购买劳动力和资本品来提供公共服务。所以可以将地方政府融资平台视为消费品生产企业。

---

① 股票在这里泛指地方政府发行的权益性长期资本工具。

二、融资购买资本品对地方政府融资平台收益的影响

在生产过程中，消费品和资本品企业需要向银行贷款来满足流动资金（支付工资）的需要，即：$L_w = L_{cw} + L_{iw}$。消费品生产企业（地方政府融资平台）还要向银行贷款 L_k 购买资本品。λ_c 为投资杠杆率，即消费品企业贷款占资本品价值的比重。

$$\Delta L_c = L_{cw} + L_k = W_c + \lambda_c p_i \Delta K \tag{5.7}$$

$$\Delta L_i = L_{iw} = W_i \tag{5.8}$$

$$\Delta L_f = \Delta L_c + \Delta L_i = W + \lambda_c p_i \Delta K \tag{5.9}$$

家庭部门的工资收入购买消费品之后，剩余资产用于银行存款、股票和证券化资产。家庭预算约束为

$$W + F_{ch} + i_D \Delta D + i_B \Delta B = p_c C + \Delta V_h \tag{5.10}$$

为简化模型，假定：① 银行存款利率很低，可以忽略不计，$i_D = 0$；② 银行和非银行金融机构没有生产成本，将所有净收入购买消费品生产企业发行的股票；③ 银行和非银行金融机构、资本品生产企业不发行股票；④ 家庭储蓄用于购买消费品企业股票、银行存款和证券化资产。

$$\Delta V_h = \Delta D + p_{Ec} \Delta E_{ch} + \Delta B \tag{5.11}$$

$$p_{Ec} \Delta E_{cb} = i_L \Delta L + F_{cb} - i_B \Delta B \tag{5.12}$$

$$\Delta E_{Nc} = \Delta E_c (1 - \sigma) \tag{5.13}$$

$$p_{Ec} \Delta E_{Nc} = p_{Ec} \Delta E_{ch} + p_{Ec} \Delta E_{cb} = \Delta V_h - \Delta D - \Delta B + i_L \Delta L + F_{cb} - i_B \Delta B \tag{5.14}$$

式中，ΔE_{Nc} 是消费品企业发行股票净额（发行新股-赎回股票）；σ 是股票赎回比率。

式（5.14）显示对消费品企业发行股票的净需求来自家庭储蓄及银行的净收益。如果消费品生产企业决定用自身的保留盈余回购股票，那么式（5.13）可能为负（$\sigma > 1$），此时，家庭和银行得到的额外资金可用于增

加消费和发放贷款。也就是说，只有在一种情况下，赎回股票将减少流入消费品企业的资金，那就是家庭部门将赎回股票获得的资金用于银行存款。

$$p_{Ec}=\frac{\Delta V_h-\Delta D-\Delta B+i_L\Delta L+F_{cb}-i_B\Delta B}{\Delta E_c(1-\sigma)} \tag{5.14'}$$

消费品企业的股票价格是银行需求（也就是银行收益）的增函数，同时也是企业回购股票率的增函数。

为分析资产价格上涨对消费品生产企业的影响，引入卡莱斯基的收益宏观方程。

$$P_c=p_cC-W_c-i_L\Delta L_c \tag{5.15}$$

$$P_i=p_i\Delta K-W_i-i_L\Delta L_i \tag{5.16}$$

$$P_f=p_i\Delta K+p_cC-W-i_L\Delta L_f \tag{5.17}$$

式中，P_c是消费品生产企业利润；P_i是投资品生产企业利润；P_f是所有企业的利润。

下面对比分析消费品企业用自有资金（发行股票）购买资本品和银行贷款购买资本品两种情况下企业的利润。

第一种情况下，假设：① 消费品企业依靠发行股票购买资本品，即$p_i\Delta K=p_{Ec}\Delta E_{Nc}$和$\Delta L_f=L_{cw}+L_{iw}$；② 消费品企业不分配股利，即$F_c=0$，留存收益率$\theta_c=1$；③ 银行发行贷款证券化工具的收益率忽略不计，即$i_B=0$。将式（5.14）和式（5.10）代入式（5.15）、式（5.16）和式（5.17），可得

$$P_c=W_i-\Delta V_h-i_L\Delta L_c \tag{5.15'}$$

$$P_i=\Delta V_h-\Delta D-\Delta B+i_L\Delta L_c-W_i \tag{5.16'}$$

$$P_f=-(\Delta D+\Delta B) \tag{5.17'}$$

因此

$$W_i>\Delta V_h+i_L\Delta L_c\Rightarrow P_c>0 \tag{5.18}$$

$$p_{Ec}\Delta E_{ch}+i_L\Delta L_c>W_i\Rightarrow P_i>0 \tag{5.19}$$

$$-(\Delta D+\Delta B)>0\Rightarrow P_f>0 \tag{5.20}$$

不等式（5.18）表明当消费品生产企业的外部需求（投资品生产企业工资）大于消费品企业利息支付加家庭储蓄总和时，消费品企业的利润为正。不等式（5.19）表明，如果家庭持有股票加上消费品企业利息支付大于资本品企业工资时，资本品生产企业利润为正。不等式（5.20）表明，只有在全社会的新增储蓄与新增证券化资产之和为负时，生产企业部门总体上才能获得利润。

第二种情况下，假定：① 消费品企业投资资本品时向银行贷款；② 证券化资产的回报率为正，$i_B > 0$。其他假定和第一种情况相同，即消费品企业不分配股利，银行不发行股票。利润情况如下所示。

$$P_c = W_i - \Delta V_h - i_L \Delta L_c + i_B \Delta B \tag{5.15''}$$

$$P_i = \Delta L_k + (\Delta V_h - \Delta D - \Delta B) + i_L \Delta L_c - i_B \Delta B - W_i \tag{5.16''}$$

$$P_f = \Delta L_k - (\Delta D + \Delta B) \tag{5.17''}$$

可以看出，（5.15″）>（5.15′）；（5.16″）⩾（5.16′）；（5.17″）>（5.17′）。所以，向银行贷款购买资本品可以提高消费品企业和整体企业部门的利润。

令 $a = \dfrac{\Delta B}{\Delta L_k}$，其中 a 表示用于购买资本品贷款的证券化比率，且 $0 < a < 1$。$\Delta L_k = \lambda_c p_i \Delta K$，则可得

$$P_f = (1 - a) \cdot \lambda_c p_i \Delta K - \Delta D \tag{5.17'''}$$

式（5.15″）表明资产证券化回报增加消费品企业利润。式（5.16″）表明用于购买资本品的贷款增加了资本品生产企业利润。对于所有生产企业来说，$\partial P_f / \partial_{\lambda_c} > 0$、$\partial P_f / \partial a < 0$，表明企业利润随着投资杠杆率增高而增大，随证券化比率增大而降低。

三、主要结论

（1）在地方政府用自有资金提供公共服务的情况下，地方政府融资平台和资本品生产企业只有在满足比较苛刻的条件时，才能获得收益，并进

入下一周期的生产。

(2) 当地方政府融资平台向银行贷款进行公共服务生产时，可以同时提高地方政府收益和包含资本品生产企业在内的整体企业收益，促进经济体系的总投资和增长。

(3) 企业利润随着投资杠杆率增高而增大，随证券化比率增大而降低。

第五节 地方政府融资平台杠杆率的内生动力学机制

一、投资的驱动因素

为简化分析，做如下假定。① 贷款者风险已经给定并包含在 i_L 中；② 借款者风险 R 是生产投资杠杆率的增函数；③ 产品按照卡莱斯基的成本加成原则定价；④ 消费品企业（地方政府融资平台）分配股利，保留盈余率为 $0 \leqslant \theta_c \leqslant 1$；⑤ 银行发行证券化工具（但不发行股票），并将剩余利润购买消费品企业的股票；⑥ 存款利率 i_D 为 0；⑦ 家庭工资收入的一部分用于消费支出，剩余部分持有无息银行存款、证券化工具和股票；⑧ 在现有工资水平下劳动力无限供给；⑨ 消费品企业（地方政府）销售任何需要的东西，不会出现供不应求和供过于求；⑩ 家庭部门对自身的收入有正确的预期；⑪ 总加成比率是外生给定的；⑫ 模型中的资本和产出在部门之间可以自由流动。

$$Y = p_c C + p_i \Delta K \tag{5.21}$$

$$\Delta K = k_0 + k_1 (Y_{(-1)} - Y_{(-2)}) / p_i + k_2 a + k_3 R + k_4 i_L \quad (k_0, k_1 \geqslant 0;\ k_2, k_3, k_4 \leqslant 0) \tag{5.22}$$

$$p_i = (1 + \mu) w / a_i (a_i = \Delta K / N_i) \tag{5.23}$$

$$R = \lambda_c^2 \tag{5.24}$$

$$p_c = (1 + \mu)(w / a_c + p_i / b) \ (a_c = C / N_c;\ b = C / \Delta K) \tag{5.25}$$

$$C = c_1 N w / p_c (0 < c_1 < 1) \tag{5.26}$$

$$V_h = V_{h(-1)} + (1 - c_1)Nw + F_{ch} + i_{B(-1)}\Delta L_{B(-1)} \tag{5.27}$$

$$N_c = C/a_c \tag{5.28}$$

$$N_i = \Delta K/a_i \tag{5.29}$$

$$N = N_c + N_i \tag{5.30}$$

$$I_k = \Delta K - (\theta_c P_c + p_{Ec}\Delta E_{Nc})/p_i \tag{5.31}$$

$$P_c = p_c C - N_c w - i_{L(-1)}\Delta L_{c(-1)} \tag{5.32}$$

$$P_i = p_i \Delta K - N_i w - i_{L(-1)}\Delta L_{i(-1)} \tag{5.33}$$

$$\Delta L_c = N_c w + p_i I_k \tag{5.34}$$

$$\Delta L_i = N_i w \tag{5.35}$$

$$p_{Ec} = [i_{L(-1)} \cdot (\Delta L_{c(-1)} + \Delta L_{i(-1)}) + (1 - \theta_c)P_c]/\Delta E_{Nc} \tag{5.36}$$

$$\lambda_c = I_k/\Delta K \tag{5.37}$$

$$q = p_{Ec}/p_i \tag{5.38}$$

式（5.21）表明国民收入由公共物品消费和投资两部分组成。式（5.22）是一个带有加速器的修正模型，表明在给定资本品价格的条件下，消费品企业（地方政府融资平台）的新增投资是预期需求的增函数，同时是银行贷款风险、利率水平和资产证券化比率的减函数。式（5.23）是新增资本品的价格。式（5.24）表示借款者风险是投资杠杆率的增函数。式（5.25）表示消费品（公共服务）的供给价格。式（5.26）是均衡条件下消费品（公共服务）数量。式（5.27）表示家庭财富的变化情况。式（5.28）、式（5.29）和式（5.30）表示消费品企业（地方政府）、资本品企业的劳动力人数和全部生产企业的劳动力人数。式（5.31）表示债务融资形成的资本品数量。式（5.32）和式（5.33）定义了消费品企业（地方政府）和投资品企业利润。式（5.34）和式（5.35）定义了消费品企业（地方政府融资平台）和资本品企业的贷款规模。式（5.36）定义了资本资产（消费品企业发行股票）的价格。式（5.37）表示消费品企业（地方政府融资平台）用于借款购买资本品的投资杠杆率。式（5.38）定义了股票价格与资本品成本的比。

投资是由资本品的需求价格高于供给价格驱动的。消费品企业（地方政府融资平台）会持续地购买资本品进行生产，直到不断下降的资本品需求价格高于或等于不断上升的资本品供给价格。在模型中，资本品的投资概率可以由式（5.38）的 q 衡量，这是托宾 q 的等价形式。扩展式（5.38）可得

$$q = \frac{i_{L(-1)} \cdot [\Delta L_{c(-1)} + \Delta L_{i(-1)}] + (1 - \theta_c) P_c}{\Delta E_{Nc}} \cdot \frac{a_i}{(1 + \mu) w} \quad (5.38')$$

式（5.38′）表明，在资本品生产条件（a_i，w，μ）和股票发行数量 ΔE_{Nc} 给定的情况下，银行收入对企业的股权投资越高，消费品企业（地方政府融资平台）股利发放越多，生产投资的概率越高。

另一个消费品（公共服务）和资本品的相对价格表示为

$$\frac{p_c}{p_i} = \frac{(1 + \mu)(w/a_c + p_i/b)}{(1 + \mu) w/a_i} = \frac{a_i}{a_c} + \frac{1 + \mu}{b} \quad (5.39)$$

可见，消费品（公共服务）和资本品的相对价格，不仅取决于生产技术水平（a_i，a_c），同时受到总加成率 μ 影响。具体来说，消费品企业（地方政府融资平台）劳动生产率 a_c 越低、消费投资比 b 越低、总加成率 μ 越高，消费品（公共服务）相对于资本品的价格就越高。

二、地方政府融资平台杠杆率的动力学机制

（一）地方政府预期杠杆率与实际杠杆率相互作用

贷款购买的资本品为

$$L_k = \lambda_c p_i \Delta K = p_i I_k \quad (5.40)$$

边际杠杆率为

$$\lambda_c = 1 \quad \frac{\theta_c P_c + p_{Ec} \Delta E_{Nc}}{p_i \Delta K} \quad (5.41)$$

将式（5.26）、式（5.31）、式（5.32）和式（5.37）代入式（5.41）可得消费品企业（地方政府融资平台）的边际杠杆率（每增加一单位投资所需要增加的杠杆率）

$$\lambda_c = 1 + \theta_c i_{L(-1)} \lambda_{c(-1)} - \theta_c \cdot \frac{v_i - s_h - i_{L(-1)} v_c}{k} - q \cdot e \qquad (5.41')$$

式中，λ_c 是当期生产结束后地方政府融资平台实际杠杆率；$\lambda_{c(-1)}$ 可以看作地方政府融资平台生产前决定的预期杠杆率；θ_c 是留存收益率；v_i 代表资本品企业工资占国民收入的比例；s_h 代表总储蓄占国民收入的比例；k 是投资占国民收入的比例；q 是股权价格与资本品成本的比例；e 是单位资本中的股权份额比重。

将式（5.27′）的左右两边同时减去 $\lambda_{c(-1)}$，可得

$$\lambda_c - \lambda_{c(-1)} = 1 - (1 - \theta_c i_{L(-1)} \lambda_{c(-1)}) - \theta_c \cdot \frac{v_i - s_h - i_{L(-1)} v_c}{k} - q \cdot e \qquad (5.41'')$$

式（5.41″）揭示了地方政府融资平台预期杠杆率和实际杠杆率之间的动力学机制，即“杠杆的悖论”。如果 $\lambda_c = \lambda_{c(-1)}$，预期杠杆率等于实际杠杆率，此时的投资杠杆率为 $\lambda_c = \left(1 - \theta_c \cdot \frac{v_i - s_h - i_{L(-1)} v_c}{k} - q \cdot e\right) \cdot \frac{1}{1 - \theta_c i_{L(-1)}}$。但当地方政府融资平台实际利润大于预期利润时，$\lambda_c < \lambda_{c(-1)}$，表明地方政府融资平台预期的杠杆率过低，在下一期的生产中，地方政府可以进一步提高杠杆率，进行更多的投资，提供更多的公共服务。在经济周期上升的过程中（至少是在经济周期上升的早期阶段），预期杠杆率和实际杠杆率之间正反馈推动了经济的增长和繁荣；反之，当地方政府融资平台实际利润小于预期利润时，$\lambda_c > \lambda_{c(-1)}$，表明地方政府预期杠杆率过高，在下一期生产中会降低杠杆率，同时降低投资水平，导致公共服务产出水平下降。

（二）地方政府融资平台杠杆率的影响因素

1. 地方政府融资平台投资杠杆率的影响因素

从式（5.41′）可以看出，在其他条件不变的情况下地方政府融资平台杠杆率受到以下因素的影响。

$\partial\lambda_c/\partial k > 0$，表明随着投资增速的提高，地方政府融资平台杠杆率上升。

$\partial\lambda_c/\partial\theta_c < 0$，表明随着留存收益比率的提高，地方政府融资平台杠杆率下降。

此外，地方政府融资平台杠杆率随储蓄率 s_h、地方政府融资平台工资 v_c 的提高而提高；随资本品生产企业工资 v_i、q 和 e 的提高而降低。

将式（5.14）代入式（5.41）可得式（5.41‴）

$$\lambda_c = 1 - \frac{\theta_c P_c + p_{Ec}\Delta E_{Nc}}{p_i\Delta K} = 1 - \frac{\theta_c P_c + p_{Ec}\Delta E_{ch} + p_{Ec}\Delta E_{cb}}{p_i\Delta K}$$

$$= 1 - \frac{(p_c C - W_c - i_{L(-1)}\Delta L_{c(-1)} - F_c) + (W - p_c C + i_B\Delta B + F_{ch} - \Delta D - \Delta B) + (i_{L(-1)}\Delta L_{f(-1)} - i_B\Delta B + F_{cb})}{p_i\Delta K}$$

$$= 1 - \frac{W_i - \Delta D + i_{L(-1)}\Delta L_{i(-1)} - \cdot\ \lambda_{c(-1)} p_i\Delta K}{p_i\Delta K}$$

$$= 1 + a\lambda_{c(-1)} - \frac{(1 + i_{L(-1)})W_i - \Delta D}{p_i\Delta K}$$

$$= 1 + a\lambda_{c(-1)} - \frac{(1 + i_{L(-1)})v_i - s_h}{k} \tag{5.41‴}$$

由式（5.41‴）可以看出地方政府融资平台杠杆率与资产证券化率的关系 $\partial\lambda_c/\partial a > 0$，即资产证券化率越高，投资杠杆率越大。

2. 企业部门整体的杠杆率

如果将消费品企业（地方政府融资平台）和资本品企业一起考虑，令 $\theta_c = 1$，则整体杠杆率可表示为

$$\lambda_f = 1 - \frac{P_i + P_c + p_{Ec}\Delta E_{Nc}}{p_i\Delta K} = i_{L(-1)}\lambda_{f(-1)} + \frac{i_{L(-1)}v_f + s_h}{k} - q\cdot e \tag{5.42}$$

可以看出，$\partial\lambda_f/\partial k < 0$。所以对整体企业部门来说，在经济周期上升期，随着投资率的上升，企业部门整体杠杆率下降；反之，在经济下行周期，随着投资率下滑，企业部门的整体杠杆率会上升。同时，企业部门整

体杠杆率随着国民收入中工资占比的增加而增加，随着储蓄率的上升而增加，随着 q 和 e 提高而降低。

式（5.42）可以表示为 $\lambda_f = a\lambda_{f(-1)} + \frac{s_h}{k}$。因为 $\partial\lambda_f/\partial a > 0$，所以企业部门的整体杠杆率会随着资产证券化率的提高而提高。

（三）主要研究结论

（1）不同部门的杠杆率在经济周期不同阶段表现出不同的特征。在经济周期上升阶段，随着投资率 k 的上升，地方政府融资平台杠杆率 λ_c 上升；在经济下行周期，随着投资率 k 的下降，地方政府融资平台杠杆率 λ_c 下降。对整体企业部门来说，在经济周期上行阶段，随着投资率 k 的上升，企业整体杠杆率 λ_f 下降；在经济下行周期，随着投资率 k 的下降，企业整体杠杆率 λ_f 上升。

（2）资产证券化比率对投资杠杆率有正向影响。无论是地方政府融资平台还是整体企业部门，随着资产证券化比率提高，杠杆率上升。

（3）资本资产需求与供给价格比 q 和单位资本资产中股权份额比 e 对杠杆率有负影响，即 $q \cdot e$ 越高，杠杆率越低。

（4）预期杠杆率 $\lambda_{c(-1)}$ 和实际杠杆率 λ_c 在经济周期不同阶段的动态反馈机制扩大了繁荣和萧条。在经济上行周期，实际（事后）杠杆率低于预期（事前）杠杆率，激励地方政府融资平台提高投资杠杆，扩大投资增速，推动经济进一步繁荣；在经济下行周期，实际（事后）杠杆率高于预期（事前）杠杆率，促使地方政府融资平台不断降低杠杆，缩减投资，形成地方政府债务风险的顺周期特征。

第六节　家庭部门扩大消费对地方政府债务风险影响

一、家庭部门扩大消费对杠杆率的影响

修改上文中的假设，家庭部门将投资衍生工具获得的收益进行消费，

扩大家庭部门的消费支出，见表 5.2。

表 5.2　家庭部门扩大消费后的资金流量矩阵

		1. 家庭	2. 生产企业		3. 银行和非银行金融机构	合计
			消费品生产企业	资本品生产企业		
收入和支出矩阵	1. 消费	$-p_c \cdot C$ $-i_B \cdot \Delta B$	$+p_c \cdot C +$ $i_B \cdot \Delta B$			0
	2. 投资（资本品）		$[-p_i \cdot \Delta K]$	$+p_i \cdot \Delta K$		0
	3. 工资	$+W$	$-w_c$	$-w_i$		0
	4. 银行贷款利息		$-i_L \cdot \Delta L_c$	$-i_L \cdot \Delta L_i$	$+i_L \cdot \Delta L$	0
	5. 存款利息	$+i_D \cdot \Delta D$			$-i_D \cdot \Delta D$	0
	6. 债券利息	$+i_B \cdot \Delta B$			$-i_B \cdot \Delta B$	0
	7. 股利	$+F_{ch}$	$-F_c$		$+F_{cb}$	0
	当期储蓄	S_h	F_{uc}	F_{ui}	F_{ub}	S_{tot}
资金流量矩阵	8. Δ 银行存款	$-\Delta D$			$+\Delta D$	0
	9. Δ 银行贷款		$+\Delta L_c$	$+\Delta L_i$	$-\Delta L$	0
	10. Δ 抵押贷款债券	$-\Delta B$			$+\Delta B$	0
	11. Δ 股票	$-p_{Ec} \cdot \Delta E_{ch}$	$+p_{Ec} \cdot \Delta E_{Nc}$		$-p_{Ec} \cdot \Delta E_{cb}$	0
	加总	0	0	0	0	0
	净资产	$S_h + \Delta p_{Ec} \cdot E_{ch(-1)}$	$F_{uc} - \Delta p_{Ec} \cdot E_{Nc(-1)} + \Delta p_i \cdot K_{(-1)}$	$F_{ui} - \Delta p_i \cdot K_{(-1)}$	$F_{ub} + \Delta p_{Ec} \cdot E_{cb(-1)}$	$S_{tot} + \Delta p \cdot K_{(t-1)}$

注：假设公共服务是经济体系唯一的消费品，地方政府通过购买劳动力和资本品来提供公共服务。所以可以将地方政府融资平台视为消费品生产企业。

那么消费品企业（地方政府融资平台）的杠杆率为

$$\lambda_c' = 1 - \frac{\theta_c P_c + p_{Ec}\Delta E_{Nc}}{p_i \Delta K} = 1 - \frac{\theta_c P_c + p_{Ec}\Delta E_{ch} + p_{Ec}\Delta E_{cb}}{p_i \Delta K}$$

$$= 1 - \frac{(p_c C - W_c - i_{L(-1)}\Delta L_{c(-1)} - F_c + i_B \Delta B) + (W - p_c C + F_{ch} - \Delta D - \Delta B) + (i_{L(-1)}\Delta L_{f(-1)} - i_B \Delta B + F_{cb})}{p_i \Delta K}$$

$$= 1 - \frac{W_i - \Delta D + i_{L(-1)}\Delta L_{i(-1)} - a \cdot \lambda_{c(-1)} p_i \Delta K}{p_i \Delta K}$$

$$= 1 + a\lambda_{c(-1)} - \frac{(1 + i_{L(-1)}) W_i - \Delta D}{p_i \Delta K}$$

$$= 1 + a\lambda_{c(-1)} - \frac{(1 + i_{L(-1)}) v_i - s_h}{k} \tag{5.43}$$

可以看出 $\lambda'_c = \lambda_c$。

$$p'_{Ec} = [i_{L(-1)} \cdot (\Delta L_{c(-1)} + \Delta L_{i(-1)}) - a \cdot i_{B(-1)} \cdot \Delta L_{k(-1)} + (1 - \theta_c)(P_c + a \cdot i_{B(-1)} \cdot \Delta L_{k(-1)})] / \Delta E_{Nc}$$

$$= (p_{Ec} - \theta_c \cdot a \cdot i_{B(-1)} \cdot \Delta L_{k(-1)}) / \Delta E_{Nc}$$

因为 $0 \leqslant \theta_c \leqslant 1$，所以 $p'_{Ec} \leqslant p_{Ec}$，即 $q' \leqslant q$。

可见，家庭部门将证券化收益转化为消费后，不会改变地方政府融资平台的杠杆率，但将降低地方政府融资平台的股权价格，从而降低对资本品的需求。

二、家庭部门借贷消费对杠杆率的影响

继续修改前文假设，家庭向银行借款进行消费，为简化模型，假设经济体不再发行资产证券化工具，见表 5.3。

表 5.3　家庭部门借贷消费后的资金流量矩阵

		1. 家庭	2. 生产企业		3. 银行和非银行金融机构	合计
			消费品生产企业	资本品生产企业		
收入和支出矩阵	1. 消费	$-p_c \cdot C$	$+p_c \cdot C$	—	—	0
	2. 投资（资本品）	—	$[-p_i \cdot \Delta K]$	$+p_i \cdot \Delta K$	—	0
	3. 工资	$+W$	$-w_c$	$-w_i$	—	0
	4. 银行贷款利息	$-i_L \cdot \Delta L_h$	$-i_L \cdot \Delta L_c$	$-i_L \cdot \Delta L_i$	$+i_L \cdot \Delta L$	0
	5. 存款利息	$+i_D \cdot \Delta D$	—	—	$-i_D \cdot \Delta D$	0

续　表

		1. 家庭	2. 生产企业		3. 银行和非银行金融机构	合计
			消费品生产企业	资本品生产企业		
收入和支出矩阵	6. 债券利息	—	—	—	—	0
	7. 股利	$+F_{ch}$	$-F_c$	—	$+F_{cb}$	0
	当期储蓄	S_h	F_{uc}	F_{ui}	F_{ub}	S_{tot}
资金流量矩阵	8. Δ 银行存款	$-\Delta D$	—	—	$+\Delta D$	0
	9. Δ 银行贷款	$+\Delta L_h$	$+\Delta L_c$	$+\Delta L_i$	$-\Delta L$	0
	10. Δ 抵押贷款债券	—	—	—		0
	11. Δ 股票	$-p_{Ec}\cdot\Delta E_{ch}$	$+p_{Ec}\cdot\Delta E_{Nc}$	—	$-p_{Ec}\cdot\Delta E_{cb}$	0
	加总	0	0	0	0	0
	净资产	$S_h+\Delta p_{Ec}\cdot E_{ch(-1)}$	$F_{uc}-\Delta p_{Ec}\cdot E_{Nc(-1)}+\Delta p_i\cdot K_{(-1)}$	$F_{ui}-\Delta p_i\cdot K_{(-1)}$	$F_{ub}+\Delta p_{Ec}\cdot E_{cb(-1)}$	$S_{tot}+\Delta p\cdot K_{(t-1)}$

注：假设公共服务是经济体系唯一的消费品，地方政府通过购买劳动力和资本品来提供公共服务。所以可以将地方政府融资平台视为消费品生产企业。

$$\theta_c P_c = p_c C - W_c - i_{L(-1)}\Delta L_{c(-1)} - F_c \tag{5.44}$$

$$P_i = p_i \Delta K - W_i - i_{L(-1)}\Delta L_{i(-1)} \tag{5.45}$$

$$p_{Ec}\Delta E_{ch} = W - p_c \cdot C + F_{ch} + (1 - i_{L(-1)})\Delta L_{h(-1)} - \Delta D \tag{5.46}$$

$$p_{Ec}\Delta E_{cb} = i_{L(-1)}\Delta L_{c(-1)} + i_{L(-1)}\Delta L_{i(-1)} + i_{L(-1)}\Delta L_{h(-1)} + F_{cb} \tag{5.47}$$

$$\begin{aligned}\lambda_c'' &= 1 - \frac{\theta_c P_c + p_{Ec}\Delta E_{Nc}}{p_i \Delta K}\\ &= 1 - \frac{\begin{aligned}&(p_c C - W_c - i_{L(-1)}\Delta L_{c(-1)} - F_c) + [W - p_c \cdot C + F_{ch}\\ &+ (1 - i_{L(-1)})\Delta L_{h(-1)} - \Delta D] + [i_{L(-1)}\Delta L_{c(-1)}\\ &+ i_{L(-1)}\Delta L_{i(-1)} + i_{L(-1)}\Delta L_{h(-1)} + F_{cb}]\end{aligned}}{p_i \Delta K}\\ &= 1 - \frac{W_i + i_{L(-1)}\Delta L_{i(-1)} + \Delta L_{h(-1)} - \Delta D}{p_i \Delta K}\end{aligned} \tag{5.48}$$

因 $W_i=\Delta L_{i(-1)}$，令 $a=\dfrac{\Delta L_h}{\Delta L_k}=\dfrac{\Delta L_h}{\lambda_{c(-1)}p_i\Delta K}$，表示家庭贷款与投资贷款的比，分子分母同时除以国民收入 Y，可得

$$\lambda''_c=1-a\lambda''_{c(-1)}-\frac{(1+i_{L(-1)})v_i-s_h}{k} \tag{5.49}$$

此时，$\partial\lambda''_c/\partial a<0$，表明家庭借贷相对于投资借贷比率越大，消费品企业（地方政府融资平台）的杠杆率越小。

从企业整体来说

$$\begin{aligned}\lambda''_f&=1-\frac{P_i+P_c+p_{Ec}\Delta E_{Nc}}{p_i\Delta K}\\&=1-\frac{(p_i\Delta K-W_i-i_{L(-1)}\Delta L_{i(-1)})+(W_i+i_{L(-1)}\Delta L_{i(-1)}+\Delta L_{h(-1)}-\Delta D)}{p_i\Delta K}\\&=\frac{-\Delta L_{h(-1)}+\Delta D}{p_i\Delta K}=-a\lambda''_{f(-1)}+\frac{s_h}{k}\end{aligned} \tag{5.50}$$

表明企业部门整体杠杆率随家庭部门贷款比重的增加而降低，随家庭储蓄率的提高而提高。

$$\begin{aligned}p_{Ec}\Delta E^1_{Nc}&=p_{Ec}\Delta E^1_{ch}+p_{Ec}\Delta E^1_{cb}\\&=[W-p_c\cdot C+F_{ch}+(1-i_{L(-1)})\Delta L_{h(-1)}-\Delta D]\\&\quad+[i_{L(-1)}\Delta L_{c(-1)}+i_{L(-1)}\Delta L_{i(-1)}+i_{L(-1)}\Delta L_{h(-1)}+F_{cb}]\end{aligned} \tag{5.51}$$

$$\begin{aligned}p_{Ec}\Delta E_{Nc}&=p_{Ec}\Delta E_{ch}+p_{Ec}\Delta E_{cb}\\&=(W-p_c\cdot C+F_{ch}+i_B\Delta B-\Delta D-\Delta B)\\&\quad+(i_{L(-1)}\Delta L_{c(-1)}+i_{L(-1)}\Delta L_{i(-1)}-i_B\Delta B+F_{cb})\end{aligned} \tag{5.52}$$

可见，$p_{Ec}\Delta E^1_{Nc}>p_{Ec}\Delta E_{Nc}$，若 ΔE_{Nc} 不变，可得 $q''>q$。表明家庭部门通过借贷增加消费后，可提高资本品的需求，提升投资意愿。

综上所述，通过家庭部门加杠杆来扩大消费，可以使地方政府融资平台和整体企业部门的杠杆率下降；同时可以扩大地方政府对资本品的需

求，提升地方政府投资意愿和能力。

第七节　小　　结

本章基于金融脆弱性假说（FML）和存量-流量模型（SFC）结合的分析框架，建立了包含地方政府融资平台的SFC模型，研究地方政府融资的动因、内在反馈机制和影响因素。主要得到了以下研究结论。

（1）当地方政府融资平台向银行贷款进行公共服务生产时，可以同时提高地方政府收益和包含资本品生产企业在内的整体企业收益，促进经济体系的总投资和增长。投资利润随着杠杆率增高而增大，随证券化比率增大而降低。

（2）地方政府融资平台杠杆率具有顺周期性特征，经济上行周期，随着投资率的提高，杠杆率也提高；而经济下行周期，杠杆率随着投资率的下降而降低。

（3）预期杠杆率和实际杠杆率的动态反馈机制是顺周期性机制形成的动因。在经济上行周期，实际（事后）杠杆率低于预期（事前）杠杆率，激励地方政府提高投资杠杆，扩大投资增速，推动经济进一步繁荣；在经济下行周期，实际（事后）杠杆率高于预期（事前）杠杆率，促使地方政府不断降低杠杆，缩减投资，形成地方政府债务风险的顺周期特征。

（4）经济中不同部门杠杆率的周期性不完全一致。当地方政府融资平台杠杆率呈现顺周期性时，包含不同部门的企业整体杠杆率可能呈现逆周期性。

（5）资产证券化不仅会促使地方政府融资平台杠杆率的提高，也会促使企业整体杠杆率的上升。家庭部门将证券化收益转化为消费后，不会改变地方政府融资平台的杠杆率，但将降低地方政府融资平台的股权价格，从而降低对资本品的需求。

（6）通过家庭部门加杠杆来扩大消费，可以使地方政府融资平台和整体企业部门的杠杆率下降；同时可以扩大地方政府对资本品的需求，提升地方政府投资意愿和能力。

第六章　地方政府融资平台债务风险顺周期性实证分析

根据金融脆弱性假说，在经济繁荣周期中，经济主体将从抵补型融资为主逐渐转变为投机型融资和庞兹型融资模式。地方政府融资平台既具有公共投资特征，同时也是金融市场上的融资主体，其融资结构的转变具有更复杂的特征，不仅受到经济周期的影响，还会受到信贷周期的影响。本章在第五章的理论分析基础上，从实证方面检验地方政府融资平台债务风险的顺周期性。首先分析了我国财政收支的顺周期性，其次分析地方政府融资平台债务风险的顺周期特征，最后分析地方政府融资平台债务风险顺周期性的影响因素。

第一节　我国财政收支的周期性特征研究

财政收支是否具有顺周期性，即经济周期上涨时支出增加，经济周期下行时支出减少，在已有的研究中并未得到一致的结论。已有的研究表明，对于发展中国家而言，财政收支存在顺周期性的可能性更大，而对于发达国家来说，财政收支的顺周期性较低。各国的财政政策都意在减小经济波动或者缩短经济萧条的时间。凯恩斯的宏观调控理论认为，财政政策主要通过两种方式来发挥稳定经济波动的作用，其一是财政的“内在稳定器”效应，其二是政府主动采取的“相机决策”的财政政策。“内在稳定器”效应随着经济波动自发调整，表现出逆经济周期的特征，而“相机决策”是政府主动采取的行为，其顺周期性和逆周期性同时存在，但财政政策表现出来的顺周期性可能会导致经济发展的进一步恶化，因此需要结合我国的实际状况，分析我国财政收支的周期性特征，为财政政策的有效实施提供依据。另外，由于我国中央财政收支和地方财政收支的事权和责任不同，财政的顺周期性特也会呈现出不一致性。因此本节将中央政府和地方政府的财政收支顺周期性进行对比分析，并且更加关注地方政府财政收支的波动性和周期性。

一、理论和文献综述

财政政策是指一国根据国家经济发展现状，为实现稳定经济发展、促进就业水平、防止通货膨胀等目标，通过财政支出或者税收政策的变动来调节和影响一国的总需求，进而影响国民收入的政策。根据财政政策调节经济周期的作用，可以将财政政策分为自动稳定的财政政策和相机抉择的财政政策。自动稳定的财政政策也被称为财政的自动稳定器，包括了个人所得税和政府福利支出的自动稳定作用，此类税收和福利会随着经济的波动自动增加或减少，从而起到稳定经济发展的作用。相机决策的财政政策，是政府根据一定时期的社会经济状况，自主选择财政工具来干预经济运行状况，通过增加和减少财政收入或者支出，达到调节经济波动的目的。一般而言，相机决策的财政政策都是反经济周期实施的，比如为应对2008年国际金融危机的冲击，我国实施"4万亿"积极财政政策，就属于相机决策的财政政策范围。

近年来许多学者从不同角度分析和研究了财政政策对经济运行的影响，其中一个重要的研究方向是对财政政策周期性特征的分析，但尚未形成一致性的研究结论。

对于财政政策的周期性特征方面，大部分学者认为财政政策是逆周期性的，这与凯恩斯主义运用财政政策调节经济运行，并以此来减缓经济波动的理论相符。在现实中，发达国家运用财政政策来调节经济运行状况越来越普遍，其逆周期性也越来越显著。Gali 和 Perotti（2003）实证检验了1980年到2002年期间，欧盟各国及世界经合组织国家财政政策的周期稳定效应，他们分析认为《马斯特里赫特条约》及《稳定与增长公约》没有削弱政府调控宏观经济的能力，而且在欧盟国家中，财政政策变得越来越具有逆周期性。Jaeger 和 Schuknecht（2004）分析了发达国家财政收入、支出、赤字等指标的周期性特征，认为发达国家的相机抉择政策多具有逆周期特征，虽然存在一定的时滞，但对促进经济发展起到了一定的积极作用。Melitz（2006）认为，在发达经济体中，财政收支差额占 GDP 的比重有轻微的逆周期特征，可能说明这些国家的相机决策效应部分抵消了自动稳定器的影响。

在大多数实证分析表明发达国家财政政策存在顺周期性特征的同时，也有部分学者发现了发达国家税收或者其他财政收支顺周期性的实证证据。而对于发展中国家的研究方面，财政政策的周期性特征研究结论并不一致。Talvi 和 Végh（2005）通过实证检验发现，无论发达国家还是发展中国家的财政收入都具有顺周期性，其中发达国家具有税收顺周期性，同时政府支出表现出顺周期性是普遍现象。他们认为由于银行视经济运行情况而调整授信政策，因此，发展中国家的财政政策普遍是顺周期的。因为这些国家在经济下滑时期很难取得融资，政府可支配收入减少，而经济上升时期时能够比较容易地组织财政收入，因此扩大政府支出。大量证据表明发展中国家相较于发达国家，财政行为表现出更高的非平稳性和顺周期性，但 Manmohan（2005）认为这不等同于发达国家的财政政策就完全逆经济周期，完全平稳。Gavin 和 Perotti（1997）认为拉丁美洲国家的财政政策具有顺周期性，主要是由于在经济周期的上升阶段，这些国家政府可以比较容易地从国际市场进行融资，本国的财政收入也有所增加，政治方面的激励因素导致政府继续扩大支出，而在衰退时期国际信贷约束又使其财政收入顺周期减少。Alesina 和 Tabellini（2005）同样认为某些国家存在财政政策顺周期的现象，但原因不是银行的贷款政策而是政治因素。由于选民不能掌握政府积累债务的完全信息，加之腐败政府官员的寻租行为将会导致政府倾向于施行顺周期财政政策，即政府在经济繁荣时期举借更多债务或增加税收。Kaminsky（2004）认为许多不发达国家的政府缺乏在经济繁荣时约束政府消费的能力，所以财政支出具有顺周期特征。

学者们对我国财政政策周期性特征也进行了大量研究。刘金全（2005）研究了我国财政政策作用机制与经济周期波动的相依性，实证结果显示，我国财政政策规模和操作具有显著的周期性特征。在经济衰退时期，财政政策的逆周期性比较明显，而在经济繁荣时期，财政政策的顺周期性比较明显。孙天琦、杨岚和苗文龙（2010）认为，无论我国的财政收入还是财政支出都有显著的顺周期性，政府公共消费比转移性支出更具有顺周期性；从时间上看，1998 年以前财政支出具有一定的顺周期特征，在此之后，经济繁荣时期继续表现为顺周期性，而经济萧条时期的逆周期性较为明显。贾俊雪、郭庆旺和赵旭杰（2012）剖析了中国独特的财政分权体制和官员治理制度安排所蕴含的地方与全国利益冲突和协调机制，提出了地方政府支出行为的周期性悖论假说和制度根源，利用多动态因素模型和空间计量模型进行了实证分析，结果发现地方政府支出行为呈现出较明显的全国反周期和省份顺周期特征，有助于全国经济稳定但加剧了省份经济波动，这在欠发达省份表现得尤为突出。

二、我国中央财政和地方财政现状

(一) 我国中央和地方财政收支划分现状

从表6.1中可以看出，从1978年到2007年，我国中央政府的财政收入由15.52%增加到54.07%，从2007年到2015年，中央政府的财政收入虽有减少的趋势，但仍然占据财政收入近半数的份额，地方政府的财政收入却从1978年到2007年由84.48%下降到45.93%，自2007年起有所上升。尤其是在1994年分税制改革之后，中央政府的税收收入明显增加。与此形成鲜明对比的，中央的财政支出却是呈下降趋势的，1978年中央的财政支出是47.42%，到了2007年仅为22.98%，而地方财政支出却并没有因为财政收入的减少而减少，反而有增加的趋势。可见，中央政府占了全国财政收入的大头，但中央政府财政支出随着时间的推移逐渐呈减少的趋势，自1988年以后一直处于35%以下，在近几年中，中央政府财政支出减少至20%以下。而地方政府收入低于中央政府，却承担了全国财政支出的大头，一些由中央政府牵头或发起的项目需要地方政府提供配套资金，造成了地方政府事权较多，财权较少，财政收支不匹配的状况。这客观上使地方政府创新融资方式，积极寻找发展地方经济的融资来源。

表6.1 中央和地方财政收入支出占比 单位：%

年份	财政收入		财政支出	
	中央	地方	中央	地方
1978	15.52	84.48	47.42	52.58
1979	20.18	79.82	51.11	48.89
1980	24.52	75.48	54.26	45.74
1981	26.46	73.54	54.96	45.04
1982	28.61	71.39	52.99	47.01
1983	35.85	64.15	53.89	46.11

续　表

年　份	财政收入		财政支出	
	中　央	地　方	中　央	地　方
1984	40.51	59.49	52.52	47.48
1985	38.39	61.61	39.68	60.32
1986	36.68	63.32	37.93	62.07
1987	33.48	66.52	37.38	62.62
1988	32.87	67.13	33.92	66.08
1989	30.86	69.14	31.47	68.53
1990	33.79	66.21	32.57	67.43
1991	29.79	70.21	32.21	67.79
1992	28.12	71.88	31.28	68.72
1993	22.02	77.98	28.26	71.74
1994	55.70	44.30	30.29	69.71
1995	52.17	47.83	29.24	70.76
1996	49.42	50.58	27.10	72.90
1997	48.86	51.14	27.43	72.57
1998	49.53	50.47	28.95	71.05
1999	51.11	48.89	31.49	68.51
2000	52.18	47.82	34.75	65.25
2001	52.38	47.62	30.51	69.49
2002	54.96	45.04	30.71	69.29
2003	54.64	45.36	30.10	69.90
2004	54.94	45.06	27.71	72.29
2005	52.29	47.71	25.86	74.14
2006	52.78	47.22	24.72	75.28
2007	54.07	45.93	22.98	77.02
2008	53.29	46.71	21.32	78.68
2009	52.42	47.58	19.99	80.01
2010	51.13	48.87	17.79	82.21

续 表

年 份	财政收入		财政支出	
	中 央	地 方	中 央	地 方
2011	49.41	50.59	15.12	84.88
2012	47.91	52.09	14.90	85.10
2013	46.59	53.41	14.60	85.40
2014	45.95	54.05	14.87	85.13
2015	45.49	54.51	14.52	85.48

资料来源：《中国统计年鉴》(2016 年)。

(二) 我国中央和地方财政支出分类现状

政府财政职能主要有三项：资源配置职能、分配职能、经济稳定和发展职能。中央财政主要承担国家安全、外交和中央国家机关运转所需经费、调整国民经济结构、协调地区发展、实施宏观调控所必需的支出以及由中央直接管理的事业发展支出。地方财政主要承担地方各级政府的年度财政收支计划，保障地方社会和经济运行平稳发展，为国家筹集财政资金，保证国家政治经济任务的财力保障，支持地方经济建设和各项事业的发展。

我国中央和地方财政支出分类项目参见表 6.2，从 2015 年中央和地方一般公共预算主要支出项目分类中可以看出，我国中央政府和地方政府的责任划分有所不同，地方政府在众多社会支出中承担了大部分份额，比如在教育、文化、社会保障、医疗卫生、基本建设支出、城市维护建设支出等领域承担了主要责任，而中央政府的支出占比较大的项目主要涉及国家安全、国防、外交、经济金融等，除此之外，其余项目均是地方财政支出占据主导地位。

通过分析得出，我国中央和地方政府之间主要事权和支出责任差异较大，中央财政收支比较稳健，而地方政府承担着主要的事权和支出责任。一方面政府在基础教育、公共医疗卫生、社会保障、环境保护以及农村建设和发展等方面投入较多，主要的支出责任落在地方政府身上。另一方面中央政府现有投入在地区之间、城乡之间分布不平衡，并出现了支出过度

表 6.2　2015 年中央和地方财政支出分类占比

项　　目	一般公共预算支出				
	总计（亿元）	中央（亿元）	中央占比（%）	地方（亿元）	地方占比（%）
合计	175 877.8	25 542.2	14.52	150 335.6	85.5
一般公共服务支出	13 547.8	1 055.3	7.79	12 492.5	92.2
外交支出	480.3	476.8	99.26	3.5	0.7
国防支出	9 087.8	8 868.5	97.59	219.3	2.4
公共安全支出	9 380.0	1 584.2	16.89	7 795.8	83.1
教育支出	26 271.9	1 358.2	5.17	24 913.7	94.8
科学技术支出	5 862.6	2 478.4	42.27	3 384.2	57.7
文化体育与传媒支出	3 076.6	272.0	8.84	2 804.7	91.2
社会保障和就业支出	19 018.7	723.1	3.80	18 295.6	96.2
医疗卫生与计划生育支出	11 953.2	84.5	0.71	11 868.7	99.3
节能环保支出	4 802.9	400.4	8.34	4 402.5	91.7
城乡社区支出	15 886.4	10.8	0.07	15 875.5	99.9
农林水支出	17 380.5	738.8	4.25	16 641.7	95.7
交通运输支出	12 356.3	853.0	6.90	11 503.3	93.1
资源勘探信息等支出	6 005.9	342.3	5.70	5 663.6	94.3
商业服务业等支出	1 747.3	22.6	1.29	1 724.8	98.7
金融支出	959.7	463.5	48.29	496.2	51.7
援助其他地区支出	261.4	0.0	0.00	261.4	100.0
国土海洋气象等支出	2 114.7	347.9	16.45	1 766.8	83.5
住房保障支出	5 797.0	401.2	6.92	5 395.8	93.1
粮油物资储备支出	2 613.1	1 836.1	70.26	777.0	29.7
债务付息支出	3 548.6	2 866.9	80.79	681.7	19.2
债务发行费用支出	54.7	28.6	52.38	26.0	47.6
其他支出	3 670.6	329.2	8.97	3 341.4	91.0

资料来源：《中国统计年鉴》（2016 年）。

和支出不足的问题。同时，中央和地方政府之间也存在职责划分不清晰、具体的法律规范在实际中难以操作或者实施的细化制度不足等问题，造成了中央和地方政府之间事权错位和收支程度不平衡。

三、我国财政收支的周期性特征

（一）HP 滤波法

HP 滤波法最早由 Hodrick 和 Prescott（1980）提出，它可以将时间序列分为趋势成分和波动成分。考虑时间序列 y_t

$$y_t = g_t + c_t \tag{6.1}$$

式中，g_t 表示时间序列中的趋势成分；c_t 表示时间序列中的波动成分。构造满足以下条件的时间序列 y_t

$$\min\left\{\sum_{t=1}^{T}(y_t - g_t)^2 + \lambda\sum_{t=2}^{T-1}[(g_{t+1} - g_t) - (g_t - g_{t-1})]^2\right\} \quad (\lambda > 0) \tag{6.2}$$

HP 滤波法将时间序列中的波动成分分离出来，以便更合理地描述经济变量随时间变化的趋势，λ 越大，估计出来的时间序列趋势越光滑。当 $\lambda = 0$ 时，y_t 是符合最小化的趋势序列；当 λ 接近无穷大时，估计的趋势接近于线性函数。通常年度数据时一般将 λ 值设置为 100，季度数据时 λ 值设置为 1 600，月度数据时 λ 值则为 14 400。本节在研究时使用我国财政收支的年度数据，因此 λ 值设定为 100。

（二）我国财政收支的周期性分析

本节采用 HP 滤波法分析经济周期中财政政策的变动特征，以 1978 年到 2015 年的年度数据分析财政收入与财政支出的周期性特征，数据来自《中国统计年鉴》。主要变量及名称包括：GDP 代表了国内生产总值的增长率；RPI 为商品零售价格指数（以 1978 年为基期）；CPI 为居民消费价格指数（以 1978 年为基期）；CZYE 为财政余额，SR 为财政收入；ZC 为财政支出；GSR 为财政收入的增长速度；GZC 为财政支出的增长速度；SR_ZY 为中央政府的财政收入；SR_DF 为地方政府的财政收入；GSR_ZY 为中央政府财政收入的增长率；GSR_DF 为地方政府财政收入的增长率；以此类推，分别还有 ZC_ZY、ZC_DF、DZC_ZY、DZC_DF 等变量。利用 HP 滤波法将各个变量的趋势成分与波动成分分离，结果如图 6.1 所示。

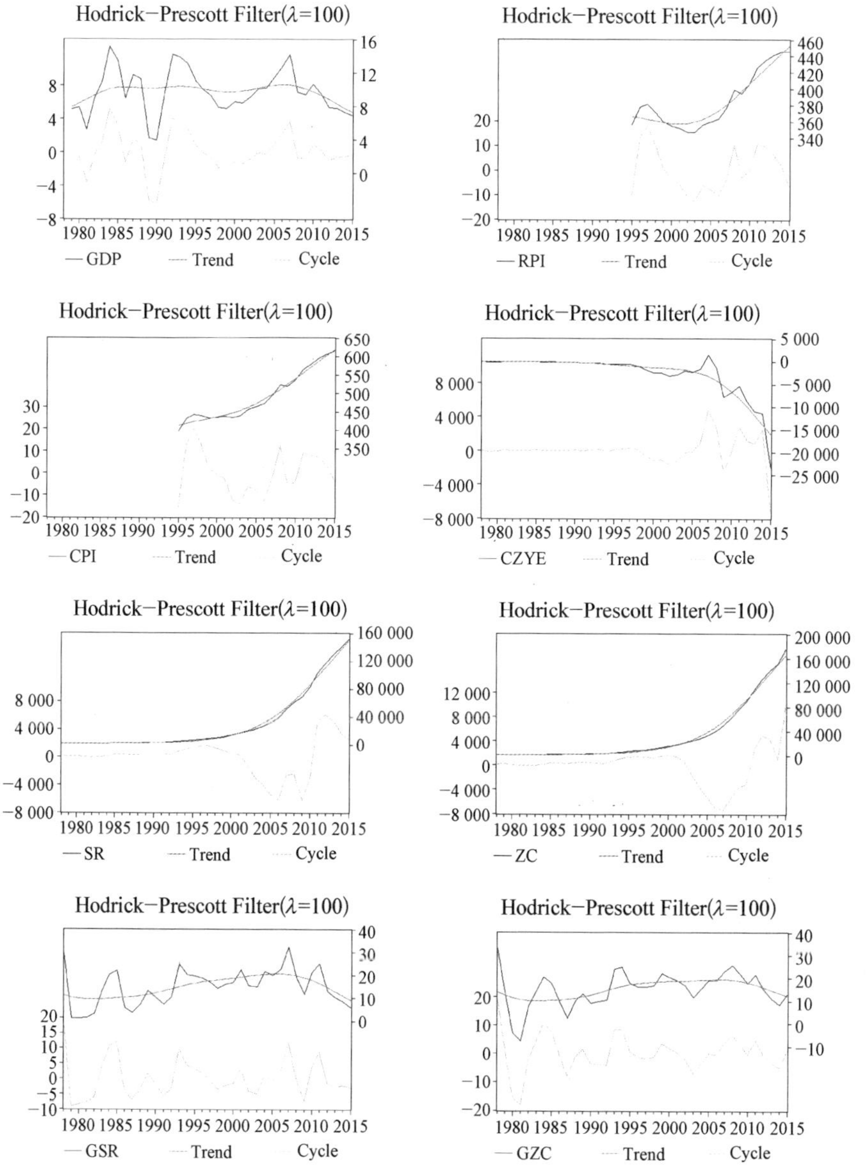

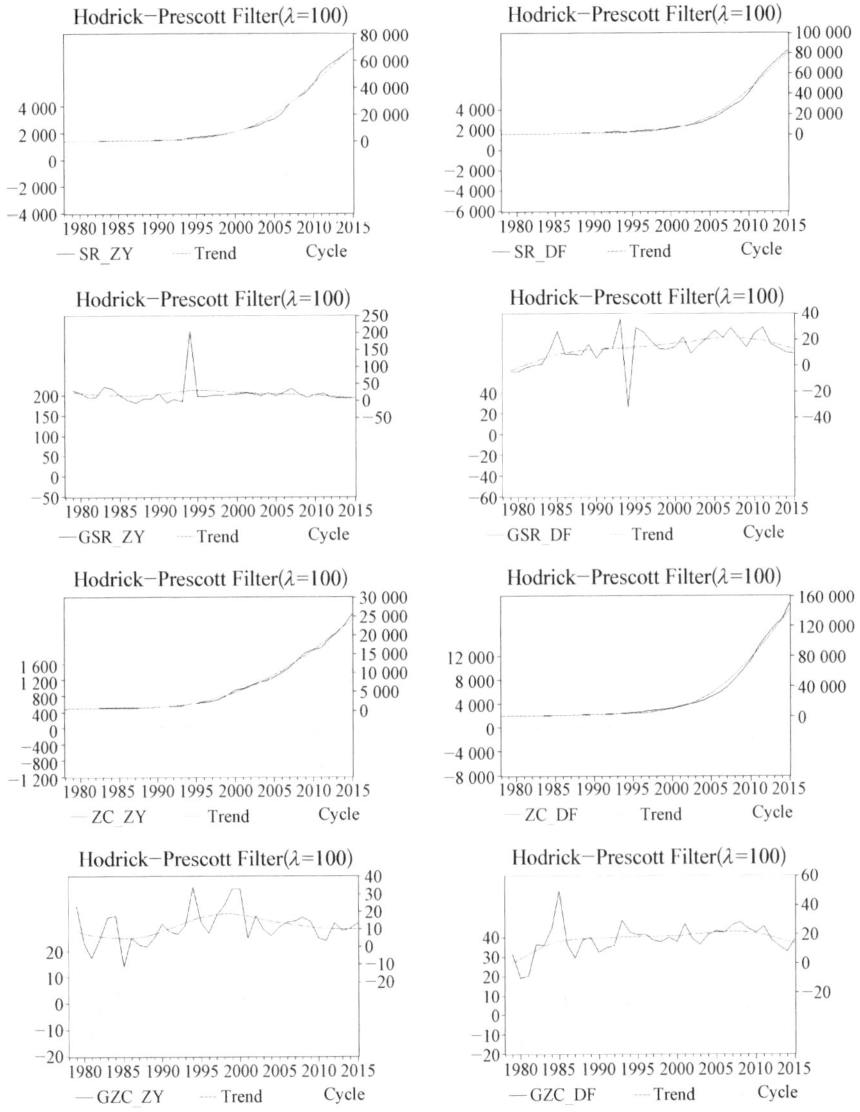

图 6.1 基于 HP 滤波法分析经济周期与财政收支

通过 HP 滤波法分离各变量的趋势成分和波动成分，可以看出，财政收入和财政支出的绝对值和经济周期变量之间关系不明显，但是 GDP 增长率、RPI、CPI 以及财政支出和财政收入的增长率之间虽然振动幅度大小不一，但是周期长度、频率以及抵达周期波谷波峰的时间点都非常相似，表明经济周期变量和财政收支变量之间存在顺周期关系。

财政收入的增长率达到波峰的年份分别为1985、1989、1993、2001、2004、2007、2011年；达到波谷的年份分别为1979、1987、1991、1998、2003、2009年，因此财政收入表现与财政支出基本一致，也具有明显的顺周期性特征。中央财政收入的增长率达到波峰为1983、1991、1994、2007年；地方财政收入出现波峰在1985、1989、1993、1996、2001、2005、2011年，而在1990、1994、2002、2009年处于波谷。可以看出中央财政收入有明显的顺周期特征，而地方财政收入的顺周期性特征在1989年之后减弱，在部分时间段中表现为弱逆周期性特征，但总体依然呈现为顺周期性。财政支出的增长率达到波峰的时间分别为1984、1989、1994、1999、2007、2011年，都处于经济发展的繁荣时期；波谷时间分别为1981、1987、1992、2003、2009、2014年，基本都属于经济萧条时期，财政支出表现为较为明显的顺周期性特征。从财政支出的增长率来看，中央财政支出的增长率波峰出现在1984、1994、2000、2008年，波谷出现在1981、1985、1996、2001、2011年；地方财政支出的增长率波峰出现在1985、1989、1993、2001、2011年，波谷出现在1981、1987、1990、2003、2014年。可以看出中央财政支出呈现较为明显的顺周期特征，而地方财政支出的顺周期特征不是特别明显，部分时期存在略有逆周期的态势。

四、主要结论

通过HP滤波法分析可以看出，1978年到2015年间，我国财政收入和财政支出受经济周期影响显著，总体呈现出顺周期的特征，与其他文献的研究结论基本相符，对比分析中央财政收支和地方财政收支，发现我国中央财政收支呈现出较为明显的顺周期性特征，而我国地方财政收支虽然整体仍表现为顺周期特征，但也有部分时期呈现出较弱的逆周期性，但是逆向波动痕迹不是特别明显。由于我国的地方政府承担着主要的事权责任和支出责任，地方政府财政收支的整体顺周期性，能在一定程度上体现财政政策的“内在稳定器”功能；而地方政府财政收支在部分时间的逆周期特征，也能同时发挥相机决策的政策功能。

第二节　地方政府融资平台债务风险的顺周期性特征

从上节分析可以看出，由于我国地方政府通过融资平台等渠道借款，且对债务的依赖程度较大，因此其对经济周期的波动更加敏感。当经济处于上行周期时，市场资金面较为宽裕，政府更倾向于放大杠杆提高负债进行融资建设，而高投资反过来进一步促进经济的增长；而当经济处于下行周期时，市场资金面趋紧使得政府长期资金的需求无法满足，融资可得性的降低使得地方政府不得不减少融资预算。同样，当地方政府与其他微观个体都缩减投资的时候，市场的紧缩状况会进一步加剧。地方政府债务风险的顺周期性由此产生。

一、地方政府融资平台债务风险顺周期性机制

地方政府债务风险顺周期性表现为：当经济处于繁荣时期，由于投资收益高于举债利率，因此地方政府倾向于通过负债提高杠杆率以获取更多的利益；反之，地方政府杠杆率下降，投资水平降低。以地方政府融资平台的负债数据代替政府债务的数据，则地方政府债务顺周期表现可以用地方政府融资平台的杠杆率来体现，即经济处于上行周期时，地方政府融资平台杠杆率上升；经济处于下行周期时，地方政府融资平台杠杆率下降（图6.2、图6.3）。

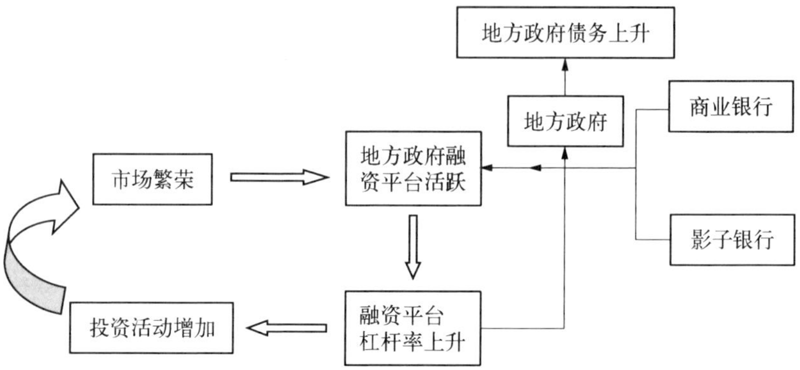

图6.2　繁荣时期融资平台债务循环

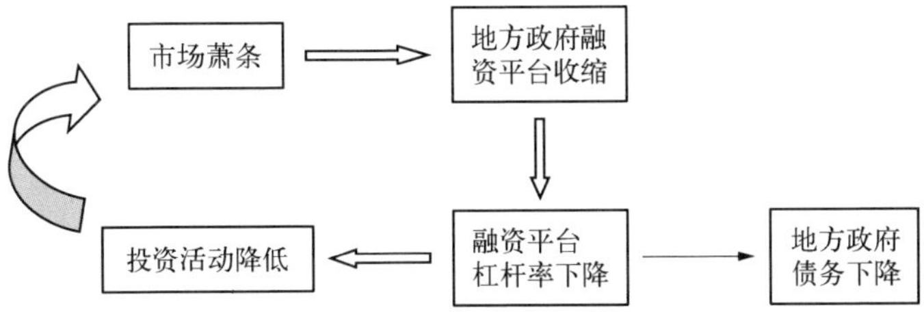

图 6.3　萧条时期融资平台债务循环

二、地方政府融资平台杠杆率

杠杆效应的基本原理是公司通过主动负债的方法来维持运营的资金需求。本节将融资平台杠杆率定义为总资产除以总权益。在资产规模一定的情况下，负债越多，自有资本越少，杠杆率则越大。杠杆效应的特点包括：赢利时，收益随杠杆率放大；亏损时，损失也随杠杆率放大。因此，杠杆效应使融资平台获得高收益的同时承受较高的风险。

杠杆率可以表示为

$$L = \frac{A}{E} = \frac{D + E}{E} = 1 + \frac{D}{E} \tag{6.3}$$

式中，L 为杠杆率；A 为资产；E 为所有者权益；D 为负债。

该指标反映的是企业能以多少自有资本撬动资产，杠杆率越高，相对于总资产来说自有资本越少，企业资本净收益越大，但同时风险也越大。一般来说，企业杠杆率应呈现逆周期性，即

$$\frac{\mathrm{d}L}{\mathrm{d}A} = \frac{D}{(A - D)^2} < 0 \tag{6.4}$$

假设某公司某年资产负债表数据如表 6.3 所示。

表 6.3　融资平台资产负债简表

会 计 科 目	金　　额
资产	100 万元
负债	90 万元
所有者权益	10 万元
杠杆率	10

公司总资产 100 万，其中 90 万为负债，10 万为自有资产（所有者权益为 10 万）。此时该公司的杠杆率为 $L1=100/10=10$。

常规营利模式下公司杠杆率与资产扩张之间存在逆周期性。以表 6.3 为例，假设此公司不增加借债融资，即 D 不变。则随着公司盈利的增加，其利润增加，所有者权益 E 也增加。因此，所有者权益占资产的比例上升，其杠杆率（所有者权益占资产比例的倒数）则会下降。若此公司下一时期资产负债表部分科目变动如表 6.4 所示，此时公司总资产为 130 万，其中所有者权益从 10 万上升至 40 万，负债不变仍为 90 万，则此时公司的杠杆率为 $L2=130/40=3.25<10$，杠杆率下降。

表 6.4　2009 年某实体公司资产负债表中资产负债表部分科目

会计科目	金额
资产	130 万元
负债	90 万元
所有者权益	40 万元
杠杆率	3.25

但是对于地方政府融资平台来说，由于资金来源主要依赖发债和银行借款，同时又得到政府隐性担保，治理模式有别于一般企业。在经济扩张时期，信贷条件宽松，抵押资产（土地）价值上涨，政府投资拉动经济需求旺盛，这些都会导致资产的增长不会带来所有者权益的同步增长和杠杆率下降，反而会使融资平台更多地进行融资和投资，引起资产规模的进一步扩张和杠杆率的增加。此时，如果资产增长到 130，而权益资本仍保持 10 不变，则杠杆率为 130/10=13。杠杆率的提高使融资平台自有资本承担的风险不断增加，一旦宏观经济周期逆转、利率提高、信贷紧缩，融资平台积累的债务风险就会爆发，引发债务危机。

表 6.5　下一时期某融资平台资产负债表科目

会计科目	金额
资产	130 万元
负债	120 万元
所有者权益	10 万元
杠杆率	13

融资平台在三种情况下杠杆率会扩大。第一，在经济上升周期。信贷扩张、流动性宽松，土地等抵押物价格上涨，融资平台更容易获得贷款，且贷款成本较低，此时融资平台主动提高杠杆率；第二，信贷扩张时期（如政府实施经济刺激政策）。在经济下滑周期，我国金融资源配置向政府和国有经济倾斜，同时民营经济运行风险加大，金融机构和市场将金融资源更多配置到地方政府和国有企业等有政府显性（土地）和隐性担保的部门（地方和中央企业）。第三，信贷收缩初期。地方政府融资平台为了继续维持运营，必须“借新还旧”，滚动融资，提高杠杆率。此时为被动增加杠杆率。

经济上行时期，土地出让金收入预期增长，预期杠杆率与实际杠杆率之间动态反馈机制作用下，银行会逐步放松贷款限制，使融资平台的杠杆率逐步提高，从投资型融资主体转变为庞兹型融资主体。从某种程度上说，地方政府融资平台资产的增长代表着当地政府投资的增长。融资平台的总资产是信贷周期的具体体现。当信贷扩张周期时，企业经营效益好，地方财政收入增长，同时土地价格上涨，这些都会增加融资平台的融资能力，促使资产扩张。各大公司的经营状况都在宏观上趋于良好，地方政府乐于投资，融资平台总资产增加。当市场经济处于衰弱状态时，公司经营状况也趋于衰弱，不利于政府的投资建设，融资平台总资产减少。若融资平台的杠杆率增长引发了资产更快的增长，那么就可以认为地方政府融资平台债务风险具有顺周期的特征。

三、数据与指标选取

由于地方政府负债的详细数据不易取得，而地方政府融资平台作为政府债务的主要载体，财务数据相对容易收集，因此本节以融资平台的数据进行研究，选取 33 家具有地方政府融资平台性质的上市城投公司 2000Q1～2012Q3 财务指标数据进行分析。33 家上市公司中有 4 家是深股，其余 29 家是沪股。其所属行业大多数与基础设施建设有关，分别属于北京、上海、云南等 20 个不同的省市。

通过检验地方政府融资平台总资产变化率与杠杆率变化率的关系，可

发现地方政府债务风险与经济周期的关系。使用这种基于弹性的衡量方法可以消除数据的量纲关系并更具有可比性。其中

$$\text{总资产变化率}=\frac{\text{本期总资产}-\text{上一期总资产}}{\text{上一期总资产}} \tag{6.5}$$

$$\text{杠杆率}=\frac{\text{总资产}}{\text{总资产}-\text{总负债}} \tag{6.6}$$

$$\text{杠杆率变化率}=\frac{\text{本期杠杆率}-\text{上一期杠杆率}}{\text{上一期杠杆率}} \tag{6.7}$$

四、实证及结果分析

在对 33 家上市城投公司的数据进行拟合时，得到杠杆率的增长率和资产增长率具有正相关关系的结论（图 6.4），总体上看，总资产变化率的增长带来杠杆率更快的增长，城投公司杠杆率呈现顺周期性特征。这印证了前面的理论分析，即地方政府融资平台在经济上行阶段更多依赖债务融资扩张资产并进行投资，使杠杆率的变动和经济周期具有同步性。

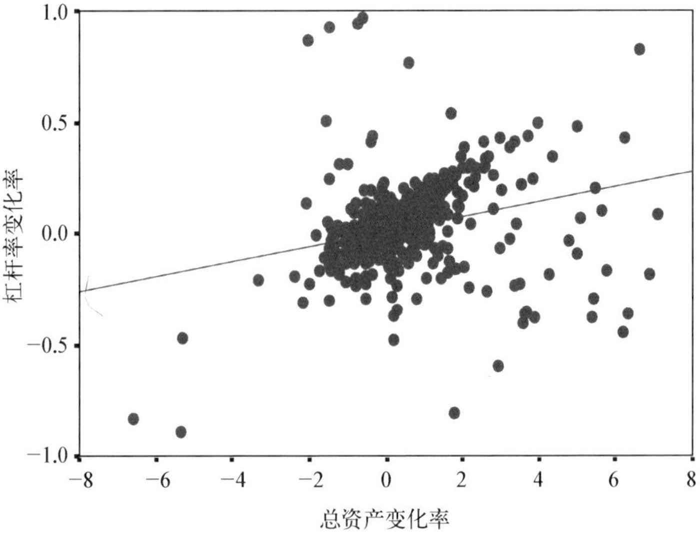

图 6.4　总资产变化率和杠杆率变化率的回归分析

进一步对33家上市公司分别进行一元回归分析，发现其中28家公司呈现出杠杆率顺周期性，其余5家公司没有表现出明显的经济顺周期性。根据系数将城投公司顺周期性分为三类：强顺周期性（深灰）、弱顺周期性（浅灰）、非顺周期性（白色），见表6.6。从相关系数来看，第一类中 $R \geqslant 0.68$，第二类中 $0.28<R<0.68$，第三类 $R<0.28$ 为非顺周期性城投。

表6.6　顺周期性城投和非顺周期性城投差异比较

名　称	相关系数 *R*	名　称	相关系数 *R*
龙江交通	0.963	云天化	0.49
城投控股	0.953	黑牡丹	0.483
吉林高速	0.944	重庆水务	0.47
川投能源	0.891	ST景谷	0.461
创业环保	0.883	太平洋	0.426
通宝能源	0.873	申能股份	0.386
四川成渝	0.86	中原高速	0.351
五洲交通	0.786	西藏城投	0.334
申通地铁	0.761	锡业股份	0.309
皖通高速	0.708	赣粤高速	0.309
宁沪高速	0.698	首创股份	0.293
京能热电	0.673	云南白药	不相关
云南旅游	0.595	福建高速	不相关
中天城投	0.562	山东高速	不相关
云南城投	0.497	银泰股份	不相关
外高桥	0.492	深圳燃气	不相关
强生控股	0.492		

对三类公司的主要财务指标进行非参数Kruskal－Wallis检验，发现 $\frac{流动资产}{总资产}$（A1）、资产负债率增长率（A2）以及市盈率（A3）三个指标在三类公司中有较大的差异。另两个指标 $\frac{流动负债}{总负债}$（A4）和 $\frac{短期借款}{负债}$（A5）在三类公司中没有显示出明显差异（表6.7）。

表 6.7　K－W 检验结果

公司类型	平台数	样本平均值				
		流动资产/总资产（A1）	资产负债率（A2）	市盈率（A3）	流动负债/总负债（A4）	短期借款/总负债（A5）
强顺周期性 $R \geq 0.68$	11	0.188 5	0.374 9	16.673 6	0.562 0	0.190 7
弱顺周期性 $0 < R < 0.68$	17	0.513 5	0.590 1	96.594 0	0.639 7	0.245 6
非顺周期性 $R < 0.68$	5	0.451 8	0.500 4	20.857 5	0.802 4	0.316 3
K－W 检验（p 值）		0.011	0.013	0.073	0.153	0.579

从结果中可以看出，强顺周期性城投公司的流动资产占总资产比例要比其他城投公司低得多，表明这类城投公司的流动性较差，这和大多数城投公司主营业务属于基础设施建设，具有工期长、收益慢的特点相一致。而强顺周期性城投的资产负债率相对其他公司来说也比较低，这可能是由于此类城投公司的规模较大，自有资本较多，更容易获得银行贷款或进行发债融资，相反在偿债比率方面，弱顺周期性城投的指标和非顺周期性城投的指标没有太大的区别。同时在短期负债方面，如流动负债和短期借款，三类城投中也没有明显差异。对于市盈率这个指标来说，强顺周期性城投的市盈率远远低于弱顺周期性和非顺周期性城投。这说明，如果不考虑杠杆率顺周期性因素，仅从资产负债率和市盈率考虑，强顺周期性城投的风险较小，但是该类公司的流动性较差，杠杆率顺周期性较强，具有较高隐性债务风险。

第三节　地方政府融资平台债务风险顺周期性影响因素分析

一、地方政府融资平台杠杆率的影响因素

根据前节论述，政府债务的顺周期性可以由地方融资平台杠杆率的顺

周期性来替代。而地方政府融资平台杠杆率的影响因素主要可以分为宏观与微观两方面。宏观层面包括 GDP 增长、银行信贷量、土地价格等，微观层面包括地方政府融资平台的 ROE 指标。具体影响因素见表 6.8。

表 6.8　地方政府融资平台杠杆率的影响因素

成因		经济上行	经济下行
宏观方面（金融环境）	GDP 增长率	当经济处于上升阶段，GDP 指标增长，此时投资前景好，融资环境宽松。因此地方政府倾向于债务融资，以谋求更高收益。此时，杠杆率上升	当经济处于下行阶段时，经济紧缩导致整个社会资金链收紧，外部投资者要求的预期回报率增加。此时举借债务不是最优选择，政府会减少债务融资，杠杆率下降
	信贷量	经济上行时，银行会降低安全边际要求、增加信贷量，以求获取更多利润。而地方融资平台以土地等政府资产作为担保，信用风险较低，容易获得金融市场的青睐。地方融资平台的杠杆率趋于上升	经济下行时，银行紧缩银根，减少信贷量以减少不良资产对自身的影响。信贷配给将导致地方政府融资减少，杠杆率下降
	土地价格	土地价格上涨带动抵押品价格的上涨，会刺激借债行为，促使融资平台杠杆率上升	土地价格下跌，地方政府抵押物价值减少，可贷资金随之减少，融资平台杠杆率下降
微观方面（公司个体）	ROE	一般而言，公司内部的留存收益与外部融资具有替代效应。即当上一年留存收益较多时，公司不必举债就能满足内部资金需求，因此公司会避免举债。但就地方政府融资平台而言，其基础设施的收益取得时间较长，且基础设施状况各地区不尽相同。因此，一部分基础设施较为成熟完善、已完工且产生较大收益的地方融资平台可以在经济上行时依靠获得的收益来填补向银行借款所需的资金，杠杆率不受影响或受反向影响；而一部分基础设施不完备的融资平台，已完工设施的收入更会刺激其投入资金的动力，扩大借债经营规模，杠杆率受正向影响	当市场处于萧条时期，一般而言 ROE 指标会逐年下降，此时的留存收益逐渐减少。就成熟的地方融资平台而言，其现金流可以完全覆盖其负债规模，属于抵补型融资，因此此类融资平台并不需要过多改变其融资规模，也可持续经营，有些甚至可以继续借债。而基础设施并不完备、或在建项目过多的地方融资平台属于投机性融资（有些甚至是庞兹融资），经济下行时期容易发生资金链断裂风险。银行出于审慎原则，会降低对这些融资平台的贷款，导致杠杆率下降

综上所述，GDP 增长率和信贷量会引起地方政府融资平台杠杆率的正向变动，而土地价格与 ROE 则引起杠杆率反向变动。地方政府融资平台杠杆率在这些因素的影响之下，是否表现出一定的顺周期性？若存在顺周期性，这些因素对地方政府债务风险顺周期性的影响大小如何？接下来的实证检验将重点研究这两个问题。

二、地方政府融资平台债务风险影响分析

（一）融资平台发展中暴露出的主要问题

客观地说，融资平台为地方经济和社会发展筹集资金，在加强基础设施建设、拉动经济复苏以及应对国际金融危机冲击中发挥了积极作用。但在发展过程中，地方融资平台普遍存在以下问题。

（1）融资平台公司举债融资规模膨胀过快，运作不够规范。其中举债规模膨胀又分为两个阶段。第一阶段是 2008—2009 上半年，此时我国为应对全球经济衰退正全力支持地方融资平台的推广，融资平台债务整体规模迅速膨胀。2009 年下半年至今，则出现了地方政府负有偿还责任的债务增长较快的现象。由第三章第 5 节数据可知，截至 2013 年 6 月底，省市县三级政府负有偿还责任的债务余额 105 789.05 亿元，比 2010 年年底增加 38 679.54 亿元，年均增长 19.97%。其中，省级、市级、县级年均分别增长 14.41%、17.36%和 26.59%。运作不规范的问题则集中出现在融资平台建设初期，随后出台的中央及各部门的文件集中整治的就是运作规范的问题。

（2）县级融资平台主要集中在欠发达地区，第一还款来源存在不足，而其取得回报的时期与贷款期限存在错配，增加了融资平台的贷款风险。2010 年底，县级政府性债务余额占全国政府性债务余额的 32.71%。2013 年 6 月，县级政府性债务余额占全国政府性债务余额上升 3.64%至 36.35%。

（3）部分地方和行业债务负担较重。据审计署 2013 年数据，截至 2012 年年底，有 3 个省级、99 个市级、195 个县级、3 465 个乡镇政府负有偿还责任债务的债务率高于 100%。从行业债务状况看，截至 2013 年

6 月底，全国政府还贷高速公路和取消收费政府还贷二级公路债务余额分别为 19 422.48 亿元和 4 433.86 亿元，债务偿还压力较大。

（4）地方政府性债务对土地出让收入的依赖程度较高。一旦土地价格实现泡沫软着陆，必定会带来政府租金收入与抵押贷款的下滑，地方政府融资平台的持续性堪忧。截至 2012 年年底，11 个省级、316 个市级、1 396 个县级政府承诺以土地出让收入偿还的债务余额 34 865.24 亿元，占省市县三级政府负有偿还责任债务余额 93 642.66 亿元的 37.23%。

（5）地方政府违规或变相提供担保，偿债风险日益加大。政府土地被多次重复抵押以用于商业银行的贷款担保，导致地方政府融资平台的杠杆率畸高，偿债风险增大。该问题在国务院出台地方政府不得以担保形式为融资平台融资的相关文件后有所好转。

（6）部分地方和单位违规融资、违规使用政府性债务资金。审计署 2013 年审计后发现，部分地方违规通过 BT 模式、向非金融机构和个人借款等方式举借政府性债务 2 457.95 亿元；地方政府及所属机关事业单位违规提供担保 3 359.15 亿元；融资平台公司等单位违规发行债券 423.54 亿元；国发〔2010〕19 号文件下发后，仍有 533 家只承担公益性项目融资任务且主要依靠财政性资金偿还债务的融资平台公司存在继续融资行为；财政部等四部委 2012 年年底明确要求地方政府规范对融资平台公司的注资行为后，仍有部分地方将市政道路、公园等公益性资产和储备土地等以资本金形式违规注入 71 家融资平台公司，涉及金额 544.65 亿元；部分地方违规将债务资金投入资本市场 22.89 亿元、房地产市场 70.97 亿元和用于修建楼堂馆所 41.36 亿元。

（7）部分银行业金融机构风险意识薄弱，对融资平台公司信贷管理缺失。地方政府融资平台作为 2008 年以来政府债务融资的主要来源，其所面临的问题很可能会影响到政府、银行体系，最后甚至可能因蝴蝶效应而形成系统性金融风险。

（二）地方政府融资平台债务风险的影响

（1）对政府的影响

当经济处于繁荣时期，由于有政府担保、中央支持，地方融资平台可以依靠滚雪球方式（投机型融资或庞氏融资）进行经营，其所融资金是否具有营利性可以不被重点关注。但是，一旦经济发生下滑，资金链收紧，地方融资平台便面临入不敷出的窘境。而基础建设是地方融资平台的重点项目，基础建设所需的资金流是稳定的现金流，一旦出现资金流断裂，可能形成烂尾工程，导致资源巨大浪费。在这种情况下，政府作为地方融资平台的最后担保人，则会被要求履行担保责任。如果土地能够顺利地以高价出让，地方政府则仍具有可靠的偿债能力，但高地价却透支了地方经济持续发展的能力；而一旦土地难以顺利出让，地方政府可能陷入信用危机。最终，根据冯静、石才良（2006）的地方政府债务违约博弈模型，在地方政府陷入债务危机后，无论在何种情况下，最终中央政府都会选择进行救助。而这可能导致区域性债务危机蔓延至全国，演变成国家主权债务危机。

（2）对银行的影响

截至 2013 年年末，银行贷款依然是我国地方政府债务的主要资金来源，虽然较 2010 年下降 28.25%，但仍占总借债额的 50.76%。由于我国直接融资市场发展较慢，仅有部分省市可以通过发行城投债获得建设资金，如发债率最高的上海债券融资占融资总额比重也仅有 25.9%。地方政府以银行贷款为主的间接融资模式本质上是一种风险集聚机制，财政风险可能向银行和金融体系转移，演变为系统性金融风险。

从我国商业银行的角度看，贷款风险值得关注。一方面，在贷款需求上，地方融资平台往往需要长期建设资金，而商业银行的风险管理决定了贷款周期以中短期为主，因此存在期限错配问题。另一方面，银行在与地方政府融资平台的贷款合约中处于委托人地位，存在严重的信息不对称性。地方政府融资平台经常采用打包贷款的方式，从商业银行取得贷款后再分拆给不同的项目，银行无法监控地方政府的资金投向，给银行管理贷款风险造成了很大障碍。此外，政府的真实还款能力也在银行所能控制的范围之外。当经济处于上行周期，地方政府拥有的土地等抵押品能为贷款提供充足的担保。然而，一旦土地价格下跌，地方政府将面临无法继续提供有效担保物的困境，而商业银行也将承受较高的坏账风险。

（3）对社会的影响

政府和银行是社会的重要组成部分，地方政府债务风险的积聚，将使公共物品和服务的社会供给能力减弱，不利于地方社会事业的发展。地方政府债务的不断膨胀甚至可能引起更大范围的社会危机，造成社会不安定，破坏当地社会和谐（黄燕芬、邬拉，2011）。地方政府融资平台债务规模的扩张，在贷款总量一定的前提下，会加大其他企业的贷款难度，特别是将中小企业挤出信贷市场，导致信贷资金配置远离帕累托最优状态。

地方政府融资平台债务风险的影响如图 6.5 所示。

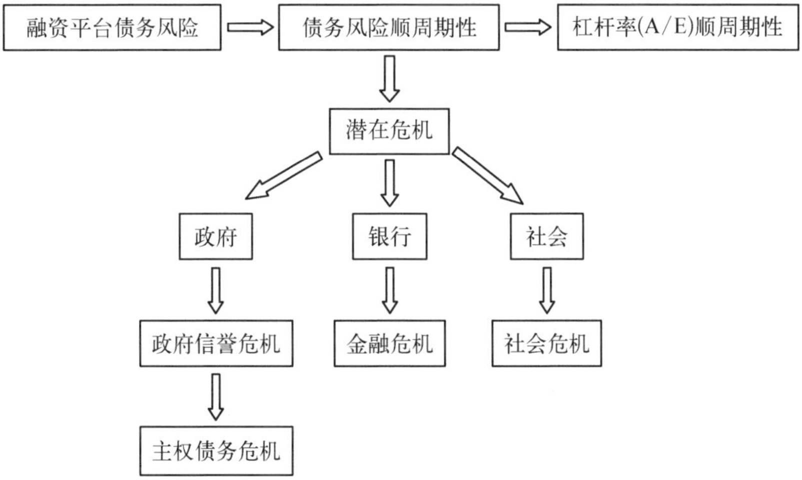

图 6.5　地方政府融资平台债务风险的影响

三、地方政府融资平台债务风险顺周期性实证检验

融资平台的总资产变动是市场经济周期的具体体现。当市场经济处于良好状态时，实体企业经营状况也趋于良好，政府乐于投资，融资平台总资产相应增加。当市场经济处于萧条状态时，公司经营状况也趋于恶化，地方政府降低投资水平，融资平台总资产增速放缓。本节将进一步探究融资平台的资产与杠杆率之间的关联性。

（一）样本及数据选取

本节选取 45 家上市融资平台公司 2001 年第四季度至 2013 年第一季度的季度数据，数据来自锐思数据库、中国统计年鉴、国家统计局网站及和讯财经网。采用“资产总额/所有者权益总额”描述融资平台公司的杠杆率，作为被解释变量，记为 AE；资产总额作为解释变量，记为 A。实证检验工具使用 Eviews7.0 软件。

（二）时间序列的平稳性检验

为了考察变量之间是否具有长期均衡关系，对杠杆率（AE）及资产总额（A）进行单位根检验，见表 6.9 和表 6.10。

表 6.9 杠杆率的单位根检验

变　量	LLC 统计量	IPS 统计量	ADF 统计量	PP 统计量
杠杆率 AE	2.291 83	0.842 12	125.631	163.137
P 值	−0.989 0	0.800 1	0.007 8***	0.000 0***

表 6.10 资产总额的单位根检验

变　量	LLC 统计量	IPS 统计量	ADF 统计量	PP 统计量
资产总额 A	11.394 5	15.979 4	18.412 6	21.906 2
P 值	1.000 0	1.000 0	1.000 0	1.000 0

由表 6.9 可知，杠杆率 AE 在 ADF 与 PP 检验下的 P 值小于 1%，即在 99%的置信区间内拒绝原假设，认为变量在 99%的区间下其时间序列平稳。应拒绝原假设，认为杠杆率不存在单位根，即杠杆率平稳。但 LLC 与 IPS 检验均未通过。

由表 6.10 可知，不论在何种检验下，资产总额 A 的 P 值均为 1.000 0，因此接受原假设，认为资产总额变量不是平稳时间序列，存在单位根。对变量进行一阶差分，再作检验，检验结果如表 6.11、6.12 所示。

表 6.11 杠杆率一阶差分的单位根检验

变　量	LLC 统计量	IPS 统计量	ADF 统计量	PP 统计量
杠杆率 AE	−33.437 3	−35.477 7	1 095.46	1 157.08
P 值	0.000 0***	0.000 0***	0.000 0***	0.000 0***

表 6.12　资产总额一阶差分的单位根检验

变　量	LLC 统计量	IPS 统计量	ADF 统计量	PP 统计量
资产总额 *A*	-24.257 1	-25.942 1	855.936	1 012.26
P 值	0.000 0***	0.000 0***	0.000 0***	0.000 0***

由表 6.11、表 6.12 可知，杠杆率 *AE*、资产总额 *A* 的一阶差分序列在各种检验下 *P* 值均小于 1%，即在 99%的置信区间内拒绝原假设，所以这两个变量的一阶差分序列在 99%的区间下实现一阶单整，表明各时间序列一阶差分都是平稳的，其时间序列属于一阶单整序列。

（三）指标散点图

由于杠杆率 *AE* 与资产总额 *A* 都是一阶差分平稳序列，因此，对这两个指标分别取自然对数。通过散点图（图 6.6）来进一步考察融资平台杠杆率水平（*AE*）与资产总额（*A*）之间的关系。可以看出，杠杆率与资产总额存在正向变动关系。拟合的回归线向上倾斜，斜率大于零，推断杠杆率变动的百分比快于总资产变动的百分比。

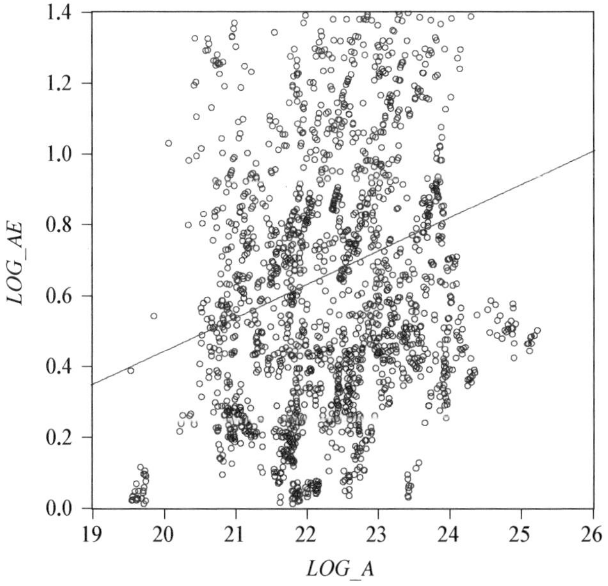

图 6.6　杠杆率与资产总额的散点图

（四）描述性统计

融资平台杠杆率的描述性统计见表 6.13。由表 6.13 可知，2001 年第 4 季度至 2013 年第 1 季度，样本融资平台杠杆率的均值为 2.128 1，中位数为 1.790 2，最大值与最小值分别为 9.859 0 与 1.009 7，标准差为 1.053 009。其中，2001 年至 2007 年，地方融资平台的杠杆率均值均在 2.0 左右浮动，2008 年以后呈逐年上升趋势。截至 2013 年，融资平台杠杆率平均上涨 68.83%，至 2.955 8（表 6.14、图 6.7）。

表 6.13　融资平台杠杆率的描述性统计

Mean	2.128 113
Median	1.790 232
Maximum	9.859 042
Minimum	1.009 679
Std. Dev.	1.053 009
Skewness	2.226 633
Kurtosis	10.757 47

表 6.14　融资平台杠杆率均值

年　度	均　值
2001	1.750 711
2002	1.713 373
2003	1.851 785
2004	1.850 196
2005	1.878 724
2006	2.016 950
2007	2.003 774
2008	2.077 697
2009	2.191 476
2010	2.328 947
2011	2.527 636
2012	2.720 423
2013	2.955 761

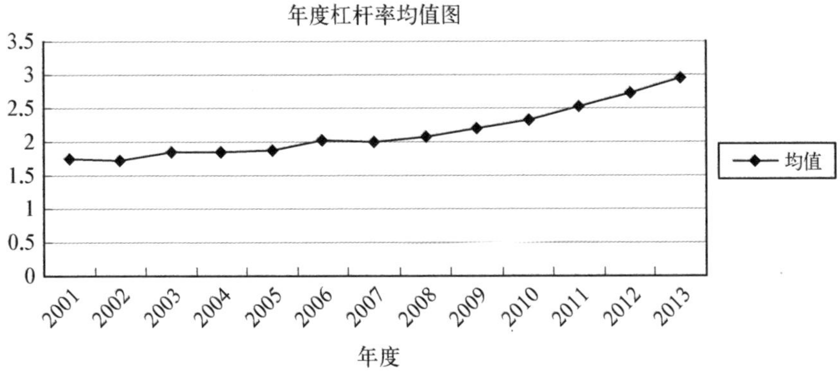

图 6.7　融资平台杠杆率均值

(五) 杠杆率的回归方程

运用 OLS 拟合法得到杠杆率的回归方程如下

$$LOG(AE) = 0.321\ 186LOG(A) + 1.000\ 337AR(1)$$

表 6.15　各变量系数的显著性水平

变　　量	t-统计量	显著性水平
A	17.944 21	0.000 0
AR (1)	2 332.861	0.000 0

各变量系数的显著性水平如表 6.15 所示。从表 6.15 中可以看出，回归方程中资产总额 A，以及一阶自回归 AR (1) 系数的 P 值均小于 0.01，即在 99% 的置信区间内拒绝原假设，方程调整的 R 平方 (Adjusted R-squared) 值达到 93.362 9%，拟合效果好。回归方程表明，资产总额的增长与杠杆率的增长呈同向变动关系，回归系数约为 0.321 2。即宏观经济繁荣时，融资平台公司资产总额随宏观经济每上升 1%，杠杆率上升 0.321 2%，公司风险敞口增大；而宏观经济进入衰退周期时，融资平台公司资产总额收缩，资产总额每下降 1%，杠杆率下降 0.321 2%，进一步降低融资平台偿付能力。

以上结论表明融资平台杠杆率的顺周期性特征：当经济处于上行周期时，融资平台公司运用杠杆效应增加投资，促使经济进一步繁荣：当经济处于下行周期时，偿付能力要求的增加将使融资平台公司减少投资及业务的扩张，加剧经济波动并延长萧条周期。

四、融资平台债务风险顺周期性影响因素的检验

(一) 数据选取

以上一节样本融资平台为基础，本节选取了全国 GDP 增长率、信贷量、全国土地价格作为宏观因素，融资平台净资产回报率 ROE 代表微观因素。数据期间为 2001 第 4 季度至 2013 年第 1 季度，数据来自中国统计年鉴、国家统计局、和讯财经网及瑞思数据库。实证检验工具使用 Eviews7. 0 软件。

(二) 时间序列的平稳性检验

各影响因素变量的单位根检验如表 6. 16 所示。由表 6. 16 可知，土地价格 *LAND_PRICE* 的 LLC、IPS 与 ADF 检验下在 1%的水平显著，即拒绝存在单位根的原假设，认为土地价格 *LAND_PRICE* 不存在单位根。同理，融资平台净资产回报率 *ROE* 指标的 IPS、ADF、PP 检验在 1%水平下显著，也可认为其不存在单位根。

表 6. 16 各影响因素变量的单位根检验

变　量	LLC 统计量	IPS 统计量	ADF 统计量	PP 统计量
GDP	4. 360 14	3. 850 68	0. 000 16	1. 106 60
P 值	1. 000 0	1. 000 0	0. 999 9	0. 575 0
CREDIT	4. 371 22	5. 110 47	8. 4E-06	1. 9E-11
P 值	1. 000 0	1. 000 0	1. 000 0	1. 000 0
LAND_PRICE	-3. 415 22	-4. 099 63	17. 705 8	2. 633 95
P 值	0. 000 3	0. 000 0	0. 000 1	0. 267 9
ROE	2. 404 71	-10. 105 1	281. 865	879. 252
P 值	0. 991 9	0. 000 0	0. 000 0	0. 000 0

而 *GDP* 增长率与信贷量 *CREDIT* 指标在四种检验下都不显著，因此对这两个变量进行一阶差分检验。检验结果见表 6.17。

表 6.17　*GDP* 与 *CREDIT* 的一阶差分单位根检验

变　量	LLC 统计量	IPS 统计量	ADF 统计量	PP 统计量
GDP	39.989 6	-0.513 70	2.254 89	18.420 7
P 值	1.000 0	0.303 7	0.323 9	0.000 1
CREDIT	-1.946 04	-1.231 95	4.604 21	5.104 95
P 值	0.025 8	0.109 0	0.100 0	0.077 9

由表 6.17 可知，*GDP* 增长率指标在一阶差分后 *P* 值明显降低，其 PP 统计量在 1% 水平下已经显著，但其余 3 个检验均未能通过。信贷量 *CREDIT* 指标在一阶差分后，其 LLC、IPS、PP 统计量均在 10% 水平下显著，即认为信贷量变量在一阶差分后平稳。而其 IPS 统计量为 0.109 0，可近似认为在 10%水平下显著。因此，继续对经济增长 GDP 指标作二阶差分检验。检验结果见表 6.18。

表 6.18　*GDP* 的二阶差分单位根检验

变　量	LLC 统计量	IPS 统计量	ADF 统计量	PP 统计量
GDP	179.891	-2.447 12	9.900 92	18.420 7
P 值	1.000 0	0.007 2	0.007 1	0.000 1

由表 6.18 可知，*GDP* 增长率指标在 IPS、ADF 及 PP 检验下都在 1% 水平下显著，即可认为 *GDP* 的二阶差分变量是平稳的。

综上所述，土地价格 *LAND_PRICE* 与净资产回报率 *ROE* 变量本身是平稳的。而信贷量 *CREDIT* 变量是一阶单整，*GDP* 增长率变量则是二阶单整。

（三）融资平台杠杆率影响因素的回归分析

1. 不含信贷量的总回归方程

运用 OLS 拟合法得到不包含信贷量的杠杆率总回归方程如式（6.8）和表 6.19 所示。

$$LOG(AE) = 0.047\,0D(LOG(GDP)) + 0.008\,7LOG(LAND\_PRICE) - 0.002\,8ROE + 0.966\,2LOG(AE(-1)) \quad (6.8)$$

表 6.19 不含信贷量的总回归方程

Dependent Variable: *LOG* (*AE*)				
Variable	**Coefficient**	**Std. Error**	**t-Statistic**	**Prob.**
D (*LOG* (*GDP*))	0.047 029	0.017 175	2.734 978	0.006 3***
LOG (*LAND_PRICE*)	0.008 727	0.001 386	6.297 397	0.000 0***
ROE	-0.002 770	0.000 546	-5.071 808	0.000 0***
LOG (*AE* (-1))	0.966 235	0.008 280	116.693 4	0.000 0***

注：* 表示在 0.1 的水平上显著，** 表示在 0.05 的水平上显著，*** 表示在 0.01 的水平上显著。

2. 不含信贷量的分段回归方程（2001—2007）

不含信贷量的分段回归方程如表 6.20 所示。

$$LOG(AE) = 0.066\,0D(LOG(GDP)) + 0.008\,8LOG(LAND\_PRICE) - 0.003\,8ROE + 0.967\,7LOG(AE(-1)) \quad (6.9)$$

表 6.20 2001—2007 年不含信贷量的回归方程

Dependent Variable: *LOG* (*AE*)				
Variable	**Coefficient**	**Std. Error**	**t-Statistic**	**Prob.**
D (*LOG* (*GDP*))	0.065 979	0.019 007	3.471 296	0.000 5***
LOG (*LAND_PRICE*)	0.008 797	0.001 425	6.174 115	0.000 0***
ROE	-0.003 760	0.000 534	-7.040 802	0.000 0***
LOG (*AE* (-1))	0.967 693	0.009 091	106.442 7	0.000 0***

注：* 表示在 0.1 的水平上显著，** 表示在 0.05 的水平上显著，*** 表示在 0.01 的水平上显著。

3. 不含信贷量的分段回归方程（2008—2013）

不含信贷量的分段回归方程如表 6.21 所示。

$$LOG(AE) = -0.069\,9D(LOG(GDP)) + 0.011\,5LOG(LAND\_PRICE) + 0.002\,1ROE + 0.925\,7LOG(AE(-1)) \quad (6.10)$$

表 6.21　2008—2013 年不含信贷量的回归方程

Dependent Variable: *LOG*（*AE*）				
Variable	Coefficient	Std. Error	t-Statistic	Prob.
D（*LOG*（*GDP*））	-0.069 922	0.050 108	-1.395 431	0.164 0***
LOG（*LAND_PRICE*）	0.011 499	0.004 316	2.664 351	0.008 2***
ROE	0.002 117	0.001 743	1.214 914	0.225 5***
LOG（*AE*（-1））	0.925 696	0.023 440	39.492 58	0.000 0***

注：* 表示在 0.1 的水平上显著，** 表示在 0.05 的水平上显著，*** 表示在 0.01 的水平上显著。

4. 含信贷量的总回归方程

含信贷量的总回归方程如表 6.22 所示。

$$\begin{aligned} LOG(AE) = {} & 0.049\,0D(LOG(GDP)) + 0.021\,4LOG(CREDIT) \\ & - 0.052\,1LOG(LAND\_PRICE) - 0.002\,9ROE \\ & + 0.961\,4LOG(AE(-1)) \end{aligned} \tag{6.11}$$

表 6.22　含信贷量的总回归方程

Dependent Variable: *LOG*（*AE*）				
Variable	Coefficient	Std. Error	t-Statistic	Prob.
D（*LOG*（*GDP*））	0.049 035	0.017 175	2.854 939	0.004 4***
LOG（*CREDIT*）	0.021 431	0.008 476	2.528 367	0.011 6***
LOG（*LAND_PRICE*）	-0.052 106	0.024 100	-2.162 077	0.030 8***
ROE	-0.002 904	0.000 547	-5.303 845	0.000 0***
LOG（*AE*（-1））	0.961 423	0.008 478	113.400 9	0.000 0***

注：* 表示在 0.1 的水平上显著，** 表示在 0.05 的水平上显著，*** 表示在 0.01 的水平上显著。

表 6.23　样本融资平台一阶自回归 AR（1）系数的显著性水平

Dependent Variable: *LOG*（*AE*）				
Variable	Coefficient	Std. Error	t-Statistic	Prob.
000046 - AR（1）	0.950 75	0.056 582	16.802 96	0.000 0
000511 - AR（1）	0.852 669	0.099 921	8.533 443	0.000 0

续 表

Dependent Variable: *LOG* (*AE*)				
Variable	**Coefficient**	**Std. Error**	**t-Statistic**	**Prob.**
000538 - AR (1)	0. 750 429	0. 193 935	3. 869 477	0. 000 1
000540 - AR (1)	1. 008 47	0. 023 956	42. 096 83	0. 000 0
000667 - AR (1)	0. 777 374	0. 081 586	9. 528 298	0. 000 0
000828 - AR (1)	0. 981 835	0. 059 837	16. 408 46	0. 000 0
000886 - AR (1)	0. 951 155	0. 055 706	17. 074 55	0. 000 0
000960 - AR (1)	0. 970 043	0. 068 297	14. 203 39	0. 000 0
000916 - AR (1)	1. 008 963	0. 034 559	29. 195 55	0. 000 0
002062 - AR (1)	0. 994 182	0. 053 22	18. 680 72	0. 000 0
002208 - AR (1)	0. 594 007	0. 086 131	6. 896 541	0. 000 0
002314 - AR (1)	0. 448 065	0. 157 736	2. 840 61	0. 004 6
600008 - AR (1)	0. 909 447	0. 103 571	8. 780 892	0. 000 0
600012 - AR (1)	0. 974 526	0. 115 678	8. 424 436	0. 000 0
600018 - AR (1)	1. 015 425	0. 231 312	4. 389 843	0. 000 0
600020 - AR (1)	1. 017 184	0. 047 986	21. 197 37	0. 000 0
600033 - AR (1)	0. 953 743	0. 089 646	10. 639 02	0. 000 0
600035 - AR (1)	0. 981 56	0. 056 543	17. 359 55	0. 000 0
600133 - AR (1)	1. 011 095	0. 082 033	12. 325 5	0. 000 0
600239 - AR (1)	0. 900 283	0. 038 581	23. 334 88	0. 000 0
600266 - AR (1)	0. 971 761	0. 027 175	35. 759 24	0. 000 0
600269 - AR (1)	0. 931 343	0. 097 721	9. 530 636	0. 000 0
600284 - AR (1)	0. 874 222	0. 055 517	15. 746 96	0. 000 0
600350 - AR (1)	0. 987 447	0. 058 904	16. 763 68	0. 000 0
600368 - AR (1)	0. 969 304	0. 062 657	15. 469 99	0. 000 0
600377 - AR (1)	0. 972 066	0. 064 73	15. 017 28	0. 000 0
600510 - AR (1)	0. 972 372	0. 061 661	15. 769 76	0. 000 0
600545 - AR (1)	0. 893 881	0. 103 587	8. 629 262	0. 000 0
600548 - AR (1)	0. 958 493	0. 082 329	11. 642 29	0. 000 0

续 表

Dependent Variable: *LOG* (*AE*)				
Variable	**Coefficient**	**Std. Error**	**t-Statistic**	**Prob.**
600638 - AR (1)	0. 973 385	0. 055 356	17. 584 11	0. 000 0
600642 - AR (1)	1. 000 753	0. 114 766	8. 719 958	0. 000 0
600648 - AR (1)	1. 021 446	0. 029 972	34. 079 96	0. 000 0
600649 - AR (1)	0. 888 243	0. 048 389	18. 356 28	0. 000 0
600662 - AR (1)	0. 879 225	0. 155 376	5. 658 697	0. 000 0
600674 - AR (1)	0. 675 486	0. 066 601	10. 142 21	0. 000 0
600683 - AR (1)	0. 941 309	0. 037 406	25. 164 92	0. 000 0
600736 - AR (1)	1. 008 665	0. 033 975	29. 688 6	0. 000 0
600834 - AR (1)	1. 001 408	0. 058 351	17. 161 66	0. 000 0
600874 - AR (1)	0. 837 801	0. 106 23	7. 886 692	0. 000 0
601107 - AR (1)	1. 018 592	0. 172 294	5. 911 936	0. 000 0
601139 - AR (1)	1. 859 486	0. 807 647	2. 302 35	0. 021 5
601158 - AR (1)	1. 187 357	0. 376 653	3. 152 392	0. 001 7
601188 - AR (1)	1. 057 54	0. 202 146	5. 231 565	0. 000 0
601518 - AR (1)	1. 028 242	0. 165 7	6. 205 457	0. 000 0

5. 含信贷量的分段回归方程（2001—2007）

$$LOG(AE) = 0.0622D(LOG(GDP)) + 0.0349LOG(CREDIT) - 0.0891LOG(LAND\_PRICE) - 0.0039ROE + 0.9650LOG(AE(-1)) \quad (6.12)$$

表 6.24 2001—2007 年含信贷量的回归方程

Dependent Variable: *LOG* (*AE*)				
Variable	**Coefficient**	**Std. Error**	**t-Statistic**	**Prob.**
D (*LOG* (*GDP*))	0. 062 194	0. 019 047	3. 265 341	0. 001 1***
LOG (*CREDIT*)	0. 034 852	0. 016 237	2. 146 427	0. 032 1***
LOG (*LAND_PRICE*)	-0. 089 141	0. 045 651	-1. 952 680	0. 051 2***
ROE	-0. 003 905	0. 000 537	-7. 270 123	0. 000 0***
LOG (*AE* (-1))	0. 964 992	0. 009 158	105. 371 5	0. 000 0***

注：* 表示在 0.1 的水平上显著，** 表示在 0.05 的水平上显著，*** 表示在 0.01 的水平上显著。

6. 含信贷量的分段回归方程（2008—2013）

$$
\begin{aligned}
LOG(AE) = & -0.069\,8D(LOG(GDP)) + 0.001\,1LOG(CREDIT) \\
& + 0.008\,4LOG(LAND\_PRICE) + 0.002\,1ROE \\
& + 0.925\,7LOG(AE(-1))
\end{aligned}
\tag{6.13}
$$

表 6.25　2008—2013 年含信贷量的回归方程

Dependent Variable: *LOG*（*AE*）				
Variable	**Coefficient**	**Std. Error**	**t-Statistic**	**Prob.**
D（*LOG*（*GDP*））	-0.069 778	0.058 784	-1.187 008	0.236 3***
LOG（*CREDIT*）	0.001 050	0.223 158	0.004 707	0.996 2***
LOG（*LAND_PRICE*）	0.008 373	0.664 267	0.012 605	0.990 0***
ROE	0.002 118	0.001 746	1.212 479	0.226 4***
LOG（*AE*（-1））	0.925 696	0.023 484	39.418 22	0.000 0***

注：* 表示在 0.1 的水平上显著，** 表示在 0.05 的水平上显著，*** 表示在 0.01 的水平上显著。

（四）回归方程的解释

就各个拟合方程的拟合效果而言，调整的 R 平方（Adjusted R-squared）均达到 80%以上，因此，方程整体拟合性较好；就变量解释能力而言，在包含与不包含信贷量总方程以及 2001—2007 年的分段拟合方程中，土地价格 *LAND_PRICE*、融资平台 *ROE*、GDP 增长率与信贷量 *CREDIT* 的 *P* 值均小于或等于 5%，因此在 5%的显著性水平下显著，表明自变量对杠杆率的影响十分显著。而在 2008—2013 年的方程中，GDP 增长率与融资平台 *ROE* 均不显著；土地价格 *LAND_PRICE* 在不含有信贷量 *CREDIT* 的方程中显著，在含有信贷量 *CREDIT* 的方程中不显著。由此可以得到如下结论。

第一，从整体上来看，地方政府融资平台杠杆率的顺周期性可以由经济增长、信贷量、土地价格与融资平台净资产回报率来解释。

第二，以含有信贷量的总方程为例，对各变量系数解释如下：系数显著为正的变量是 $D(LOG(GDP))$ 与 $LOG(CREDIT)$。$D(LOG(GDP))$ 系数的含义是，当 GDP 增长率上升 1%时，融资平台杠杆率上升 0.049 035%。

LOG(*CREDIT*) 系数的含义是，当银行信贷规模扩大1%时，融资平台杠杆率上升0.021 431%。根据前节的论述可知，当GDP增长时，经济处于上行周期，此时融资平台投资更多，债务杠杆率也更高；当银行扩大信贷规模时，融资平台在政府担保下，更容易从商业银行获得贷款，从而使杠杆率提高。系数显著为负的变量是 *LAND_PRICE* 与 *ROE*。*LAND_PRICE* 系数表明，土地价格上升1%时，融资平台杠杆率下降0.052 1%；*ROE* 系数表明，融资平台净资产报酬率上升1%时，其杠杆率会下降0.002 9%。

第三，各个融资平台公司一阶自回归AR（1）的值几乎全部显著。这表明，杠杆率的顺周期性与其自身上一阶段的表现有密切关系。上一季度杠杆率较高的融资平台，其下季度的杠杆率受上一季度的影响而偏高，且这一影响是显著的。可以从宏观和微观两个方面解释这个现象。宏观方面而言，不管中央采取何种财政政策或货币政策，由于政策的时滞性，宏观经济不可能马上达到预期效果。融资平台也受到时滞性的影响，表现为杠杆率的正向自相关性。微观方面而言，只要融资平台有较强的还款意愿，无论在经济上行还是下行周期，前一期的债务就会在下一期以再融资方式进行偿还，从而增加融资平台的杠杆率。

第四，当总方程中不含有信贷变量时，土地价格变量因素显著为正（系数为0.008 727，*P* 值为0.000 0***）；而当总方程中含有信贷量变量时，土地价格变量因素却显著为负（系数为-0.052 106，*P* 值为0.000 0***）。表明当土地价格上升时，政府由于抵押产品的升值而获得更多的资金，因此杠杆率上升。然而土地价格对杠杆率的影响机制是个复杂过程：当融资平台以土地作为抵押进行贷款时，土地价格将作为资产负债表的借方影响杠杆率，即土地价格升高，可抵押额度上升，杠杆率升高；当融资平台因地价上涨而增加收入来源时，土地价格又会作为资产负债表的贷方影响杠杆率，即土地价格升高，融资平台收入随之升高，带动政府财政收入提高，导致杠杆率降低。

第五，从包含信贷量的方程可以看出，2001—2007年，GDP增长率、信贷量、土地价格、融资平台 *ROE* 以及上一期杠杆率这五个因素可以非常合理地解释融资平台当期杠杆率，其 *P* 值均小于0.1。而2008—2013年，只有上一期杠杆率这一变量是显著的，其余变量均不显著。对比2008—

2013 年不含信贷量的方程发现，土地价格在不受信贷量影响的情况下是显著的，可能是由于在 2008—2013 年土地价格与信贷量产生了线性相关性。为了验证这个观点，以信贷量为因变量，土地价格为自变量，做简单 OLS 回归，结果如表 6.26、表 6.27 所示。2001—2007 年，信贷量与土地价格的线性方程的调整后 R 值（Adjusted R）为 25.17%，表明信贷量与土地价格并未有太大的线性相关性；而 2008—2013 年信贷量与土地价格线性方程的调整后 R 值（Adjusted R）达到了 57.64%，存在较大的线性相关性。由此可以得出结论，2008—2013 年，土地价格的上升与信贷量的快速膨胀有着密切的联系。这也印证了在 2008—2013 年，地方政府通过抵押土地，大量获得贷款，加大杠杆率融资的经营方式。

表 6.26　2001—2007 年信贷量与土地价格的简单线性回归

Dependent Variable：*LOG*（*CREDIT*）				
Variable	**Coefficient**	**Std. Error**	**t-Statistic**	**Prob.**
LOG（*LAND_PRICE*）	2.818 600	0.001 390	2 027.211	0.000 0***

注：* 表示在 0.1 的水平上显著，** 表示在 0.05 的水平上显著，*** 表示在 0.01 的水平上显著。

表 6.27　2008—2013 年信贷量与土地价格的简单线性回归

Dependent Variable：*LOG*（*CREDIT*）				
Variable	**Coefficient**	**Std. Error**	**t-Statistic**	**Prob.**
LOG（*LAND_PRICE*）	2.967 967	0.001 014	2 925.787	0.000 0***

注：* 表示在 0.1 的水平上显著，** 表示在 0.05 的水平上显著，*** 表示在 0.01 的水平上显著。

第六，GDP 增长率、融资平台 *ROE* 虽然可以在 2001—2007 年很好地解释杠杆率的上升，然而在 2008—2013 年由于全球金融危机的发生，我国经济增长速度放缓，其一阶差分为负，而此阶段融资平台杠杆率持续上升，因此其对杠杆率的系数会呈现负相关关系；融资平台在 2008—2013 年因财政刺激政策的影响，并未因 *ROE* 的增加而减少融资，因此没有出现上文所分析的负相关关系。由于两个变量在 2008 年之后回归系数均不显著，可以认为土地价格上升及信贷量的扩张是 2008—2013 年各融资平台杠杆率上升的主导因素。

综上所述，2001—2007 年，GDP 增长率、信贷量、土地价格、融资平台 ROE 以及上一期杠杆率是影响当期融资平台杠杆率的主要原因。而 2008—2013 年，土地价格上涨和信贷规模扩张是引起融资平台杠杆率上升的重要因素。

第四节　小　　结

本章从三个方面实证检验了地方政府融资平台债务风险的顺周期性。

首先运用 HP 滤波法分析我国财政收支在经济周期中的变动特征。由于我国地方政府承担着主要的事权和责任支出，所以对比分析了中央政府和地方政府的财政收支。研究结果表明我国财政收入和财政支出在总体上呈现顺周期的特征，其中中央政府的财政收支始终呈现明显的顺周期性，而地方政府财政收支总体上表现为顺周期性，但在一定时期内显示出逆周期态势，具备一定程度的“内在稳定器”功能。

其次借鉴银行体系杠杆率顺周期性机制分析方法，选取上市融资平台作为样本，以“杠杆率”为债务风险研究的切入点，按照杠杆率与融资平台资产之间的变动趋势，将融资平台划分为“强周期型”“弱周期型”和“非周期型”。发现从偿债能力、赢利能力来看，强周期型融资平台的赢利能力和长期偿债能力较强，但是流动性风险较大。

最后采用计量模型，分析影响融资平台杠杆率变动的因素。以 2008 年作为时间的分水岭，在 2001—2007 年，GDP 增长率、信贷量、土地价格、融资平台 *ROE* 以及上一期杠杆率是影响当期融资平台杠杆率的主要原因。而 2008—2013 年，土地价格上涨和信贷规模扩张是引起融资平台杠杆率上升的重要因素。

第七章　地方政府融资平台转型发展及风险分析

第一节　地方政府融资平台转型发展背景分析

我国在推动城镇化发展的进程中，城市建设规模日益扩大，项目投融资和工程建设任务繁重。目前各地的城投公司都承担着地方政府投融资平台的重要职能，具有政府部门和国有企业双重角色。但此类公司大都不具备真正意义上的市场经营主体地位，缺少自营收入和盈利来源，导致债务高企，背负着项目融资、工程建设和欠债还贷的三重压力。受国发〔2014〕43号等有关政策的影响，城投公司按原有路径发展已非常困难，项目融资和企业运营发展受到很大影响。

一、地方政府和国企“去杠杆”成为经济工作重点

降低地方政府和国有企业债务风险已经成为我国经济工作的重点。党的十九大报告指出，“经济体制改革必须以完善产权制度和要素市场化配置为重点，实现产权有效激励、要素自由流动、价格反应灵活，改革国有资本授权经营体制，加快国有经济布局优化、结构调整、战略性重组，促进国有资产保值增值，推动国有资本做强做优做大，有效防止国有资产流失。深化国有企业改革，发展混合所有制经济，培育具有全球竞争力的世界一流企业”。李克强总理在第十三届全国人民代表大会第一次会议中指出，“推进国资国企改革，制定出资人监管权责清单。深化国有资本投资、运营公司等改革试点，赋予更多自主权。继续推进国有企业优化重组和央企股份制改革，加快形成有效制衡的法人治理结构和灵活高效的市场化经营机制，持续瘦身健体，提升主业核心竞争力，推动国有资本做强做优做大。稳妥推进混合所有制改革。落实向全国人大常委会报告国有资产管理情况的制度。国有企业要通过改革创新，走在高质量发展前列”。2018年4月2日，中央财经委员举行了第一次会议，指出打好防范化解金融风险攻坚战，要坚持底线思维，坚持稳中求进，抓住主要矛盾。要以结构性去杠杆为基本思路，分部门、分债务类型提出不同要求，地方政府和企业特别是国

有企业要尽快把杠杆降下来，努力实现宏观杠杆率稳定和逐步下降。要稳定大局，推动高质量发展，提高全要素生产率，在改革发展中解决问题。

二、融资平台转型发展政策环境

2013 年 4 月 9 日，银监会发布的《关于加强 2013 年地方政府融资平台贷款风险监管的指导意见》（银监发〔2013〕10 号）中规定，各银行业金融机构要遵循“总量控制、分类管理、区别对待、逐步化解”的总体原则，以控制总量、优化结构、隔离风险、明晰职责为重点，继续推进地方政府融资平台（以下简称“融资平台”）贷款风险管控。2014 年 9 月 21 日，《国务院关于加强地方政府性债务管理的意见》（国发〔2014〕43 号）中指出“加强政府或有债务监管。剥离融资平台公司政府融资职能，融资平台公司不得新增政府债务。地方政府新发生或有债务，要严格限定在依法担保的范围内，并根据担保合同依法承担相关责任。地方政府要加强对或有债务的统计分析和风险防控，做好相关监管工作”。2017 年 4 月 26 日，《关于进一步规范地方政府举债融资行为的通知》（财预〔2017〕50 号）中指出“加快政府职能转变，处理好政府和市场的关系，进一步规范融资平台公司融资行为管理，推动融资平台公司尽快转型为市场化运营的国有企业、依法合规开展市场化融资，地方政府及其所属部门不得干预融资平台公司日常运营和市场化融资”。2017 年 12 月 23 日，财政部《关于坚决制止地方政府违法违规举债遏制隐性债务增量情况的报告》中提出，“支持转型后的国有企业依法合规承接政府公益性项目”。2018 年 3 月 9 日，国家发改委《关于实施 2018 年推进新型城镇化建设重点任务的通知》中指出，“分类稳步推进地方融资平台公司市场化转型，剥离政府融资职能，支持转型中的融资平台公司及转型后的公益类国企依法合规承接政府公益类项目”。2018 年 3 月 28 日，财政部《关于规范金融企业对地方政府和国有企业投融资行为有关问题的通知》（财金〔2018〕23 号）中指出“除购买地方政府债券外，不得直接或通过地方国有企事业单位等间接渠道为地方政府及其部门提供任何形式的融资，不得违规新增地方政府融资平台公司贷款”。

三、地方政府融资平台转型发展的困境和难点

（一）传统地方政府融资平台的困境

目前，中西部地区地方政府特别是市级以下的区县级地方政府融资平台亟须转型发展。一般区县地方政府主要以城投公司为融资平台，负责城区土地开发、基础设施建设和保障房建设，同时还经营小规模的物业资产出租、安保等业务，其营业收入和毛利均主要来源于土地开发业务。近年来，土地开发业务规模逐年增大，但受基建项目成本结转的影响，毛利率存在较大波动，融资平台整体的赢利能力较弱。随着基础设施建设项目的持续投入，近年来融资平台负债持续扩张。虽然受益于股东增资和政府资产划入，融资平台资本实力不断提升，但杠杆率仍处于较高水平。由于基建业务投入资金规模大，非筹资性现金流持续呈大额净流出状态，资金平衡对外部融资的依赖度高。随着金融监管的日益趋紧，金融机构对无现金流的基础设施融资较为谨慎，传统地方政府融资平台转型升级迫在眉睫。

（二）地方政府融资平台转型发展的难点

1. 转型定位不明确

随着国家对平台类公司的进一步调控，剥离其政府性融资职能也逐渐落到实处。由于我国经济体系区域化差异明显，平台公司发展水平也各不相同。部分经济发达地区城市大建设时期基本结束，其平台公司大多转型为城市服务运营商；部分发展中地区则存在更大的空间和机遇，其平台公司转型为市场化投资公司，并具有一定的市场竞争力，也有平台公司兼具城市投资建设、运营服务等功能。但对更多的发展较差、转型较晚的平台公司而言，除了政府融资职能外，如何找准契合自身功能的发展方向，如何合理控制资产负债率、优化财务结构，如何应对新时期转型升级的使命，成了各大平台公司的痛点和难点。

2. 资本运作不规范

传统融资平台可以得到政府信用支持或背书，降低了资本市场对融资

平台债务风险的溢价，释放了地方政府和融资平台的融资冲动，实质上形成了地方政府、融资平台以及金融机构（特别是地方金融机构）三位一体的模式。在此过程中，地方政府注入平台资产重复抵押、平台互保、违规放款等不规范的情况时有发生。融资平台资金运作中“短借长贷”“借新还旧”等模式导致偿债压力不断加大，形成了地方政府庞大的隐性债务。同时，由于融资平台债务及资金并不纳入财政预算，缺乏对支出的有效约束和内部控制，容易发生融资平台控股公司挪用资金、项目之间相互担保等违规行为。一旦发生重大投资风险，将会引起连锁反应，直接危及地方金融生态稳定。

（三）治理结构不完善

长期以来，地方政府融资平台都是政企不分的典型代表。融资平台的班子成员一般纳入当地政府组织体系管理，由政府直接任命，部分地区甚至由当地财政、建设部门负责人兼任。在实质运作中，基本上按照政府指令办事，坚持政治效益和社会效益为先，不以经济效益最大化为目标，在过多的行政干预下平台缺乏自主性经营意愿和能力，导致其经营运作效率较低。此外，融资平台业务范围涵盖公共产品的各个方面，如城市建设投资、城建开发、经营管理、政策法规等，更加需要既能较好把握政策规则，又深谙市场运行规律的复合型人才。所以在转型过渡期间，人才储备不足的问题更加凸显。由于传统融资平台的管理人员大多同时担任行政职务，工作经历和习惯使他们较难从政府管理角色转型为市场经营角色，市场决策能力不强。而如果融资平台招聘市场化专业人才，不仅面临薪资待遇、岗位匹配等问题，更重要的是需要设计出政企分离及有效监管的内控框架。一方面可以保证转型后的融资平台按照市场化规则运行，另一方面也要维护政府在公共服务提供方面的管理能力。

（四）资产整合有风险

在城市开发建设工程中，地方政府融资平台虽然积累了一定的资产，但运作的规范性较差。首先，资产产权和运营手续不完善。很多项目都是按政府指令抢工建设，缺少科学合理的决策和执行程序，甚至“先上车，后补票”，工程建设没有办理相关手续，导致项目建成后无法确权，也无法形成有效资产。其次，资产运营收益分配模糊。部分公益性项目如文化设施、体育设施等在建设期由融资平台承担建设任务，但建成后大都移交地方相应职能部门管理运营。所以融资平台账面上虽然包括这些资产，但却没有项目收益的分配决策权。最后，融资平台资本来源复杂。由于平台的资本和资产大多由当地政府划转，涉及利益部门较多，部分资产划转的同时也带来了相关的人员、债务包袱，增加了平台转型时资产整合的难度和风险。

（五）国资混改推进难

地方政府融资平台本质上属于国有企业，在转型发展中可以采用混合所有制改革。但区县地方政府融资平台规模较小，资产证券化率低。部分融资平台的业务范围和投资领域相近，运作效率偏低，难以形成产业规模，更无法达到资本市场上股权和债券融资的要求。随着金融监管日益收紧，地方政府融资平台贷款融资约束日益加大。而在混合所有制改革过程中，由于区县一级地方政府融资平台的运作机制不规范，在没有形成合理的政府补偿机制下，赢利水平弱、现金流量少的项目难以得到社会资本的青睐。这就导致了区县地方政府融资平台混合所有制改革主要是地方国有企业投资地方融资平台，没有形成真正的政府资本和社会资本融合，也无法实现地方政府债务风险的转移和分散。

第二节　地方政府融资平台转型发展的 PPP 模式

自 20 世纪 80 年代以来，我国就开始探索在基础设施领域使用建设-经营-转让（BOT）等模式，这可以看成 PPP 模式的早期代表。但由于法律法规缺位、制度建设滞后、信用环境不完善等原因，PPP 模式并未在我国全面快速发展。2013 年，十八届三中全会提出，“允许社会资本通过特许经营等方式参与城市基础设施投资和运营”，开启了 PPP 发展的新局面。2014 年 9 月财政部下发了《财政部关于推广运用政府和社会资本合作模式有关问题的通知》(财资〔2017〕76号),首次正式提出“政府和社会资本合作”的标准说法,对PPP模式进行了详细明确的界定。

一、PPP的概念

PPP(Public-Private Partnership),泛指公共部门与私人部门为提供公共产品或服务而建立的各种合作关系,该词最早由英国政府于1982年提出,是指政府与私营商签订长期协议,授权私营商代替政府建设、运营或管理公共基础设施并向公众提供公共服务。对其英文翻译没有统一的称谓,如公私伙伴关系、公私合作伙伴模式、公共/私人合作关系、公私机构的伙伴合作、官方/民间的合作、民间开放公共服务、公共民营合作制等。不同的国际机构对PPP有不同定义。联合国发展计划署将PPP定义为政府、营利性企业和非营利性组织基于某个项目而形成的相互合作关系的形式。通过这种合作形式,合作各方可以达到比预期单独行动更有利的结果。合作各方参与某个项目时,政府并不是把项目的责任全部转移给私营部门,而是由参与合作的各方共同承担责任和融资风险。联合国培训研究院认为PPP涵盖了不同社会系统倡导者之间的所有制度化合作方式,目的是解决当地或区域内的某些复杂问题。PPP包含两层含义,其一是为满足公共产品需要而建立的公共和私人倡导者之间的各种合作关系;其二是为满足公共产品需要,公共部门和私人部门建立伙伴关系进行的大型公共项目的实施。欧盟委员会认为,PPP是指公共部门和私人部门之间的一种合作关系,其目的是为了提供传统上由公共部门提供的公共项目或服务。美国PPP国家委员会认为,PPP是介于外包和私有化之间并结合了两者特点的一种公共产品提供方式,它充分利用私人资源进行设计、建设、投资、经营和维护公共基础设施,并提供相关服务以满足公共需求。加拿大PPP国家委员会认为,PPP是公共部门和私人部门之间的一种合作经营关系,它建立在双方各自经验的基础上,通过适当的资源分配、风险分担和利益共享机制,最好地满足事先清晰界定的公共需求。总体来说,国外机构强调PPP模式提供公共服务在效率、资源配置和风险分担方面的优势。

学术界也没有对PPP的概念形成一致的表述。E. S. Savas(2002)认为 PPP 首先是公共和私营部门共同参与生产和提供物品与服务的任何安排；其次是指一些复杂的、多方参与并被民营化的基础设施项目。Kernaghan 将 PPP 定义为实现共同目标和互惠互利，公共部门与私人部门权力共享、共同经营、维护以及信息共享而形成的合作关系。而 G. Pierson, P. Mcbride（1996）对 PPP 进行了定义，认为 PPP 是指公共部门与私营部门之间签订长期合同，由私营部门实体来进行公共部门基础设施的建设或管理，或由私营部门实体代表一个公共部门实体（利用基础设施）向社会提供各种服务。由此归纳出 PPP 模式的如下特征。① 公共部门实体通常根据协议向私营部门实体移交基础设施（是否付款作为回报要视情况而定）。② 由私营部门实体建设、扩建或重建一项基础设施。③ 由公私部门指定基础设施的运行特性。④ 私营部门实体在既定期限内利用基础设施来提供公共服务（通常对运营和定价进行限制）。⑤ 在协议到期后，私营部门实体同意向公共部门移交基础设施（是否付款视情况而定）。

综上所述，可以将 PPP 定义为，政府与私人组织之间，为了提供某种公共物品和服务，以特许权协议为基础，彼此之间形成一种伙伴式的合作关系，并通过签署合同来明确双方的权利和义务，以确保合作的顺利完成，最终使合作各方达到比预期单独行动更为有利的结果。PPP 模式将部分政府责任以特许权经营方式转移给社会主体（企业），政府与社会主体建立起“利益共享、风险共担、全程合作”共同体关系，政府的财政负担减轻，社会主体的投资风险减小。

二、PPP 的模式及特征

（一）PPP 主要运营模式

PPP 具体运作模式的选择主要由收费定价机制、项目投资收益水平、风险分配基本框架、融资需求、改扩建需求和期满处置等因素决定。对于具有明确的收费基础，并且经营收费能够完全覆盖投资成本的项目，可通过政府授予特许经营权，采用建设-经营-转让（BOT）、建设-拥有-经营-

转让（BOOT）等模式推进。对于经营收费不足以覆盖投资成本或难以形成合理回报、须政府补贴部分资金或资源的项目，可通过政府授予特许经营权附加部分补贴或直接投资参股等措施，采用 BOT、建设-拥有-经营（BOO）等模式推进。对于缺乏“使用者付费”基础、主要依靠“政府付费”回收投资成本的项目，可通过政府购买服务，采用 BOO、建设-租赁-经营（BRO）、经营和维护（O&M）等市场化模式推进。PPP 模式分类如表 7.1 所示，模式中的责任分担如图 7.1 所示。

表 7.1　PPP 模式分类

外包类（Outsourcing）	模块式外包（Component Outsourcing）	服务外包（Service Contract）
		管理外包（Management Contract）
	整体式外包（Turnkey）	设计-建设（DB）
		设计-建设-主要维护（DBMM）
		经营和维护（O&M）
		设计-建设-经营（DBO）
特许经营类（Concession）	转移-经营-转让（TOT）	购买-更新-经营-转让（PUOT）
		租赁-更新-经营-转让（LUOT）
	建设-经营-转让（BOT）	建设-租赁-经营-转让（BLOT）
		建设-拥有-经营-转让（BOOT）
	其他	设计-建造-转让-经营（DBTO）
		设计-建造-投资-经营（DBFO）

续　表

私有化类 (Divestiture)	完全私有化	购买-更新-经营 (PUO)
		购买-拥有-经营 (BOO)
	部分私有化	股权转让
		其他

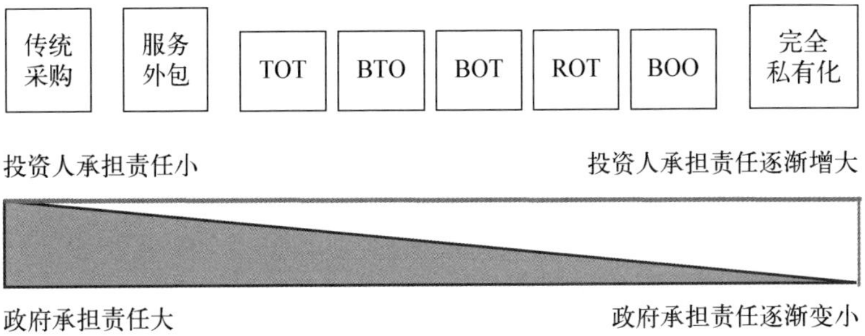

图 7.1　PPP 运作模式中的责任分担

(二) PPP 运营模式的特征

PPP 的运营具有三个重要特征：伙伴关系、利益共享和风险分担。

1. 伙伴关系

伙伴关系是 PPP 第一大特征，是成功实施 PPP 项目的基础。政府购买商品和服务，给予授权，征收税费和收取罚款，这些事务并不一定构成政府和私人部门的伙伴关系。比如，即使一个政府部门每天都从同一个餐饮企业订购午餐，也不能构成和餐饮企业的伙伴关系（Kelly，2000）。建立伙伴关系的标准是私人部门与政府部门合作项目的目标一致——优化资源投入和配置，更高效地提供产品和服务。私人部门以此目标实现自身利益的最大化，而政府部门则是以此目标实现公共福利和利益的追求。

项目目标一致是建立伙伴关系的必要条件，但还不是充分条件。为了能够维持伙伴关系的长久与发展，还需要伙伴之间相互为对方考虑问题，具备另外两个显著特征：利益共享和风险分担。

2. 利益共享

利益共享并非是地方政府与私人部门在 PPP 项目运营中简单地按照商业化、市场化原则分享利润，还需要对私人部门可能的高额利润进行控制，即不允许私人部门在项目执行过程中形成超额利润。这样做是因为，任何 PPP 项目都是公益性项目，不应以利润最大化为目标。如果双方只想从项目运营中分享利润，就可能通过提高公共品价格，获得利润的大幅度提高。但是，这种做法虽然满足了私人部门利益最大化目标，却违背了公共物品提供的社会福利最大化原则。所以，政府和私人部门的利益共享更多的是保证作为参与者的私人部门、民营企业或机构取得相对平和、稳定的投资回报。

3. 风险分担

风险分担和利益共享是“硬币的两面”，在进行 PPP 项目管理时，享受共同利益就一定要承担相应的风险，反之，承受了风险就要有相应的收益和回报。无论是私人部门或政府部门，还是个人或企业，都是风险规避者，不愿意承受风险。而政府部门与私人部门建立合理的风险分担机制，是 PPP 项目区别于政府部门其他交易方式的显著标志。如政府采购过程，之所以还不能称为公私合作伙伴关系，是因为双方在此过程中是让自己尽可能小地承担风险。而在 PPP 项目中，政府部门却是尽可能大地承担项目运营的伴生风险，从而保证私人部门在能力范围内合理的分担项目风险。例如在隧道、桥梁、高速公路建设中，如果因车流量不够而导致私人部门无法达到基本的预期收益，这时政府部门可以对其进行现金流量补贴，这种“分担机制”框架有效控制了私人部门因车流量不足而引起的经营风险。与此同时，私人部门也可以在其具有优势的领域承担更多风险，比如在项目的具体运营和管理中承担全部或大部分职责，因为这正是政府部门在项目管理中容易发生“道德风险”的领域，按照比较优势原则应该更多地由私人部门承担。

如果 PPP 项目的相关风险都能由最善于应对该风险的合作方承担，那么就能实现 PPP 项目成本的最小化。所以，在设计 PPP 项目的风险分担机制和框架时，需要充分考虑各方的优势和能力，将项目整体运营风险最小化。事实证明，追求整个项目风险最小化的管理模式，要比公、私双方各自追求风险最小化更能化解公共产品领域内的风险。所以，PPP 项目如果建立了合理的风险分担机制，就能带来“一加一大于二”的效应。

三、我国 PPP 模式的发展现状

（一）我国 PPP 项目运行及行业分布

截至 2018 年 2 月，我国 PPP 项目数量及项目金额如表 7.2 所示。PPP 不同阶段的运营项目如图 7.2 所示。由表 7.2 和图 7.2 可知，截至 2018 年 2 月，PPP 项目共计 13 970 个，项目金额总计 184 529.74 亿元。从各阶段项目分布来看，识别阶段项目数 6 400 个，项目金额 184 529.74 亿元，占比最高（36.84%）；其次是执行阶段，项目数 2 882 个，项目金额 49 112.79 亿元，占 26.62%；再次是采购阶段，项目数 2 561 个，项目金额 37 701.00 亿元，占 20.43%；最后是准备阶段项目，占比最小（16.11%），项目数 2 127 个，项目金额 29 736.73 亿元。从付费类型来看，可行性缺口补助方式项目金额最大，为 93 191.51 亿元，占比 50.50%，是排名第二位的政府付费的近 2 倍，而使用者付费项目数量最少（3 611 个），项目金额最低（38 234.97 亿元），仅占 20.72%。从落地率看，PPP 项目整体落地率为 38.07%，不到项目总数的一半，60%以上项目还在识别和准备阶段。付费方式上看，政府付费项目落地率最高，为 42.1%；使用者付费项目和可行性缺口补助项目落地率基本持平，分别为 36.5%和 34.7%。数据表明由政府付费的项目最受私人和社会资本青睐，也更容易获得金融市场的认可，在资金、组织、人员等方面协调性更好，所以落地率高。

表 7.2　PPP 项目数量及项目金额（截至 2018 年 2 月）

	项目数量（个）	占比（%）	项目金额（亿元）	占比（%）	落地率（%）
整体	13 970	100.00	184 529.74	100.00	38.07
识别阶段	6 400	45.81	67 979.22	36.84	—
准备阶段	2 127	15.23	29 736.73	16.11	—
采购阶段	2 561	18.33	37 701.00	20.43	—

续 表

	项目数量（个）	占比（%）	项目金额（亿元）	占比（%）	落地率（%）
执行阶段	2 882	20.63	49 112.79	26.62	—
政府付费	5 250	37.58	53 103.27	28.78	42.1
可行性缺口补助	5 109	36.57	93 191.51	50.50	34.7
使用者付费	3 611	25.85	38 234.97	20.72	36.5

资料来源：Wind 资讯网 https://www.wind.com.cn/.

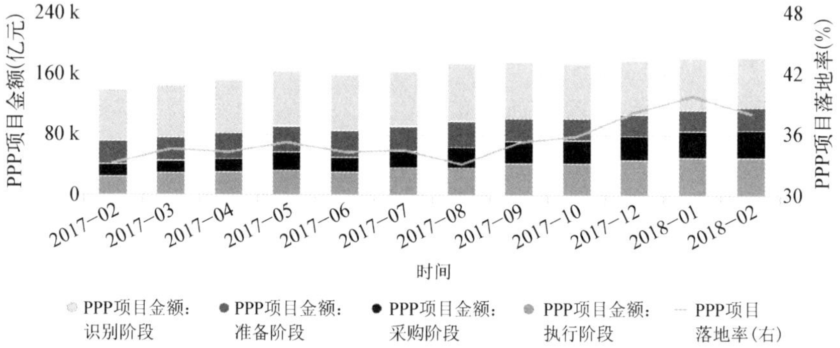

图 7.2 PPP 不同阶段的运营项目

资料来源：Wind 资讯网 https://www.wind.com.cn/.

PPP 项目地域分布如图 7.3 所示。从地域分布上看，截至 2018 年 2 月，项目累计数 1 500 以上的是贵州省；项目累计数为 1 251～1 500 的是河南省和四川省；1 001～1 250 的是山东省；501～1 000 的有新疆、湖北、湖南、河北、内蒙古和陕西 6 省区；251～500 的有江西、浙江、江苏、辽宁、福建、云南、安徽和广东 8 省；项目数在 250 个以下的省和直辖市包括山西、黑龙江、广西、海南、甘肃、宁夏、吉林、青海、北京、重庆、新疆、天津、上海和西藏。

从项目投资金额看 PPP 的地域分布特征与从项目数量来看略有不同。项目金额超过 15 000 亿元的省份有贵州、河南和四川，其中排名第一位的依然是贵州省，项目金额 18 837.05 亿元；项目金额为 10 000 亿～15 000 亿元的省份是山东和新疆；项目金额为 5 000 亿～10 000 亿元的有湖南、江苏、新疆、浙江、湖北、河北、内蒙古、陕西；项目金额为 2 500 亿～5 000 亿元的有辽宁、广东、福建、安徽、甘肃、吉林、江西、北京；项目金额为1 000亿~2 500亿元的有重庆、广西、黑龙江、山西、海南、青海、天津、宁夏；项目金额在500亿元以下的是新疆生产建设兵团、西藏和上海，其中上海市PPP项目总金额最低，仅为44.66亿元。

值得注意的是，经济比较发达的直辖市，如上海、天津、北京、重庆，无论是从项目数量还是项目金额方面都是排名比较靠后的。可以看出这些城市基础设施方面的建设压力较小，同时偿债能力较强，可以有更多的渠道进行基础设施融资，所以在PPP项目运用上依赖程度较低。而贵州、河南、四川、山东、新疆等省区，有较强的基础设施融资需求，将PPP项目作为重要的融资和化解存量地方政府债务的方式。

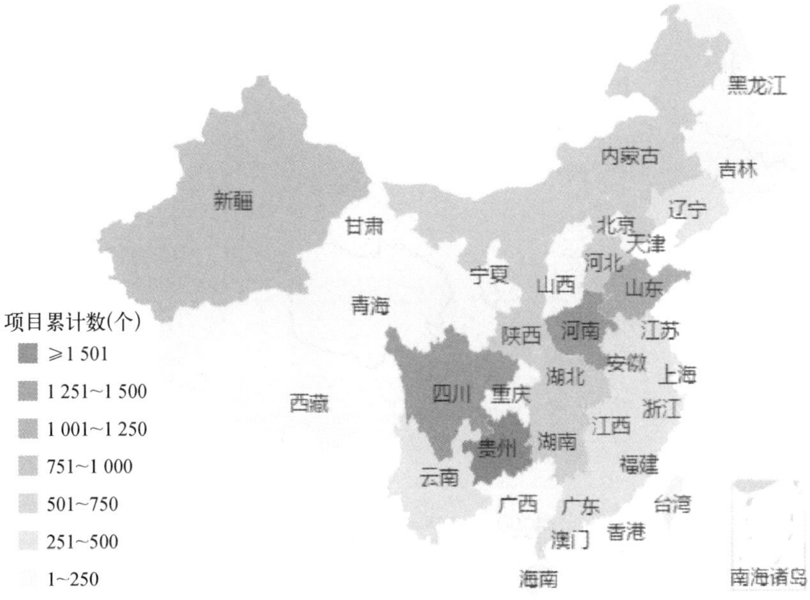

图7.3　PPP项目地域分布

资料来源：Wind资讯网 https://www.wind.com.cn/.

PPP项目行业分布如图7.4所示。从行业分布来看，截至2018年2月，PPP项目投资额最多的两类行业分别是交通运输（54 142.56亿元）和市政工程（51 691.07亿元），是排名第三位的片区开发的2.5倍以上（20 542.58亿元）。生态与环保项目及旅游行业投资金额在10 000亿元左右。而投资额为5 000亿~10 000亿元的行业为保障安居工程、水利建设。投资额为2 500亿~5 000亿元的行业为教育、政府基础设施、文化、医疗

图 7.4　PPP 项目行业分布

资料来源：Wind 资讯网 https://www.wind.com.cn/.

卫生。投资额为 1 000 亿～2 500 亿元的行业为养老、体育、科技、农业、能源。而林业、社会保障行业投资额在 1 000 亿元以下。

如图 7.5 所示，从回报机制上看，采用可行性缺口补助的项目占比最高，达到 50.50%；其次是政府付费项目，占 28.78%；而使用者付费项目占比最低，为 20.72%。从运营机制上看，77.73%的项目运用 BOT 方式，3.90%的项目运用 BOO 方式，2.75%的项目运用 TOT 方式，2.02%的项目运用 TOT+BOT 方式，1.14%的项目运用 ROT 方式，而 O&M、TOT+BOO、MC 三种方式占比较低，不足 0.05%，其他方式占 12.00%。

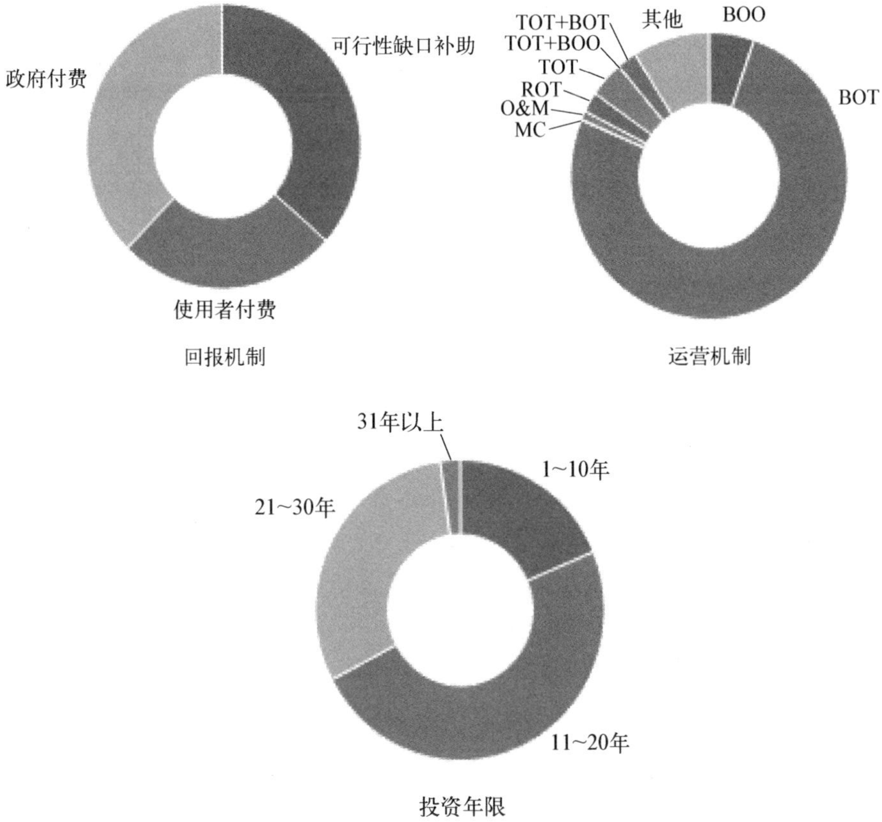

图 7.5 PPP 项目回报机制、运营机制、投资年限

资料来源：Wind 资讯网 https：//www. wind. com. cn/.

（二）我国 PPP 项目管理库管理现状[①]

1. 示范项目执行情况

截至 2018 年 3 月末，四批示范项目共计 1 009 个，投资额 2. 3 万亿元。落地示范项目，2018 年一季度新增落地项目 246 个，投资额 4 731 亿元，其中 3 月新增落地项目 42 个，投资额 758 亿元。3 月末落地率比 2 月环比（以下简称环比）上升 10. 2%。落地示范项目截至 3 月末累计 843 个，投资额 2. 0 万亿元，落地率 83. 5%，其中累计已开工示范项目总数 394 个，开工率 46. 7%。地区方面，示范项目数前三位的是云南、山东、河南，分

① 财政部政府和社会资本合作中心：http：//www. cpppc. org.

别为 86 个、84 个、82 个；投资额前三位的是云南、河北、北京，分别为 3 053 亿元、2 147 亿元、1 730 亿元。行业方面，示范项目数前三位的是市政工程、交通运输、生态建设和环境保护，分别为 435 个、106 个、89 个；投资额前三位的是市政工程、交通运输、城镇综合开发，分别为 8 721 亿元、6 982 亿元、2 340 亿元。民企参与方面，在 843 个落地示范项目中，签约社会资本共 1 449 家，其中民企占 39.1%，环比上升 0.2%；民企参与的示范项目 438 个，占 52.0%，环比上升 0.3%。

2. 管理库项目执行情况

2018 年一季度新增管理库项目 283 个，投资额 7 472 亿元，其中 3 月净减项目 171 个，投资额 4 567 亿元；截至 3 月末累计项目总数 7 420 个，投资额 11.5 万亿元。落地项目，2018 年一季度新增落地项目 595 个，投资额 9 044 亿元，其中 3 月新增落地项目 333 个，投资额 1 362 亿元。落地率环比增加 5.4%。3 月末累计落地项目总数 3 324 个，投资额 5.5 万亿元，落地率 44.8%。2018 年一季度新增已开工项目 216 个，其中 3 月新增 123 个；3 月末累计已开工项目总数 1 375 个，开工率 41.4%。地区方面，2018 年一季度管理库新增项目数前三位的是安徽、河南、浙江，分别为 97 个、88 个、57 个；一季度项目新增投资额前三位的是贵州、安徽、广东，分别为 1 297 亿元、1 194 亿元和 1 116 亿元。3 月管理库新增项目数前三位的是山西、河南、江苏；新增投资额前三位的是贵州、广西、河北。3 月末累计项目总数前三位的是河南、山东、湖南，分别为 734 个、609 个、563 个；累计投资额前三位的是贵州、湖南、河南，分别为 9 749 亿元、8 876 亿元、8 763 亿元。行业方面，2018 年一季度管理库新增项目数前三位是市政工程、交通运输、生态建设和环境保护，分别为 116 个、98 个、54 个；项目新增投资额前三位的是城镇综合开发、交通运输、市政工程，分别为 2 842 亿元、2 032 亿元、1 298 亿元。3 月末累计项目总数前三位的是市政工程、交通运输、生态建设和环境保护，合计占管理库项目总数的 60.5%，累计投资额前三位的是市政工程、交通运输、城镇综合开发，合计占管理库总投资额的 72.3%。基本公共服务领域（文化、体育、医疗、养老、教育、旅游 6 个领域）项目一季度项目数比上季度末下降 1 个，新增投资额 875 亿元。3 月末累计项目总数 1 349 个，投资额

12 084 亿元。回报机制，一季度使用者付费类项目净减项目 424 个，投资额 3 567 亿元；可行性缺口补助类项目新增项目 493 个，投资额 9 328 亿元；政府付费类项目新增项目 214 个，投资额 1 710 亿元。3 月末累计使用者付费类项目 899 个，投资额 1. 2 万亿元；累计可行性缺口补助类项目 3 423 个，投资额 6. 8 万亿元；累计政府付费类项目 3 098 个，投资额 3. 5 万亿元。污染防治与绿色低碳项目一季度新增项目 23 个，投资额 443 亿元。截至 3 月末累计项目总数 4 002 个，投资额 4. 1 万亿元。

3. 储备清单项目情况

截至 3 月末，综合信息平台有储备清单项目 5 721 个，投资额 6. 1 万亿元。

第三节　PPP 模式化解地方债务的思路与问题

一、PPP 模式化解地方债务的工作思路

（一）筛选合适的项目

运用 PPP 模式化解债务的项目必须符合以下条件：投资规模较大且经营期长、边界清楚、区域性强、收费较容易等。地方偿还债务项目中市政建设、土地收储、交通运输设施建设、保障性住房、教科文卫、农林水利建设等六类项目具有准公益性，但是否可按 PPP 模式化解还须具体分析。市政建设中的供水、供暖、燃气、污水和垃圾处理、停车场、文体设施、土地收储，交通运输设施建设中的高速公路、地铁、轻轨、隧道、大桥，教育领域的学生宿舍、体育馆，医院的住院大楼，保障房中的公租房和廉租房，农林水利中的供水和灌溉类水库、公益水电站等项目，原则上可以采用 PPP 模式。但如果项目所在地财政实力较强且还债压力不大，或者项目收费时间已经或将要到期，就没有必要采取 PPP 模式。

对于地方政府已建成项目的债务偿还，比较适合选择 TOT 模式，即转移-经营 转让，政府将正在运营或正在建设的项目转让给私营部门，私营部门获得政府特许权后经营管理，经营期结束后再转让给政府。少量仍在

建项目也可比照处理，转让后继续建设再经营、转让，类似 TOT 与 BOT 两种模式的结合。市政建设、土地收储、交通运输设施建设、保障性住房、教科文卫、农林水利建设等六大类准公益性项目，原则上可以通过向消费者收费的方式收回投资和保障收益。这样，政府可通过转让所有权和经营权，收回资金归还债务，按 TOT 方式转让化解债务操作简便易行。从全球演变趋势看，类似 TOT 这种特许权经营模式也产生了一些问题，主要是推高公共产品价格，抑制了基础设施供给。地方政府与私人部门可以共同组建 SPV 来完成项目转移交接和减少经营风险，同时地方政府仍可以监管、保障公共服务质量和资产安全。

（二）化解债务有序开展

具体开展 PPP 项目化解债务时要遵循合理的顺序。一是先易后难。判断难易程度的标准是服务边界是否清晰、定价是否容易和现金流量保障程度。项目服务边界清晰就是能够清楚地知道项目提供的服务由谁享受；如果项目产品和服务很难计量，说明项目不容易定价；如果项目的现金流量不稳定可靠，说明项目收益难以保障。在运用 PPP 项目化解地方政府债务时，要根据以上三个标准判断项目的难易程度，先化解边界清晰、定价容易、现金流量保障程度可靠的项目。待积累经验后，再逐步化解难度较大的项目风险。二是先短后长。短期债务对当地财政压力大，要优先化解。长期债务对当地财政压力小，如果经济保持高速增长，长期债务可能不会构成偿债压力。所以化解顺序应该是运用 PPP 项目先化解期限较短的项目。三要控制总量。对准公益项目通过 PPP 方式化解地方政府存量债务，从资金来讲只是改变政府现金支出的时间，债务性质并未改变，因此并非越多越好。如果监管不力，会造成巨额隐性债务。所以地方政府在用 PPP 化解债务的同时，必须加强监管，将其与新建项目统筹考虑，控制总量。

（三）依托融资平台组建 SPV

在运用 PPP 项目化解地方政府债务时，原有的地方政府融资平台可以顺势转型，作为地方政府代理人，参与组建特殊目的实体（SPV）。政府确定化解债务的具体项目，在评估、制作招标方案的基础上，通过公开招标方式选择符合条件的市场主体，由其组织成立 SPV，SPV 应当由包括各方代表在内的项目相关方组成，已建成项目可不要求建设方参加。再由 SPV 与政府签订合同，合同包括转让价格、经营年限、资产转让时的质量等内容。SPV 再与运营、维护、融资、保险等相关方签订合同，负责项目全程管理。

（四）合理定价和风险分担

在运用 PPP 化解地方政府债务时要做到合理定价。按“营利不暴利”原则，既要根据转让价格、运营年限、预计使用流量、投资收益等因素合理确定项目收费标准，又要根据未来使用流量、居民消费价格指数（Consumer Price Index，CPI）等变量进行调整。这一定价机制的宗旨是既鼓励 SPV 提高服务质量获取合理回报，又防止由于客观因素变化导致投资者利益受损。在运用 PPP 模式化解债务时，一些项目早期现金流量不足以弥补运营和维护成本，如西部一些地区的高速公路建成时车流量较小，需要运营一段时期后才能保持收支平衡。这种情况下可以在合同中写明财政补贴的期限和金额，待经济发展到一定阶段后，车流量达到合理水平后取消补贴。

PPP 项目分担风险的基本原则是，当项目面对一个风险时，这个风险应当让更有能力的一方承担，而不是为了各自利益让对方承担。也就是说，SPV 承担运营管理及市场风险，政府承担政策变化、环境变化等方面的风险。根据这个原则，在 PPP 项目协议中应该明确参与各方风险分担的机制：项目日常运营和维护的风险，在权衡市场竞争机制和公共物品社会福利的基础上，应主要由社会资本承担；而由于政策变化等宏观风险，由地方政府承担。

（五）政策支持和加强监管

除了消除进入壁垒、给予财政补贴、改进预算和会计管理制度外，对经济性较弱、特许期内收益保障难度较大的项目，有必要给予灵活激励政策。如准许 SPV 在授权范围内进行适度的商业开发，担保在该项目经营期内不再建设第二设施等。同时，采用 PPP 模式运营的地方政府项目具有准公益性特征，特许经营到期后一般由地方政府收回，必须全程监督，保证服务质量不下降，防止变相提高收费标准，防止项目资产改变用途等。

二、PPP 项目运行中的隐性债务风险

2014 年之前，虽然地方政府的投融资需求很大，但并没有积极推动 PPP 模式，主要是因为城投公司作为地方融资平台突破了地方政府举债的限制。2014 年 10 月国务院发布“43 号文”，明确提出剥离城投公司的政府融资职能，推广使用政府与社会资本合作模式，主要目的是堵住融资平台代理地方政府举借债务的“后门”。但由于地方政府债券融资体制尚未完全建立，而地方政府债务存量较大，有强烈的再融资需求。一方面，中央政府希望通过 PPP 减轻地方政府的融资负担，化解地方债务风险；另一方面，地方政府需要 PPP 来促投资、保增长、稳融资。在这样的背景下，PPP 项目成为地方政府化解存量债务的重要模式。从 PPP 项目签约数据来看，2014 年第四季度开始，各地 PPP 项目启动，2015 年下半年加速发展，在四季度达到了顶峰。在快速发展和扩张的过程中，地方政府在上报 PPP 项目库的过程中开始包装 PPP 项目，特别是将一些边界不清晰、收益难保障的项目包装成 PPP 混入项目库，从而使 PPP 开始异化为一种融资模式。

PPP 项目实施中主要存在以下问题。

1. 明股实债

明股实债是指表面上 PPP 项目是社会资本以入股方式与政府合作进行准公益项目的投资，而两者之间的合作实质上是债务安排。具体做法是投资人以股权的方式进入项目公司，然后要求政府在一定期限内回购投资人所持有的股份。对政府而言，实际是在一定期限内归还一种到期的债务，相当于对现有存量债务进行展期安排，显然这种做法不仅不会减少地方政府债务存量，反而会扩大政府债务。而且由于回购协议不在财政和债务预算范围内，使得地方政府债务继续以隐性债务存在，从根本上违反了“43 号文”“开前门、堵后门”的债务风险管理原则。

明股实债的典型案例是“武汉轨交 8 号线 PPP 项目”。根据公示合同文本，该项目总投资为 135. 84 亿元。项目资本金 47. 84 亿元由项目公司股

东，即社会资本和武汉地铁集团有限公司共同设立的“武汉地铁股权投资基金（契约型）”（下称“基金”，占66%股权，社会资本方出资约28亿元），以及武汉地铁集团有限公司和武汉地铁运营有限公司投入。剩余88亿元通过项目公司融资解决。在基金结构中，武汉地铁集团是劣后级出资人，出资3.157 44亿元，占基金份额的10%；社会资本系包括招商银行股份有限公司（牵头方）、中国光大银行股份有限公司和汉口银行股份有限公司三家商业银行联合体是优先级出资人，作为社会资本出资28.416 96亿元，占基金份额的90%。但该项目属于市政公共工程，应由政府或代表政府的主管企业牵头，政府资金在投资比例中应占主导地位。而在此项目中，社会资产占据绝对主导，国有资产被列为劣后级，使得国有资产面临较大安全风险。同时，中标公告显示：预成交资本金财务内部收益率按照中国人民银行最新发布的5年期以上银行贷款利率为基准下浮3%，浮动利率。社会资本的股权持有期为25年。从标书公告中可以看出，“武汉轨交8号线PPP项目”的主要风险由地方政府承担，社会资本由三家商业银行联合体组成，享受固定回报，有“明股实债”之嫌。

2. 固定回报和保底承诺

固定回报是指在PPP项目中政府给予社会资本投资方固定的投资收益率，使股权投资演变为债权投资模式。而保底承诺是指地方政府给予社会资本投资人最低收益率的承诺，相当于固定回报的升级版。这些条款的设置，违背了PPP模式“营利而不暴利”和“社会资本投资方分担项目风险”的原则。如地方政府要建设一个污水处理厂，为了保障投资者的合理收益，政府会在PPP项目中给投资人设定一个最低的污水处理量。项目运营中如果污水处理量低于这个数据，政府会给予一定的补贴，而不是承诺给予社会资本投资方最低的回报率。

3. 项目签约流程不规范

PPP项目实施中，为了加快项目进度，存在“先上车、后补票”现象，即项目还在准备阶段，地方政府就提前和社会资本投资人签订了框架协议。甚至在一些地方项目推介会中，会有上百个企业和地方政府签订框架协议。虽然提前签订框架协议可以加快项目进度，但这种做法一方面使得项目签约过于仓促、准备不足；另一方面也不利于选择更加合适的项目合作方，为项目后续的运行和管理埋下隐患。

4. 存在关联交易

PPP 项目实施过程中的关联交易主要发生在咨询服务机构与社会资本投资方之间。由于 PPP 项目实施方案设计需要大量的投入，包括人力、物力和财力，且方案的优劣将直接关系到项目能否吸引到社会资本的投入。所以地方政府为提高项目方案设计质量，通常会公开选择一家咨询机构为其提供服务，并支付相应的咨询和服务费用。有些企业为了成为 PPP 项目合作方并与地方政府签约，会代替政府聘请咨询机构并支付咨询和服务费用。这种做法虽然减少了地方政府实施 PPP 项目的前期成本，但是也形成了社会资本投资方与咨询机构的关联交易风险，降低了咨询机构在设计实施方案过程中应该保有的中立性，违背 PPP 项目运行中的公开、公平和公正原则。

5. 标的不明

部分地方政府在 PPP 项目招标中，将“资本金投资回报率”和“项目公司年融资利率”作为主要的竞争标的，而社会资本为了得到项目的经营权，采取低价竞标来提高项目中标率，甚至出现“双零”中标的案例。比如 2017 年 2 月 21 日，山东政府采购网发布东营港东营港区进港航道及导堤工程的 PPP 项目招标公告，招标结果显示：预中标的社会资本方为“中国铁建港航局集团有限公司（简称中铁建港航局）”，中标金额报价中，“资本金投资回报率”和“项目公司年融资利率”两项预中标报价都是“0”。这种极端的低价中标引发的恶性竞争会摧毁行业成本价格体系，扰乱了市场秩序。同时也反映出政府采购标书中的标的设计不合理，“资本金投资回报率”和“项目公司年融资利率”都是通过 PPP 项目运营而形成的，如果都设定为零，就违背了资金时间价值和风险报酬的基本投资原理。这种现象反映出政府对 PPP 项目“重融资、轻建设”的管理理念，仍将 PPP 视为获取回报项目的融资工具。

6. 回避竞争

竞争是保证 PPP 项目运行效率的重要机制，但实际操作过程中，地方政府和社会资本合作方有时却采取不同方式回避竞争。如选择合作伙伴时，地方政府会设定一些排他性条款，降低竞争性，达到确保前期签订框架协议者中标的目的。而 PPP 项目社会资本投资方的主力军是中央企业和国有企业，民间资本的参与度较低。中央企业之所以受到 PPP 项目的青睐，一方面是由于中央企业与地方政府之间信息更加对称、在目标上容易达成一致，关系更加协调，所以地方政府认为与中央企业合作的风险更小；另一方面是由于地方政府不愿意将收益率高、现金流量稳定的项目引入社会资本，导致 PPP 项目对民间资本缺乏吸引力。

7. 随意设置还款期限和标准

为了使 PPP 模式真正实现社会资本股权参与模式，财政部规定 PPP 模式合作期不能低于 10 年，一些项目为了符合这一要求，就将政府付费的时间从原来的 3~5 年延长到 10 年，项目的后续维护管理仍由政府负责。这种简单拉长还款期限的方式虽然减少了地方政府近期的财政支付压力，但没有起到通过引入社会资本以提高项目效率、改善服务质量以及实现管理创新的作用。

PPP 项目的还款标准应与项目现金流收益相匹配，特别是对于完全由地方政府付费的项目，由于纳入地方政府预算管理，更要加强收支期限匹配管理。但实际操作中，有时为规避规则和政策监管，地方政府支付的现金流量被随意设定。如有的项目现金流量支付在项目初期较小，然后逐年增加；有的项目现金流量支付则在项目早期较大，然后逐年减少；还有的项目规定在最后移交时，地方政府要支付项目的剩余价值，以补偿项目运行前期的收益不足、没有达到预期回报率的情况。这些不规范的做法容易导致项目现金流入和流出量不一致，增加了地方政府财政支出波动的风险。

8. 运营与建设相分离

与传统的地方政府公益项目管理模式相比，PPP 项目不仅承担项目的建设和融资活动，项目公司还应当承担项目建成后的运营管理工作。社会资本合作方为了实现利润最大化，会尽力采取有效手段提高运行管理效率，减少运营成本，从而提高项目建设和运营的质量。然而在当前许多 PPP 项目实施方案中，中标方主要为了获得工程建设利润，项目建成后则转交给政府的市政公司负责运营。不少项目在采购阶段，将投资回报收益率与运营管理维护费用分开计算，作为两个标的，难以实现项目建设和运行管理的最终目标。

9. 政府隐性担保

PPP模式中，地方政府选择社会资本作为合作伙伴的一个重要原因是社会资本有创新能力及追求利益的内在动力，而企业选择地方政府的PPP项目也是以政府信用为主要依据。但是，地方政府的信用不应通过出具担保函和承诺书体现，而应以政府在项目中承担的财政支付能力体现。由于政府财政支付能力不得超过一般公共预算支出的10%，当前一些PPP项目实施过程中要求政府提供相应的担保承诺，这种地方政府的隐性担保不仅违反了有关政策规定，也加大了地方政府的财政支出压力和债务风险。

三、地方政府违规举债的表现

审计署2018年4月18日公布的《2017年第四季度国家重大政策措施落实情况跟踪审计结果》显示，部分地区违规举债或虚增财力，5个省的6个市县通过违规出具承诺函、融资租赁、签订工程类政府购买服务协议等方式变相举债，形成政府隐性债务154.22亿元。地方政府违规举债的主要方式包括四个方面。

1. 出具承诺函

2015年12月至2016年9月，内蒙古自治区包头市四家融资平台公司通过贷款、融资租赁或设立基金等方式，借款81亿元用于市政道路建设、棚户区改造项目等，包头市政府出具承诺函承诺上述借款本息或基金由财政资金偿还、回购。截至2017年年底，债务余额52.36亿元形成政府隐性债务。2017年6月，在财政部发文明确要求不得将建筑物新建、改建、扩建及其相关建设工程作为政府购买服务项目的情况下，宁夏回族自治区银川市西夏区违规与项目承建企业签署兴泾镇回乡风情特色小镇城镇化工程项目政府购买服务协议，并承诺将19.65亿元购买服务价款纳入银川市财政预算，形成政府隐性债务。四川省乐山市高新区2016年11月至2017年6月经市政府同意，以乐山市高新投资发展集团有限公司的名义，取得乐山市商业银行流动资金贷款3.89亿元，用于征地拆迁等支出，乐山市高新区财政局出具承诺函承诺以本级财政收入作为还款来源。截至2017年年底，债务余额 3.83 亿元形成政府隐性债务。

2. 运用公益性资产违规融资

2017 年 8 月至 11 月，湖南省邵阳市由其融资平台公司邵阳市城市建设投资经营集团有限公司通过利用政府道路管网等公益性资产开展融资租赁、发行中期票据等方式，从银行、信托投资公司和融资租赁公司等机构举债 72.33 亿元，主要用于偿还到期债务和市政基础设施建设。

3. 财政资金兜底

2012 年至 2016 年，经湖南省双峰县人大常委会、县政府同意并经政府承诺由财政资金兜底后，双峰县城市建设投资开发有限责任公司等 3 家融资平台公司以 10%~12%的利率向全县行政事业单位职工及部分单位集资 6.68 亿元，主要用于娄双大道等公益性项目建设。截至 2017 年年底，债务余额 4.05 亿元。2016 年 5 月至 2017 年 5 月，经甘肃省白银市政府同意借款本息由市财政负责偿还后，白银市白银区财政局、白银市动迁安置补偿办公室通过白银市政基础设施投资有限公司，从白银市城市综合管廊管理有限公司借款 2 亿元，用于地下综合管廊项目沿线厂房和居民的搬迁安置。截至 2017 年年底，债务余额 2 亿元。

4. 虚增财力和隐藏不良贷款

湖南省长沙市芙蓉区、宁夏回族自治区银川市虚增财政收入 5.5 亿元。中国农业发展银行将逾期 91 天以上的 33.84 亿元贷款仍划分为正常类。陕西省农村信用社联合社虚减不良贷款 120.4 亿元。

各地方政府违规举债具体问题如表 7.3 所示。

表 7.3　地方政府违规举债具体问题

序号	涉及地区	举借债务时间	具　体　问　题	截至 2017 年年末债务余额（亿元）
1	内蒙古自治区包头市	2015.12—2016.9	2015 年 12 月至 2016 年 9 月，包头市 4 家融资平台公司通过贷款、融资租赁或设立基金等方式，借款 81 亿元用于市政道路建设、棚户区改造项目等，包头市政府出具承诺函承诺上述借款本息或基金由财政资金偿还、回购。截至 2017 年年底，债务余额 52.36 亿元形成政府隐性债务	52.36

续 表

序号	涉及地区	举借债务时间	具 体 问 题	截至 2017 年年末债务余额（亿元）
2	湖南省邵阳市	2017.08—2017.11	2017年8月至11月，邵阳市融资平台公司邵阳市城市建设投资经营集团有限公司通过利用政府道路管网等公益性资产开展融资租赁、发行中期票据等方式，从银行、信托投资公司和融资租赁公司等机构举债 72.33 亿元，主要用于偿还到期债务和市政基础设施建设	72.33
3	湖南省双峰县	2012—2016	2012年至2016年，经双峰县人大常委会、县政府同意并经政府承诺由财政资金兜底后，双峰县城市建设投资开发有限责任公司等3家融资平台公司以10%～12%的利率向全县行政事业单位职工及部分单位集资 6.68 亿元，主要用于娄双大道等公益性项目建设。截至2017年年底，债务余额 4.05 亿元	4.05
4	四川省乐山市高新区	2016.11—2017.06	2016年11月至2017年6月，经乐山市政府同意，乐山市高新区以乐山市高新投资发展集团有限公司的名义，取得乐山市商业银行流动资金贷款 3.89 亿元，用于征地拆迁等支出，乐山市高新区财政局出具承诺函承诺以本级财政收入作为还款来源。截至2017年年底，债务余额 3.83 亿元形成政府隐性债务	3.83
5	甘肃省白银市	2016.05—2017.05	2016年5月至2017年5月，经白银市政府同意借款本息由市财政负责偿还后，白银市白银区财政局、白银市动迁安置补偿办公室通过白银市政基础设施投资有限公司，从白银市城市综合管廊管理有限公司借款2亿元，用于地下综合管廊项目沿线厂房和居民的搬迁安置。截至2017年年底，债务余额2亿元	2
6	宁夏回族自治区银川市西夏区	2017.06	2017年6月，在财政部发文明确要求不得将建筑物新建、改建、扩建及其相关建设工程作为政府购买服务项目的情况下，西夏区违规与项目承建企业签署兴泾镇回乡风情特色小镇城镇化工程项目政府购买服务协议，并承诺将 19.65 亿元购买服务价款纳入银川市财政预算，形成政府隐性债务	19.65
合 计				154.22

四、我国 PPP 项目规范监管及项目清理

针对 PPP 项目运作不够规范、明股实债、地方政府隐性债务风险加大的情况，财政部及相关部委出台一系列政策进行规范和整顿，加强对地方政府融资的监管。

（一）PPP 项目规范发展政策

2017 年 5 月，财政部要求全面开展地方政府融资担保清理工作，并严禁地方政府以借贷资金出资设立投资基金，不得利用 PPP、政府出资的各类投资基金等方式违法违规变相举债。同年 6 月 5 日，财政部通过编制“负面清单”，明确政府购买服务内容应当严格限制在属于政府职责范围、适合采取市场化方式提供、社会力量能够承担的“服务类”事项。2016 年 12 月以来银监会对非标资产的清理与“回表”的压力加大，从资金供给侧有效遏制了地方政府基建中“明股实债”融资模式的增长。

2017 年 11 月 10 日，财政部下发《财政部办公厅关于规范政府和社会资本合作（PPP）综合信息平台项目库管理的通知》（财办金〔2017〕92 号），一方面严格项目新入库标准，另一方面开始集中清理已入库项目，清退不符合规范运作要求、构成违法违规举债等项目，并设立期限为 2018 年 3 月 31 日。随后，国资委亦从严格准入条件、控制规模等方面对央企参与 PPP 项目做出了详细的规定。

相关文件如表 7.4、表 7.5 所示。

表 7.4 2017 年 PPP 监管的相关文件

发布日期	文件名称	政策综述
2017 年 4 月 26 日	《关于进一步规范地方政府举债融资行为的通知》（财预〔2017〕50 号）	严禁地方政府利用 PPP、政府出资的各类投资基金等方式违法违规变相举债。除国务院另有规定外，不得以任何方式承诺回购社会资本方的投资本金，不得以任何方式承担社会资本方的投资本金损失，不得以任何方式向社会资本方承诺最

续 表

发布日期	文件名称	政策综述
		低收益，不得对有限合伙制基金等任何股权投资方式额外附加条款变相举债。大力推进政府和社会资本合作（PPP）项目信息公开
2017年5月28日	《财政部关于坚决制止地方以政府购买服务名义违法违规融资的通知》（财预〔2017〕87号）	为规范政府购买服务管理，制止地方政府违法违规举债融资行为，防范化解财政金融风险，要坚持政府购买服务改革正确方向，严格按照规定范围实施政府购买服务，严禁利用或虚构政府购买服务合同违法违规融资，切实做好政府购买服务信息公开
2017年11月10日	《财政部办公厅关于规范政府和社会资本合作（PPP）综合信息平台项目库管理的通知》（财办金〔2017〕92号）	强化PPP综合信息平台的管理，对新申请入库项目严格把关。对于存在不适合使用PPP模式、前期工作准备不到位、未建立按效付费机制三种情形之一的PPP项目一律不得入库，以提升PPP项目质量。对已入库项目进行集中清理审查。对于存在PPP项目不适宜继续实施、运行规范不符合要求、构成违法违规举债担保等情形之一的PPP项目都要予以清退

表7.5 规范PPP参与对象的文件

发布日期	文件名称	政策综述
2017年11月17日	《关于加强中央企业PPP业务风险管控的通知》（国资发财管〔2017〕192号）	各中央企业要完善本企业PPP业务管控体系，稳妥开展PPP业务，强调科学决策。 对中央企业投资规模进行控制，不得超过上年净资产的50%，资产负债率高于85%或近2年连续亏损的子企业不得单独投资PPP项目。 资本金引入可通过受托管理资金、保险资金、基本养老保险资金等方式融资，但不得担保、明股实债。 规范会计核算，以能准确反映PPP业务状况。 对PPP业务重大决策实施终身责任追究制度

续　表

发布日期	文件名称	政策综述
2017 年 11 月 28 日	《关于鼓励民间资本参与政府和社会资本合作（PPP）项目的指导意见》（发改投资〔2017〕2059 号）	创造民间资本参与 PPP 项目的良好环境。 加大民间资本 PPP 项目融资支持力度。 鼓励民营企业运用 PPP 模式盘活存量资产。 持续做好民营企业 PPP 项目推介工作
2018 年 3 月 30 日	《关于规范金融企业对地方政府和国有企业投融资行为有关问题的通知》（财金〔2018〕23 号）	国有金融企业参与 PPP 项目的经营行为，要求国有金融企业以 PPP 项目规范运作为融资前提条件，对于未落实项目资本金来源、未按规定开展物有所值评价和财政承受能力论证的，物有所值评价、财政承受能力论证等相关信息没有充分披露的 PPP 项目，不得提供融资

（二）PPP 项目清理退库

根据《财政部办公厅关于规范政府和社会资本合作（PPP）综合信息平台项目库管理的通知》（财办金〔2017〕92 号）要求，规范 PPP 项目运作，防止 PPP 异化为新的融资平台，遏制隐性债务风险增量，逐步对全国各地的 PPP 项目进行退库清理。

1. 加强入库前监管

通知明确，存在下列情形之一的项目，不得入库。一是不适宜采用 PPP 模式实施。包括不属于公共服务领域，政府不负有提供义务的，如商业地产开发、招商引资项目等；因涉及国家安全或重大公共利益等，不适宜由社会资本承担的；仅涉及工程建设，无运营内容的；其他不适宜采用 PPP 模式实施的情形。二是前期准备工作不到位。包括新建、改扩建项目未按规定履行相关立项审批手续的；涉及国有资产权益转移的存量项目未按规定履行相关国有资产审批、评估手续的；未通过物有所值评价和财政承受能力论证的。三是未建立按效付费机制。包括通过政府付费或可行性缺口补助方式获得回报，但未建立与项目产出绩效相挂钩的付费机制的；

政府付费或可行性缺口补助在项目合作期内未连续、平滑支付，导致某一时期内财政支出压力激增的；项目建设成本不参与绩效考核，或实际与绩效考核结果挂钩部分占比不足 30%，固化政府支出责任的。

2. 清理不规范的入库项目

除了对项目入库标准更加审慎外，财政部还对不符合规范的已入库项目进行清理，要求“各级财政部门应组织开展项目管理库入库项目集中清理工作，全面核实项目信息及实施方案、物有所值评价报告、财政承受能力论证报告、采购文件、PPP 项目合同等重要文件资料。”对存在未按规定开展“两个论证”，入库之日起一年内无任何实质进展等不宜继续采用 PPP 模式实施，不符合规范运作要求，构成违法违规举债担保，未按规定进行信息公开等情况的 PPP 项目，应予以清退。

3. PPP 清理退库情况

截至 2018 年 4 月 23 日，各地累计清理退库项目 1 695 个，涉及投资额 1. 8 万亿元。上报整改项目 2 005 个，涉及投资额 3. 1 万亿元。

从地区来看，各地退库项目与在库项目的数量及投资额比例相符，退库项目数排前三位的地区是内蒙古、新疆和山东，合计占退库项目总数的 45. 3%；退库项目投资额排前三位的地区是内蒙古、湖南和山东，合计占退库项目投资额的 30. 9%。

从行业来看，退库项目中市政工程、交通运输、城镇综合开发项目数居前三位，合计占退库项目总数的 51. 9%、占退库项目总投资额的 63. 8%。交通运输的退库项目单位体量最大，为 5 069 亿元，单个项目平均投资额达 23 亿元。

从回报机制来看，退库项目中政府付费类项目 559 个，投资额 5 289 亿元，分别占退库项目总数和总投资额的 33. 0%、29. 9%（下同）；使用者付费类项目 606 个（35. 7%），投资额 5 653 亿元（31. 9%）；可行性缺口补助类项目 530 个（31. 3%），投资额 6 773 亿元（38. 2%）。

从项目阶段来看，退库项目中准备阶段项目 1 098 个（64. 7%），投资额 1. 2 万亿元（65. 7%）；采购阶段项目 306 个（18. 1%），投资额 3 620 亿元（20. 5%）；执行阶段项目 291 个（17. 2%），投资额 2 454 亿元（13. 8%）。执行阶段项目中，中标社会资本为民营企业的项目 126 个

（7.4%），投资额682亿元（3.8%）。

从项目类型来看，退库项目中存量项目198个（11.7%），投资额1 635亿元（9.2%）；新建项目1 436个（84.7%），投资额1.5万亿元（86.4%）；存量+新建项目59个（3.5%），投资额753亿元（4.3%）；其他类型项目2个（0.1%），投资额26亿元（0.1%）。

4. PPP整改项目情况

截至2018年4月23日，各地累计上报整改项目2 005个，涉及投资额3.1万亿元。

从地区来看，整改项目数排前三位的地区分别是湖南、山东和新疆，合计占整改项目总数的49.4%；整改项目投资额排前三位的地区湖南、云南和新疆，合计占整改项目投资额的39.6%。

从行业来看，整改项目中市政工程、交通运输、生态建设和环境保护项目数居前三位，合计占整改项目总数的57.3%；交通运输、市政工程、城镇综合开发投资额位列前三，合计占整改项目投资额的70.6%。交通运输行业管理库整改项目单位体量最大，单个项目平均投资额达36亿元。

从回报机制来看，整改项目中政府付费类项目724个，投资额8 332亿元，分别占整改项目总数的和投资额的36.1%、26.9%（下同）；使用者付费类项目288个（14.4%），投资额3 646亿元（11.8%）；可行性缺口补助类项目993个（49.5%），1.9万亿元（61.4%）。

从项目阶段来看，整改项目中准备阶段项目352个（17.6%），投资额6 281亿元（20.2%）；采购阶段项目579个（28.9%），投资额8 964亿元（28.9%）；执行阶段项目1 074个（53.6%），投资额1.6万亿元（50.9%）。执行阶段项目中，中标社会资本为民营企业的项目502个（25.0%），投资额4 593亿元（14.8%）。

从项目类型来看，整改项目中存量项目104个（5.2%），投资额1 130亿元（3.6%）；新建项目1 751个（87.3%），投资额2.8万亿元（89.8%）；存量+新建项目150个（7.5%），投资额2 040亿元（6.6%）。

除管理库项目外，各地还退出储备清单项目430个，涉及投资额6 551亿元。在管理库退库与整改、储备清单退出的项目中，不宜采用PPP模式的397个；前期准备不到位的506个；未按规定开展“两个论证”的

217 个；不再继续采用 PPP 模式实施的 1 120 个；不符合规范运作要求的 277 个；涉嫌违法违规举债担保的 14 个；未按规定进行信息公开的 488 个；由于其他原因被清退或整改的 1 354 个。上述项目中有部分项目涉及多个原因，如图 7.6 所示。

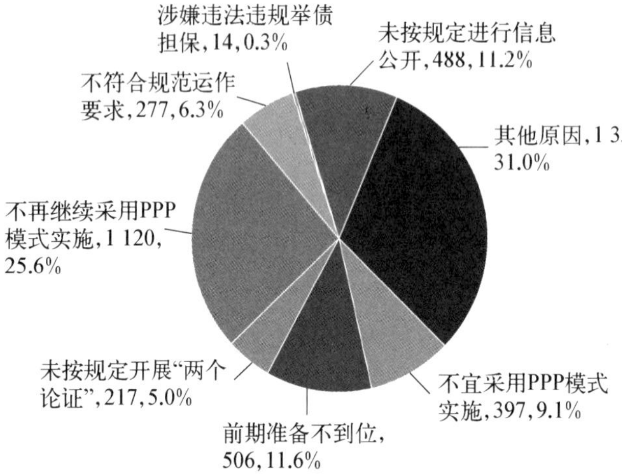

图 7.6 清理项目类型分析

资料来源：中华人民共和国财政部网站。

第四节 地方政府融资平台转型发展的逆向选择风险

与其他企业一样，地方政府平台融资困境的理论根源来自信息不对称。相对于省级以上融资平台来说，市、县融资平台信息透明度低、信用等级低、抵押担保品不足，从而使得融资时的信息筛选和甄别成本过高。这些成本一般会转嫁到融资平台身上，引发逆向选择问题，即如果银行或者金融市场的投资者提高贷款利率，虽然会使其收益增加，但也使得成功申请贷款的最低风险水平上升，低风险的融资平台将退出融资市场，从而使融资整体风险上升，这将会降低出资人的预期收益，使其陷入两难选择境地。因为投资人无法判断融资平台是高风险还是低风险，为了控制信贷风险常常采取“信贷配给”措施，即仅有有限的地方政府平台能够得到融资，导致地方政府融资的有效供给不足，融资困难成为常态。

本节在付俊文等（2004）对融资问题研究的基础上，建立逆向选择模型，比较股权融资（PPP）、债权融资（贷款或者债券）、政府扶持政策（政府引导基金、转移支付或补贴），以及成立地方政府融资担保机构等模式下，地方政府平台融资的逆向选择困境，探讨不同模式对缓解地方政府融资逆向选择风险的影响，并分析地方政府违规融资、形成隐性债务风险的深层次原因。

一、债权与股权模式下平台融资意愿对比分析

（一）基本假设

假设经济中存在投资人、地方政府融资平台两方参与者。其中，地方政府融资平台是风险中性的，即收益值等于效用值。假设地方政府融资平台的投资项目是连续多个，每个项目有成功和失败两种可能的结果。成功时的项目收益为 $R>0$，成功概率为 P；失败时的项目收益为 0，失败概率为 $1-P$。假设每个投资项目需要 1 个单位的资金，地方政府融资平台需要向投资人融资才能完成项目，但其可自由选择是否进入融资市场，并可以选择股权融资或者债权融资方式。假定每个投资项目的期望收益相同，记为 T，则 $T=P\times R+(1-P)\times 0=P\times R$，表明项目预期收益 R 越高，项目成功概率 P 越低，平台风险类型越高（Stiglitz，Weiss，1981）。投资人无法了解平台的风险类型，只能通过设定利率 r 使其获得的期望效用最大化。假定投资人积极搜集地方政府融资平台的信息，由此产生的信息资料费与单位出资资金之比记为 I，该笔费用转嫁给地方政府融资平台承担。

（二）债权与股权模式下平台融资意愿对比

在债权融资模式下，地方政府融资平台获得 1 单位资金，需要支付利率 r，同时承担贷款产生的信息搜集成本 I。此时地方政府融资平台期望利润函数记为

$$\pi_{债权}=P\times[R-(1+r+I)]+(1-P)\times 0=P\times[R-(1+r+I)] \tag{7.1}$$

如果地方政府融资平台不进行投资，则其获得的期望利润为0，因此存在临界值R^*，只有当$R > R^*$时，地方政府融资平台才会为投资而申请贷款。又因为$P(R) \times R = T$，则存在临界成功概率P^*，只有当$P \leqslant P^*$时，地方政府融资平台才会申请贷款进行投资，因此，(P^*, R^*)可由下列两式解出

$$\begin{cases} P_1^* \times [R_1^* - (1 + r + I)] = 0 \\ P_1^* \times R_1^* = T \end{cases} \tag{7.2}$$

方程解为

$$\begin{cases} P_1^* = \dfrac{T}{1 + r + I} \\ R_1^* = 1 + r + I \end{cases} \tag{7.3}$$

在股权融资模式下，投资分享地方政府公共项目的利润回报，此时的期望利润函数为

$$\pi_{股权} = P \times [(R - I) \times (1 - r)] + (1 - P) \times 0 = P \times [(R - I) \times (1 - r)] \tag{7.4}$$

此时，(P^*, R^*)可由下列两式解出

$$\begin{cases} P_2^* \times [(R_2^* - I) \times (1 - r)] = 0 \\ P_2^* \times R_2^* = T \end{cases} \tag{7.5}$$

方程解为

$$\begin{cases} P_2^* = \dfrac{T}{I} \\ R_2^* = I \end{cases} \tag{7.6}$$

由于$I < r < 0.5$，对比式（7.3）和式（7.6）可以看出，$R_1^* > R_2^*$，$P_1^* < P_2^*$，表明在投资回报率r相同的情况下，地方政府融资平台更倾向于采用股权融资模式获得资金。

二、债权与股权融资下逆向选择对比分析

若 P 在 $[0,1]$ 的概率密度函数记为 $f(P)$，分布函数记为 $F(P)$，申请融资项目的平均成功概率为

$$\bar{P}=\frac{\int_0^{P^*} Pf(P)\,\mathrm{d}P}{\int_0^{P^*} f(P)\,\mathrm{d}P}=\frac{\int_0^{P^*} Pf(P)\,\mathrm{d}P}{F(P^*)} \tag{7.7}$$

（一）利率引发的逆向选择风险

$$\frac{\partial \bar{P}}{\partial r}=\frac{\frac{\partial P^*}{\partial r}\cdot P^*\cdot f(P^*)\cdot F(P^*)-\frac{\partial F(P^*)}{\partial r}\int_0^{P^*} Pf(P)\,\mathrm{d}P}{F^2(P^*)}$$

$$=\frac{\partial P^*}{\partial r}\cdot\frac{f(P^*)}{F^2(P^*)}\cdot\left[P^*F(P^*)-\int_0^{P^*} Pf(P)\,\mathrm{d}P\right] \tag{7.8}$$

在债权融资模式下，当 $\frac{\partial P_1^*}{\partial r}=-\frac{T}{(1+r+I)^2}$ 时，

$$\frac{\partial \bar{P}_{债权}}{\partial r}=-\frac{T}{(1+r+I)^2}\cdot\frac{f(P^*)}{F^2(P^*)}\cdot\left[P^*F(P^*)-\int_0^{P^*} Pf(P)\,\mathrm{d}P\right] \tag{7.9}$$

在股权融资模式下，当 $\frac{\partial P_2^*}{\partial r}=0$ 时，

$$\frac{\partial \bar{P}_{股权}}{\partial r}=0 \tag{7.10}$$

式（7.9）表示逆向选择对地方政府融资平台债权融资的影响。因为 $\frac{f(P^*)}{F^2(P^*)}\cdot\left[P^*F(P^*)-\int_0^{P^*} Pf(P)\,\mathrm{d}P\right]>0$，所以 $\frac{\partial \bar{P}_{债权}}{\partial r}<0$，意味着当投

资人无法判断平台的风险状况时，利率上升会导致地方政府融资平台项目平均成功概率的降低。这是因为当利率提高后，风险水平低的地方政府融资平台申请贷款投资后发生亏损，所以它们将退出贷款市场，放弃投资，而留下来的是倾向于选择高风险、高收益项目的地方政府融资平台，或者准备运用滚动融资模式借新还旧的融资平台。所以，贷款利率越高，逆向选择问题越严重，投资人承担的风险水平越高。

式（7.10）表示股权融资不受逆向选择的影响。$\frac{\partial P_{股权}}{\partial r}=0$ 意味着利率的高低对地方政府融资平台项目的平均成功率没有影响。由于股权投资人和地方政府融资平台共同分享收益，可以设定较高的利率水平来补偿地方政府融资平台投资的风险，这就扩大了地方政府融资平台的融资规模，提高地方政府融资平台融资可得性。所以，采取政府与社会资本合作的 PPP 模式，有助于扩大地方政府的融资规模，一定程度上避免逆向选择风险。

（二）信息成本引发的逆向选择风险

$$\frac{\partial P}{\partial I}=\frac{\frac{\partial P^{*}}{\partial I}\cdot P^{*}\cdot f(P^{*})\cdot F(P^{*})-\frac{\partial F(P^{*})}{\partial I}\int_{0}^{P^{*}}Pf(P)\mathrm{d}P}{F^{2}(P^{*})}$$

$$=\frac{\partial P^{*}}{\partial I}\cdot\frac{f(P^{*})}{F^{2}(P^{*})}\cdot\left[P^{*}F(P^{*})-\int_{0}^{P^{*}}Pf(P)\mathrm{d}P\right] \tag{7.11}$$

在债权融资模式下，当 $\frac{\partial P_{1}^{*}}{\partial I}=-\frac{T}{(1+r+I)^{2}}$ 时，

$$\frac{\partial P_{债权}}{\partial I}=-\frac{T}{(1+r+I)^{2}}\cdot\frac{f(P^{*})}{F^{2}(P^{*})}\cdot\left[P^{*}F(P^{*})-\int_{0}^{P^{*}}Pf(P)\mathrm{d}P\right] \tag{7.12}$$

在股权融资模式下，当 $\frac{\partial P_{2}^{*}}{\partial I}=-\frac{T}{I^{2}}$ 时，

$$\frac{\partial P_{股权}}{\partial I}=-\frac{T}{I^{2}}\cdot\frac{f(P^{*})}{F^{2}(P^{*})}\cdot\left[P^{*}F(P^{*})-\int_{0}^{P^{*}}Pf(P)\mathrm{d}P\right] \tag{7.13}$$

因为 $\frac{f(P^*)}{F^2(P^*)}\cdot\left[P^*F(P^*)-\int_0^{P^*}Pf(P)\mathrm{d}P\right]>0$，所以式（7.12）$\frac{\partial P_{债权}}{\partial I}<0$，式（7.13）$\frac{\partial P_{股权}}{\partial I}<0$。

式（7.12）和式（7.13）表明地方政府融资平台融资的信息搜集费用会引起逆向选择问题。为融资支付的信息搜集费用越高，地方政府融资平台项目的平均成功率越低。对比式（7.12）和式（7.13）可以看出，由于 $-\frac{T}{(1+r+I)^2}>-\frac{T}{I^2}$，所以式（7.12）>式（7.13），表明股权融资比债权融资更容易受到信息搜集费用引发的逆向选择风险。这就解释了为何银行和债券市场特别注重融资平台的抵押担保，或者“担保函”“承诺函”。因为担保和承诺可以部分缓解地方政府融资平台的信息搜集成本，提高项目融资成功率。而目前 PPP 项目中，地方政府与社会资本违规签订的“抽屉协议”，对项目承诺一定的保本收益，也是因为在信息不透明且社会资本无法获取完全有效信息条件下，更容易引发逆向选择风险，降低 PPP 项目融资的概率。但是这种“抽屉协议”从本质上改变了 PPP 项目股权融资的性质，成为变相债权融资手段，且地方政府对融资平台的风险进行了兜底处理。

三、债权与股权组合融资模式下的逆向选择问题

假设地方政府融资平台同时使用债权和股权两种融资模式。其中，债权融资本金为 k（$0<k<1$），股权融资本金为 $1-k$。股权融资和债权融资的利率均为 r，信息搜集费用为 I。此时地方政府融资平台的期望利润函数为

$$\begin{aligned}\pi&=P\times[R-I-k(1+r)]\times[1-(1-k)r]+(1-P)\times 0\\&=P\times[R-I-k(1+r)]\times[1-(1-k)r]\end{aligned}\tag{7.14}$$

临界值（P^*，R^*）可由下列两式解出

$$\begin{cases}P^*\times[R^*-I-k(1+r)]\times[1-(1-k)r]=0\\P^*\times R^*=T\end{cases}\tag{7.15}$$

方程解为

$$\begin{cases} P^* = \dfrac{T}{k(1+r)+I} \\ R^* = k(1+r) \end{cases} \tag{7.16}$$

当 P 在 $[0, 1]$ 的概率密度函数记为 $f(P)$，分布函数记为 $F(P)$ 时，申请融资项目的平均成功概率记为

$$\bar{P} = \frac{\int_0^{P^*} Pf(P)\mathrm{d}P}{\int_0^{P^*} f(P)\mathrm{d}P} = \frac{\int_0^{P^*} Pf(P)\mathrm{d}P}{F(P^*)} \tag{7.17}$$

因此

$$\begin{aligned} \frac{\partial P}{\partial k} &= \frac{\dfrac{\partial P^*}{\partial k}\cdot P^*\cdot f(P^*)\cdot F(P^*) - \dfrac{\partial F(P^*)}{\partial k}\int_0^{P^*} Pf(P)\mathrm{d}P}{F^2(P^*)} \\ &= \frac{\partial P^*}{\partial k}\cdot\frac{f(P^*)}{F^2(P^*)}\cdot\left[P^*F(P^*) - \int_0^{P^*} Pf(P)\mathrm{d}P\right] \end{aligned} \tag{7.18}$$

当 $\dfrac{\partial P^*}{\partial k} = -\dfrac{T(1+r)}{[k(1+r)+I]^2}$ 时，

$$\frac{\partial P}{\partial k} = -\frac{T(1+r)}{[k(1+r)+I]^2}\cdot\frac{f(P^*)}{F^2(P^*)}\cdot\left[P^*F(P^*) - \int_0^{P^*} Pf(P)\mathrm{d}P\right] \tag{7.19}$$

$$\begin{aligned} \frac{\partial P}{\partial r} &= \frac{\dfrac{\partial P^*}{\partial r}\cdot P^*\cdot f(P^*)\cdot F(P^*) - \dfrac{\partial F(P^*)}{\partial r}\int_0^{P^*} Pf(P)\mathrm{d}P}{F^2(P^*)} \\ &= \frac{\partial P^*}{\partial r}\cdot\frac{f(P^*)}{F^2(P^*)}\cdot\left[P^*F(P^*) - \int_0^{P^*} Pf(P)\mathrm{d}P\right] \end{aligned} \tag{7.20}$$

当 $\dfrac{\partial P^*}{\partial r} = -\dfrac{T\times k}{[k(1+r)+I]^2}$ 时，

$$\frac{\partial P}{\partial r}=-\frac{T\times k}{[k(1+r)+I]^2}\cdot\frac{f(P^*)}{F^2(P^*)}\cdot\left[P^*F(P^*)-\int_0^{P^*}Pf(P)\mathrm{d}P\right] \tag{7.21}$$

$$\frac{\partial P}{\partial I}=\frac{\frac{\partial P^*}{\partial I}\cdot P^*\cdot f(P^*)\cdot F(P^*)-\frac{\partial F(P^*)}{\partial I}\int_0^{P^*}Pf(P)\mathrm{d}P}{F^2(P^*)}$$

$$=\frac{\partial P^*}{\partial I}\cdot\frac{f(P^*)}{F^2(P^*)}\cdot\left[P^*F(P^*)-\int_0^{P^*}Pf(P)\mathrm{d}P\right] \tag{7.22}$$

当 $\frac{\partial P^*}{\partial I}=-\frac{T}{[k(1+r)+I]^2}$ 时，

$$\frac{\partial P}{\partial I}=-\frac{T}{[k(1+r)+I]^2}\cdot\frac{f(P^*)}{F^2(P^*)}\cdot\left[P^*F(P^*)-\int_0^{P^*}Pf(P)\mathrm{d}P\right] \tag{7.23}$$

因为 $\frac{f(P^*)}{F^2(P^*)}\cdot\left[P^*F(P^*)-\int_0^{P^*}Pf(P)\mathrm{d}P\right]>0$，所以式(7.19) <0，式(7.21) <0，式(7.23) <0。

式（7.19）表明，当地方政府融资平台采用股权和债权组合融资模式时，会产生逆向选择风险。地方政府融资平台债权融资的比例越大，项目平均成功概率越低，逆向选择风险越严重。

式（7.21）表明，当地方政府融资平台采用股权和债权组合融资模式时，利率上升会导致项目平均成功概率下降，引发逆向选择风险。但由于式（7.21）>式（7.9），股权与债权组合融资模式的逆向选择风险小于完全债权融资模式，且债权融资比例越小，利率引起的逆向选择风险越小。可见，即便地方政府融资平台选择以债权为主的融资模式，通过引入社会资本也能降低逆向选择风险，提高项目融资的成功率。

式（7.23）表明，当地方政府融资平台采用股权和债权组合融资模式时，信息搜集费用会降低项目平均成功概率，引发逆向选择风险。

由于 $-\frac{T}{(1+r+I)^2}>-\frac{T}{[k(1+r)+I]^2}>-\frac{T}{I^2}$，式（7.13）<式

(7.23) <式 (7.12)，债权融资模式信息搜集费用引发的逆向选择风险最小，其次是债权和股权组合融资模式，股权融资模式信息搜集费用引发的逆向选择风险最大。所以，即便地方政府融资平台采用以股权融资为主的模式，也可以通过部分债务融资降低信息收集费用引发的逆向选择风险，提高项目平均成功概率。

四、政府引导基金对平台融资逆向选择的影响

为鼓励地方政府融资平台创新融资模式，拓宽融资渠道，国家鼓励地方政府成立引导基金实施对公益项目的投资。假设引导基金占平台投资的比例为 g，其他条件和前文相同。

基金模式下，债权融资企业的期望利润函数为

$$\begin{aligned}\pi_{\text{债权}} &= P \times [R - (1 + r + I - g)] + (1 - P) \times 0 \\ &= P \times [R - (1 + r + I - g)]\end{aligned}$$

临界点 (P^*, R^*) 可由下列两式解出

$$\begin{cases} P_1^* \times [R_1^* - (1 + r + I - g)] = 0 \\ P_1^* \times R_1^* = T \end{cases} \tag{7.24}$$

方程解为

$$\begin{cases} P_1^* = \dfrac{T}{1 + r + I - g} \\ R_1^* = 1 + r + I - g \end{cases} \tag{7.25}$$

基金模式下，股权融资企业的期望利润函数为

$$\begin{aligned}\pi_{\text{股权}} &= P \times [(R - I + g) \times (1 - r)] + (1 - P) \times 0 \\ &= P \times [(R - I + g) \times (1 - r)]\end{aligned} \tag{7.26}$$

此时，(P^*, R^*) 可由下列两式解出

$$\begin{cases} P_2^* \times [(R_2^* - I + g) \times (1 - r)] = 0 \\ P_2^* \times R_2^* = T \end{cases} \tag{7.27}$$

方程解为

$$\begin{cases} P_2^* = \dfrac{T}{I-g} \\ R_2^* = I-g \end{cases} \tag{7.28}$$

当 P 在 $[0, 1]$ 的概率密度函数为记为 $f(P)$，分布函数记为 $F(P)$ 时，申请融资项目的平均成功概率记为

$$\bar{P} = \frac{\int_0^{P^*} Pf(P)\mathrm{d}P}{\int_0^{P^*} f(P)\mathrm{d}P} = \frac{\int_0^{P^*} Pf(P)\mathrm{d}P}{F(P^*)} \tag{7.29}$$

因此

$$\begin{aligned}\frac{\partial P}{\partial r} &= \frac{\dfrac{\partial P^*}{\partial r}\cdot P^*\cdot f(P^*)\cdot F(P^*) - \dfrac{\partial F(P^*)}{\partial r}\int_0^{P^*} Pf(P)\mathrm{d}P}{F^2(P^*)} \\ &= \frac{\partial P^*}{\partial r}\cdot\frac{f(P^*)}{F^2(P^*)}\cdot\left[P^*F(P^*) - \int_0^{P^*} Pf(P)\mathrm{d}P\right]\end{aligned} \tag{7.30}$$

在债权融资模式下，当 $\dfrac{\partial P_1^*}{\partial r} = -\dfrac{T}{(1+r+I-g)^2}$ 时，

$$\frac{\partial P_{\text{债权}}}{\partial r} = -\frac{T}{(1+r+I-g)^2}\cdot\frac{f(P^*)}{F^2(P^*)}\cdot\left[P^*F(P^*) - \int_0^{P^*} Pf(P)\mathrm{d}P\right] \tag{7.31}$$

在股权融资模式下，当 $\dfrac{\partial P_2^*}{\partial r} = 0$ 时，

$$\frac{\partial P_{\text{股权}}}{\partial r} = 0 \tag{7.32}$$

式（7.31）可以看出，由于 $-\dfrac{T}{(1+r+I-g)^2} < 0$，所以 $\dfrac{\partial P_{\text{债权}}}{\partial r} < 0$。表明政府引导基金模式下，采取债权融资的地方政府融资平台面临逆

向选择风险，随着利率的提高，地方政府融资平台项目平均成功概率降低，风险较低的地方政府融资平台退出信贷市场。

对比式（7.31）和式（7.9），由于 $-\dfrac{T}{(1+r+I-g)^2} < -\dfrac{T}{(1+r+I)^2}$，因此政府引导基金会扩大逆向选择对地方政府融资平台信贷融资的影响，降低地方政府融资平台项目平均成功的概率。这主要是因为政府提供的创新基金提高了地方政府融资平台的风险偏好，但贷款提供者却无法得到风险损失的补偿，所以逆向选择风险进一步加大。

式（7.32）表明，采取股权融资模式的地方政府融资平台，在引导基金模式下，利率提高不会引发逆向选择风险。对比式（7.32）和式（7.10）可以看出，“引导基金”对股权融资模式下利率引发地方政府融资平台逆向选择风险没有影响。

$$\frac{\partial P}{\partial I}=\frac{\dfrac{\partial P^*}{\partial I}\cdot P^*\cdot f(P^*)\cdot F(P^*)-\dfrac{\partial F(P^*)}{\partial I}\displaystyle\int_0^{P^*}Pf(P)\,\mathrm{d}P}{F^2(P^*)}$$

$$=\frac{\partial P^*}{\partial I}\cdot\frac{f(P^*)}{F^2(P^*)}\cdot\left[P^*F(P^*)-\int_0^{P^*}Pf(P)\,\mathrm{d}P\right] \tag{7.33}$$

在债权融资模式下，当 $\dfrac{\partial P_1^*}{\partial I}=-\dfrac{T}{(1+r+I-g)^2}$ 时，

$$\frac{\partial P_{债权}}{\partial I}=-\frac{T}{(1+r+I-g)^2}\cdot\frac{f(P^*)}{F^2(P^*)}\cdot\left[P^*F(P^*)-\int_0^{P^*}Pf(P)\,\mathrm{d}P\right] \tag{7.34}$$

在股权融资模式下，当 $\dfrac{\partial P_2^*}{\partial I}=-\dfrac{T}{(I-g)^2}$ 时，

$$\frac{\partial P_{股权}}{\partial I}=-\frac{T}{(I-g)^2}\cdot\frac{f(P^*)}{F^2(P^*)}\cdot\left[P^*F(P^*)-\int_0^{P^*}Pf(P)\,\mathrm{d}P\right] \tag{7.35}$$

因为 $\dfrac{f(P^*)}{F^2(P^*)}\cdot\left[P^*F(P^*)-\displaystyle\int_0^{P^*}Pf(P)\,\mathrm{d}P\right]>0$，所以式（7.34）

$\frac{\partial P_{债权}}{\partial I} < 0$，式（7.35）$\frac{\partial P_{股权}}{\partial I} < 0$。

式（7.34）和式（7.35）表示在引导基金模式下，地方政府融资平台融资的信息搜集费用会引起逆向选择问题。为融资支付的信息搜集费用越高，地方政府融资平台项目的平均成功率越低。

对比式（7.12）和式（7.34）可以看出，由于 $-\frac{T}{(1+r+I)^2} > -\frac{T}{(1+r+I-g)^2}$，所以引入基金后，采取债权融资模式的地方政府融资平台的信息搜集费用会引发更严重的逆向选择问题。对比式（7.13）和式（7.35）可以看出，由于 $-\frac{T}{(I-g)^2} < -\frac{T}{I^2}$，所以式（7.35）<式（7.13），表明引入基金后，采用股权融资模式的地方政府融资平台提高信息搜集费用会引发更严重的逆向选择风险。综上所述，政府引导基金无论对股权融资还是债权融资，都没有起到减缓信息搜集费用引发的逆向选择风险。

$$\frac{\partial P}{\partial g} = \frac{\frac{\partial P^*}{\partial g} \cdot P^* \cdot f(P^*) \cdot F(P^*) - \frac{\partial F(P^*)}{\partial g} \int_0^{P^*} Pf(P)\,\mathrm{d}P}{F^2(P^*)}$$
$$= \frac{\partial P^*}{\partial g} \cdot \frac{f(P^*)}{F^2(P^*)} \cdot \left[P^* F(P^*) - \int_0^{P^*} Pf(P)\,\mathrm{d}P\right] \tag{7.36}$$

在债权融资模式下，当 $\frac{\partial P_1^*}{\partial g} = \frac{T}{(1+r+I-g)^2}$ 时，

$$\frac{\partial P_{债权}}{\partial g} = \frac{T}{(1+r+I-g)^2} \cdot \frac{f(P^*)}{F^2(P^*)} \cdot \left[P^* F(P^*) - \int_0^{P^*} Pf(P)\,\mathrm{d}P\right] \tag{7.37}$$

在股权融资模式下，当 $\frac{\partial P_2^*}{\partial g} = \frac{T}{(I-g)^2}$ 时，

$$\frac{\partial P_{股权}}{\partial g} = \frac{T}{(I-g)^2} \cdot \frac{f(P^*)}{F^2(P^*)} \cdot \left[P^* F(P^*) - \int_0^{P^*} Pf(P)\mathrm{d}P \right] \quad (7.38)$$

因为 $\frac{f(P^*)}{F^2(P^*)} \cdot \left[P^* F(P^*) - \int_0^{P^*} Pf(P)\mathrm{d}P \right] > 0$，所以式（7.37）$\frac{\partial P_{债权}}{\partial g} > 0$，式（7.38）$\frac{\partial P_{股权}}{\partial g} > 0$。

式（7.37）和式（7.38）表明，引导基金的资助率 g 不会引发逆向选择风险，即资助率越高，地方政府融资平台项目平均成功概率越高。对比式（7.37）和式（7.38），由于 $\frac{T}{(I-g)^2} > \frac{T}{(1+r+I-g)^2}$，所以引导基金资助率的提高对股权融资模式下地方政府融资平台项目平均成功概率的影响更大，而对债权融资模式项目平均成功概率的促进作用相对较小。

五、补贴或转移支付对平台融资逆向选择的影响

地方政府公共项目的投资也可以通过中央向地方政府转移支付，或者上级政府给予下级政府补贴的方式进行，可以将这两种方式统称为“补偿模式”。假设补偿资金占平台投资的比率为 g，其他条件和前文相同。

补偿模式下，债权融资企业的期望利润函数为

$$\pi_{债权} = P \times [R - (1+r+I)] + (1-P) \times g \quad (7.39)$$

临界点（P^*，R^*）可由下列两式解出

$$\begin{cases} P_1^* \times [R_1^* - (1+r+I)] + (1-P_1^*) \times g = 0 \\ P_1^* \times R_1^* = T \end{cases} \quad (7.40)$$

方程解为

$$\begin{cases} P_1^* = \dfrac{T+g}{1+r+I+g} \\ R_1^* = \dfrac{T(1+r+I-g)}{T+g} \end{cases} \quad (7.41)$$

补偿模式下，股权融资企业的期望利润函数为

$$\pi_{股权} = P \times [(R - I) \times (1 - r)] + (1 - P) \times g \tag{7.42}$$

此时，(P^*, R^*) 可由下列两式解出

$$\begin{cases} P_2^* \times [(R_2^* - I) \times (1 - r)] + (1 - P_2^*) \times g = 0 \\ P_2^* \times R_2^* = T \end{cases} \tag{7.43}$$

方程解为

$$\begin{cases} P_2^* = \dfrac{T(1 - r) + g}{I(1 - r) + g} \\ R_2^* = \dfrac{T \times [I(1 - r) + g]}{T(1 - r) + g} \end{cases} \tag{7.44}$$

当 P 在 $[0, 1]$ 的概率密度函数记为 $f(P)$，分布函数记为 $F(P)$ 时，申请融资项目的平均成功概率记为

$$\bar{P} = \frac{\int_0^{P^*} Pf(P)\mathrm{d}P}{\int_0^{P^*} f(P)\mathrm{d}P} = \frac{\int_0^{P^*} Pf(P)\mathrm{d}P}{F(P^*)} \tag{7.45}$$

因此

$$\frac{\partial P}{\partial r} = \frac{\dfrac{\partial P^*}{\partial r} \cdot P^* \cdot f(P^*) \cdot F(P^*) - \dfrac{\partial F(P^*)}{\partial r}\int_0^{P^*} Pf(P)\mathrm{d}P}{F^2(P^*)}$$

$$= \frac{\partial P^*}{\partial r} \cdot \frac{f(P^*)}{F^2(P^*)} \cdot [P^* F(P^*) - \int_0^{P^*} Pf(P)\mathrm{d}P] \tag{7.46}$$

在债权融资模式下，当 $\dfrac{\partial P_1^*}{\partial r} = -\dfrac{T + g}{(1 + r + I + g)^2}$ 时，

$$\frac{\partial P_{债权}}{\partial r} = -\frac{T + g}{(1 + r + I + g)^2} \cdot \frac{f(P^*)}{F^2(P^*)} \cdot [P^* F(P^*) - \int_0^{P^*} Pf(P)\mathrm{d}P] \tag{7.47}$$

在股权融资模式下，当 $\frac{\partial P_2^*}{\partial r} = -\frac{(T-I)\times g}{[I(1-r)+g]^2}$ 时，

$$\frac{\partial P_{股权}}{\partial r} = -\frac{(T-I)\times g}{[I(1-r)+g]^2} \cdot \frac{f(P^*)}{F^2(P^*)} \cdot \left[P^* F(P^*) - \int_0^{P^*} Pf(P)\mathrm{d}P\right] \tag{7.48}$$

因为 $\frac{f(P^*)}{F^2(P^*)} \cdot \left[P^* F(P^*) - \int_0^{P^*} Pf(P)\mathrm{d}P\right] > 0$，所以式（7.47）$\frac{\partial P_{债权}}{\partial r} < 0$，当 $T - I > 0$ 时，式（7.48）$\frac{\partial P_{股权}}{\partial r} < 0$。

式（7.47）和式（7.48）表明地方政府融资平台无论采用股权融资还是债权融资模式，如果项目投资亏损时可以获得补偿，那么提高利率将会引发低风险企业退出融资市场，形成逆向选择风险。

对比式（7.47）和式（7.32），由于 $-\frac{T+g}{(1+r+I+g)^2} > -\frac{T}{(1+r+I-g)^2}$，所以在地方政府融资平台采用债权融资模式下，相对于引导基金，补偿模式能降低利率上升引发的地方政府融资平台逆向选择风险。对比式（7.48）和式（7.34），可以看出，当地方政府融资平台采取股权融资时，引导基金模式下提高利率不会引发逆向选择风险，而损失补偿模式下，提高利率会引发逆向选择风险。

$$\frac{\partial P}{\partial I} = \frac{\frac{\partial P^*}{\partial I} \cdot P^* \cdot f(P^*) \cdot F(P^*) - \frac{\partial F(P^*)}{\partial I}\int_0^{P^*} Pf(P)\mathrm{d}P}{F^2(P^*)}$$

$$= \frac{\partial P^*}{\partial I} \cdot \frac{f(P^*)}{F^2(P^*)} \cdot \left[P^* F(P^*) - \int_0^{P^*} Pf(P)\mathrm{d}P\right] \tag{7.49}$$

在债权融资模式下，当 $\frac{\partial P_1^*}{\partial I} = -\frac{T+g}{(1+r+I+g)^2}$ 时，

$$\frac{\partial P_{债权}}{\partial I} = -\frac{T+g}{(1+r+I+g)^2} \cdot \frac{f(P^*)}{F^2(P^*)} \cdot \left[P^* F(P^*) - \int_0^{P^*} Pf(P)\mathrm{d}P\right] \tag{7.50}$$

在股权融资模式下，当 $\frac{\partial P_2^*}{\partial I}=-\frac{(1-r)[T(1-r)+g]}{[I(1-r)+g]^2}$ 时，

$$\frac{\partial P_{股权}}{\partial I}=-\frac{(1-r)[T(1-r)+g]}{[I(1-r)+g]^2}\cdot\frac{f(P^*)}{F^2(P^*)}\cdot[P^*F(P^*)-\int_0^{P^*}Pf(P)\mathrm{d}P] \tag{7.51}$$

因为 $\frac{f(P^*)}{F^2(P^*)}\cdot[P^*F(P^*)-\int_0^{P^*}Pf(P)\mathrm{d}P]>0$，所以式（7.50）$\frac{\partial P_{债权}}{\partial I}<0$，式（7.51）$\frac{\partial P_{股权}}{\partial I}<0$。

式（7.50）和式（7.51）表示引入损失补偿后，无论是债权融资还是股权融资模式，地方政府融资平台融资的信息搜集费用会引起逆向选择问题。为融资支付的信息搜集费用越高，地方政府融资平台项目的平均成功率越低。

对比式（7.50）、式（7.34）和式（7.12），可以看出，由于 $-\frac{T+g}{(1+r+I+g)^2}>-\frac{T}{(1+r+I)^2}>-\frac{T}{(1+r+I-g)^2}$，所以在债权融资下，损失补偿模式相对于引导基金模式和不给予补贴的纯粹债权融资模式，能减轻地方政府融资平台的信息搜集费用引发的逆向选择风险。对比式（7.51）、式（7.35）和式（7.13）可以看出，由于 $-\frac{(1-r)[T(1-r)+g]}{[I(1-r)+g]^2}>-\frac{T}{I^2}>-\frac{T}{(I-g)^2}$，所以表明损失补偿相对于引导基金和纯粹股权融资模式，地方政府融资平台由于信息搜集费用引发的逆向选择风险是最小的。综上所述，无论对股权融资还是债权融资，损失补偿模式都起到改进信息搜集费用引发的逆向选择风险的作用。

$$\frac{\partial P}{\partial g}=\frac{\frac{\partial P^*}{\partial g}\cdot P^*\cdot f(P^*)\cdot F(P^*)-\frac{\partial F(P^*)}{\partial g}\int_0^{P^*}Pf(P)\mathrm{d}P}{F^2(P^*)}$$

$$=\frac{\partial P^*}{\partial g}\cdot\frac{f(P^*)}{F^2(P^*)}\cdot[P^*F(P^*)-\int_0^{P^*}Pf(P)\mathrm{d}P] \tag{7.52}$$

在债权融资模式下，当 $\frac{\partial P_1^*}{\partial g} = -\frac{T-(1+r+I)}{(1+r+I+g)^2}$ 时，

$$\frac{\partial P_{债权}}{\partial g} = -\frac{T-(1+r+I)}{(1+r+I+g)^2} \cdot \frac{f(P^*)}{F^2(P^*)} \cdot \left[P^* F(P^*) - \int_0^{P^*} Pf(P)\mathrm{d}P\right] \tag{7.53}$$

在股权融资模式下，当 $\frac{\partial P_2^*}{\partial g} = -\frac{(T-I)(1-r)}{[I(1-r)+g]^2}$ 时，

$$\frac{\partial P_{股权}}{\partial g} = -\frac{(T-I)(1-r)}{[I(1-r)+g]^2} \cdot \frac{f(P^*)}{F^2(P^*)} \cdot \left[P^* F(P^*) - \int_0^{P^*} Pf(P)\mathrm{d}P\right] \tag{7.54}$$

因为 $\frac{f(P^*)}{F^2(P^*)} \cdot \left[P^* F(P^*) - \int_0^{P^*} Pf(P)\mathrm{d}P\right] > 0$，

一般地，$T-(1+r+I)>0$，所以 $\frac{\partial P_{债权}}{\partial g} < 0$，表明在地方政府融资平台采用债权融资模式下，提高损失补偿比例会引发逆向选择风险。对比式（7.53）和式（7.37），引导基金的资助率 g 不会引发逆向选择风险，即资助率越高，地方政府融资平台项目平均成功概率越高，而损失补偿模式恰好相反，表明在债权融资时，给予地方政府融资平台损失补偿越大，项目平均成功概率越低。

一般地，$T>I$，所以 $\frac{\partial P_{股权}}{\partial g} < 0$，表明在地方政府融资平台采用股权融资模式下，提高损失补偿比例会引发逆向选择风险。对比式（7.6）和式（7.38），创新基金的资助率 g 不会引发逆向选择风险，即资助率越高，地方政府融资平台项目平均成功概率越高，而损失补偿模式恰好相反，表明在股权融资时，给予地方政府融资平台损失补偿越大，项目平均成功概率越低。

综上所述，无论地方政府融资平台采用债权融资还是股权融资方式，提高损失补偿比率都会引发更严重的逆向选择问题。所以政府在给予政策

支持时应该注意设定合理额度，避免由此引发的逆向选择风险。

六、引入担保机构对平台融资逆向选择的影响

假设引入地方政府融资担保机构，担保费率为 g，担保费率一般为贷款利率的 150%，当融资平台违约时，由担保机构向投资人支付全部或部分本金和利息。担保机构对平台进行信息搜集调查费用为 I，信息搜集成本最终由融资平台承担。

平台的期望利润函数为

$$\pi = P \times [R - (1 + r + g + I)] - (1 - P) \times g \tag{7.55}$$

同样存在临界值（P^*，R^*），只有当 $R > R^*$，$P \leqslant P^*$ 时，平台才会申请贷款。因此，可由下列两式解出

$$\begin{cases} P^* \times [R^* - (1 + r + g + I)] - (1 - P^*) \times g = 0 \\ P^* \times R^* = T \end{cases} \tag{7.56}$$

联立得解：

$$\begin{cases} P^* = \dfrac{T - g}{1 + r + I} \\ R^* = \dfrac{(1 + r + I) \times T}{T - g} \end{cases} \tag{7.57}$$

当 P 在 $[0, 1]$ 的概率密度函数为 $f(P)$，分布函数为 $F(P)$ 时，所有申请贷款项目的平均成功概率为

$$\bar{P} = \frac{\int_0^{P^*} Pf(P)\,\mathrm{d}P}{\int_0^{P^*} f(P)\,\mathrm{d}P} = \frac{\int_0^{P^*} Pf(P)\,\mathrm{d}P}{F(P^*)} \tag{7.58}$$

$$\frac{\partial \bar{P}}{\partial r} = \frac{\dfrac{\partial P^*}{\partial r} \cdot P^* \cdot f(P^*) \cdot F(P^*) - \dfrac{\partial F(P^*)}{\partial r} \int_0^{P^*} Pf(P)\,\mathrm{d}P}{F^2(P^*)}$$

$$= \frac{\partial P^*}{\partial r} \cdot \frac{f(P^*)}{F^2(P^*)} \cdot \left[P^* \cdot F(P^*) - \int_0^{P^*} Pf(P)\,\mathrm{d}P\right] \tag{7.59}$$

当 $\frac{\partial P^*}{\partial r}=-\frac{T-g}{(1+r+I)^2}$ 时，

$$\frac{\partial \overline{P}}{\partial r}=-\frac{T-g}{(1+r+I)^2}\cdot\frac{f(P^*)}{F^2(P^*)}\cdot\left[P^*\cdot F(P^*)-\int_0^{P^*}Pf(P)\mathrm{d}P\right] \tag{7.60}$$

$$\begin{aligned}\frac{\partial \overline{P}}{\partial I}&=\frac{\frac{\partial P^*}{\partial I}\cdot P^*\cdot f(P^*)\cdot F(P^*)-\frac{\partial F(P^*)}{\partial I}\int_0^{P^*}Pf(P)\mathrm{d}P}{F^2(P^*)}\\&=\frac{\partial P^*}{\partial I}\cdot\frac{f(P^*)}{F^2(P^*)}\cdot\left[P^*\cdot F(P^*)-\int_0^{P^*}Pf(P)\mathrm{d}P\right]\end{aligned} \tag{7.61}$$

当 $\frac{\partial P^*}{\partial I}=-\frac{T-g}{(1+r+I)^2}$ 时，

$$\frac{\partial \overline{P}}{\partial I}=-\frac{T-g}{(1+r+I)^2}\cdot\frac{f(P^*)}{F^2(P^*)}\cdot\left[P^*\cdot F(P^*)-\int_0^{P^*}Pf(P)\mathrm{d}P\right] \tag{7.62}$$

$$\begin{aligned}\frac{\partial \overline{P}}{\partial g}&=\frac{\frac{\partial P^*}{\partial g}\cdot P^*\cdot f(P^*)\cdot F(P^*)-\frac{\partial F(P^*)}{\partial g}\int_0^{P^*}Pf(P)\mathrm{d}P}{F^2(P^*)}\\&=\frac{\partial P^*}{\partial g}\cdot\frac{f(P^*)}{F^2(P^*)}\cdot\left[P^*\cdot F(P^*)-\int_0^{P^*}Pf(P)\mathrm{d}P\right]\end{aligned} \tag{7.63}$$

当 $\frac{\partial P^*}{\partial g}=-\frac{1}{(1+r+I)}$ 时，

$$\frac{\partial \overline{P}}{\partial g}=-\frac{1}{(1+r+I)}\cdot\frac{f(P^*)}{F^2(P^*)}\cdot\left[P^*\cdot F(P^*)-\int_0^{P^*}Pf(P)\mathrm{d}P\right] \tag{7.64}$$

和前面相同，因为 $\frac{f(P^*)}{F^2(P^*)}\cdot\left[P^*F(P^*)-\int_0^{P^*}Pf(P)\mathrm{d}P\right]>0$，

所以，对于式（7.60），当 $T>g$ 时，有 $\frac{\partial \overline{P}}{\partial r}<0$，表明担保公司引入后

依然存在逆向选择问题，即随着贷款利率的提高，项目贷款平均成功概率下降。对比式（7.60）和式（7.3），由于 $-\frac{T-g}{(1+r+I)^2} > -\frac{T}{(1+r+I)^2}$，所以式（7.60）>式（7.3），表明引入担保机构后，逆向选择的程度减轻了，贷款平均成功概率随利率提高下降的幅度减小，因此，引入担保机构有助于降低逆向选择对融资平台的影响，提高信贷额度。

当 $T > g$ 时，式（7.61）$\frac{\partial \bar{P}}{\partial I} < 0$，表明引入担保机构后，在担保机构支付信息搜集费用并最终转嫁给融资平台的情况下，为识别风险而支付的信息成本依然会产生逆向选择问题，即信息成本 I 越高，则贷款平均成功概率越低。对比式（7.62）和式（7.6），由于 $-\frac{T-g}{(1+r+I)^2} > -\frac{T}{(1+r+I)^2}$，所以式（7.62）>式（7.6），表明引入担保机构后，信息搜集成本引发的逆向选择程度减轻了，贷款平均成功概率随着信息成本 I 上升而下降的幅度减小，有助融资平台信贷额度的整体提高。

对于式（7.64），无论在任何情况下，都有 $\frac{\partial \bar{P}}{\partial g} < 0$，说明担保费率与融资项目平均成功概率负相关。这是因为担保费率转嫁给融资平台，相当于在贷款利率基础上增加了融资平台的借贷成本，会引发逆向选择问题。

七、主要结论

（1）在融资利率 r 相同的情况下，地方政府融资平台更倾向于选择股权融资模式。

（2）债权融资模式下，提高利率 r 会引发逆向选择风险，表现为利率越高，地方政府融资平台项目平均成功概率越低；在股权融资模式下，利率的设置不会引发逆向选择风险，投资者可以通过提高利率来对风险进行补偿，这有利于使用股权融资模式为种子期和初创期的地方政府融资平台提供资金。

（3）无论采用债权融资还是股权融资模式，信息成本都会引发逆向选择风险，即信息成本越高，地方政府融资平台项目平均成功概率越低。对比来看，股权融资模式下信息成本引发的逆向选择风险更严重。所以，在选用股权融资模式时，建立良好的信用环境和信息披露制度，降低投资者的信息成本，对缓解地方政府融资平台融资困境有重要作用。

（4）在地方政府融资平台采用债权和股权组合融资模式下，债权融资比重越大，逆向选择风险越大。如果地方政府融资平台主要采用债权融资模式，适当增加股权融资比重可以降低利率引发的逆向选择风险。如果地方政府融资平台主要采用股权融资模式，适当增加债权融资比重可以降低信息成本引发的逆向选择风险。

（5）政府为鼓励和扶持地方政府融资平台发展，可以采用项目开始前的资助模式——基金模式，以及项目失败后的资助模式——补偿模式。基金模式会加重债权融资模式的逆向选择风险，但不会引发股权融资模式的逆向选择风险。而且，在基金模式下，无论是债权融资还是股权融资，信息成本引发的逆向选择风险都更为严重。基金资助占融资总额比重越高，无论是债权融资还是股权融资模式的项目平均成功概率都越高，但对股权融资模式下地方政府融资平台项目成功概率影响更大。综上所述，基金资助和股权融资模式结合，可以发挥更大的作用。

（6）无论地方政府融资平台采用债权融资还是股权融资模式，政府对项目收益不足的补偿都会引发逆向选择风险，即政府给予补偿力度越大，项目平均成功概率越低。表明提高补偿力度会使得更多高风险企业进入融资市场。补偿模式下，地方政府融资平台利率提高会引发逆向选择风险，但相对于引导基金，损失补偿能降低利率上升引发的地方政府融资平台逆向选择风险。无论对股权融资还是债权融资，损失补偿模式都起到减轻信息搜集费用引发的逆向选择风险的作用。综上所述，在地方政府融资平台信息不对称较为严重的情况下，可以采用事后补偿的方式来缓解融资困境，但是要注意补偿的力度，避免由此引发的逆向选择问题。而且，项目补贴与股权融资相结合的模式并没有起到更好降低逆向选择风险的作用，所以地方政府在对 PPP 项目进行补偿时应该慎重。

（7）建立融资担保公司可以降低地方政府融资成本，提高资金可得性。

引入担保机构后，信息搜集成本引发的逆向选择程度减轻了，贷款平均成功概率随着信息成本上升而下降的幅度减小，有助于融资平台信贷额度的整体提高。担保费率与融资项目平均成功概率负相关，这是因为担保费率转嫁给融资平台，相当于在贷款利率基础上增加了融资平台的借贷成本，会引发逆向选择问题。

第五节　小　　结

融资平台承担着城投建设和地方政府融资的重要职能，具有政府部门和国有企业双重角色。但此类公司大都不具备真正意义上的市场经营主体地位，缺少充足的自营收入和盈利来源，导致债务高企，背负着项目融资、工程建设和欠债还贷的三重压力。国发〔2014〕43 号文件出台之后，融资平台的地方政府债务融资功能开始剥离，并向具有稳定现金流的项目运营公司转型发展。

当前国有企业和地方政府“去杠杆”成为经济工作重点，融资平台转型发展的各项政策陆续出台。但转型中的融资平台也面临着困境和难点。资金面收紧使地方政府特别是中西部地区融资平台面临再融资风险，而转型发展本身也出现了定位不明确、运作不规范、治理结构不完善、资产整合和改制难以推进等问题。

借鉴国际经验，我国大力推广政府与社会资本合作模式 PPP，以提高公共服务的提供效率。原有地方政府融资平台逐渐向 PPP 模式的合作主体转型。PPP 模式具有伙伴关系、利益共享和风险分担特征，在国家项目库管理模式下正在逐步推进和发展，特别是对于中西部基础设施投资需求较大的地区来说，既缓解了部分存量债务偿还压力，又成为新增项目的资金来源。但 PPP 项目运行中也凸显出“明股实债”、政府隐性担保、运作不规范和存在关联交易等问题，本应以股权合作为主的 PPP 模式异化为新型债务融资模式，构成地方政府隐性债务风险。

为何地方政府融资过程中，无论采取何种方式，隐性债务风险始终如影随形？本章认为，与其他企业一样，地方政府平台融资困境的理论根源来自信息不对称。相对于省级以上融资平台来说，市、县融资平台信息透明度低、信用等级低、抵押担保品不足，从而使得融资时的信息筛选和甄别成本过高。这些成本一般会转嫁到融资平台身上，引发逆向选择问题。建立逆向选择模型，比较股权融资（PPP）、债权融资（贷款或者债券）、政府扶持政策（政府引导基金、转移支付或补贴），以及成立地方政府融资担保机构等模式下，地方政府融资的逆向选择困境，探讨不同模式对缓解地方政府融资逆向选择风险的影响。研究表明，无论采用债权融资还是股权融资模式，信息成本都会引发逆向选择风险，即信息成本越高，地方政府融资平台项目平均成功概率越低。对比来看，股权融资模式下信息成本引发的逆向选择风险更严重。所以，在选用股权融资模式时，建立良好的信用环境和信息披露制度，降低投资者的信息成本，对缓解地方政府融资平台融资困境有重要作用。

对于地方政府采用的投资引导基金、项目运营补贴和融资担保等措施，会产生不同的逆向选择效应。引导基金模式会加重债权融资模式的逆向选择风险，但不会引发股权融资模式的逆向选择风险。无论地方政府融资平台采用债权融资还是股权融资模式，政府对项目收益不足的补贴都会引发逆向选择风险，即政府给予补贴力度越大，项目平均成功概率越低。而且，项目补贴与股权融资相结合的模式并没有起到更好降低逆向选择风险的作用，所以地方政府在对 PPP 项目进行补偿时应该慎重。建立融资担保公司可以降低地方政府融资成本，提高资金可得性。引入担保机构后，信息搜集成本引发的逆向选择程度减轻了，贷款平均成功概率随着信息成本上升而下降的幅度减小，有助于融资平台信贷额度的整体提高。

第八章　地方政府融资平台债务研究的结论与政策建议

第一节　全书主要结论

（1）剖析了地方政府融资平台的内涵和主要业务类型；系统梳理地方政府融资平台的发展历程及政策环境的演变；重点分析了融资平台转型发展的任务目标和监管要求。

（2）分析地方政府融资平台债务类型和风险特征，从债务规模、杠杆率、城投债和地方债地区和期限分布等方面分析融资平台债务现状，并从财政分权、预算软约束、融资脆弱性、信息不对称等角度分析债务风险形成机制，提出融资平台主要包括信用风险、流动性风险和利率风险，且具有债务透明度低、风险传染性强以及与宏观经济稳定高度相关的风险特征。

（3）运用 DEA－Tobit 两阶段模型，测算《预算法》修订之前的地方政府债务使用效率。结果表明，我国地方政府性债务使用效率的总体水平偏低，其主要原因是纯技术效率低下，即资金的管理运作不善造成的，因此有很大的提升空间。从债务规模来看，我国地方政府债务总体可控，部分省份可以通过缩小或者控制债务规模来提高债务使用效率。通过对地方政府性债务支出效率的影响因素分析可以发现，GDP 增长率、人均财政收入和财政分权度对地方政府债务使用效率有显著影响。盲目地追求地区经济高增长会降低地方政府债务使用效率，政府财政收入增加，会使地方政府缺乏有效利用资金的激励，而适度的财政分权则有利于地方债使用效率提高。

（4）对比分析城投债和地方债收益率波动情况和宏观影响因素，为地方债逐步取代城投资提供政策依据。实证结果表明，城投债相较于地方债更容易受到宏观因素影响，且到期收益率更高，融资成本也更高。为了缓解地方政府偿债压力、有序实施地方政府“去杠杆”，应该在适度限制城投债发行的基础上扩大地方债的发行，降低地方政府性债务融资成本，保持债务可持续性。

（5）分析发达国家地方政府债务融资采用的“黄金法则”＋“平衡预算”制度，在严格控制经常预算赤字的同时，给予地方政府较高的决策权，市场约束成为行政约束的重要补充，以加强地方政府主动承担预算责任的意识。在对发展中国家的地方政府债务风险管理研究中，重点分析了“金砖国家”降低过度负债风险、墨西哥探索市场化的地方政府债务监管模式以及欧洲转轨国家（CEE）从“预算约束”到“预算责任”的实现机制。

（6）基于金融脆弱性假说（FML）和存量-流量模型（SFC）相结合的分析框架，建立了包含地方政府融资平台的SFC模型，研究地方政府债务风险顺周期性的内生动力学机制，发现融资可以提高地方政府公共服务的供给和社会整体福利，投资利润随着杠杆率增高而增大，随证券化比率增大而降低。地方政府融资平台杠杆率具有顺周期性特征：经济上行周期，随着投资率的提高，杠杆率也提高；而经济下行周期，杠杆率随着投资率的下降而降低。经济体中不同部门杠杆率的周期性不完全一致。当地方政府融资平台杠杆率呈现顺周期性时，包含不同部门的企业整体杠杆率可能呈现逆周期性。资产证券化不仅会促使地方政府融资平台杠杆率的提高，也会促使企业整体杠杆率的上升。通过家庭部门加杠杆来扩大消费，可以使地方政府融资平台和整体企业部门的杠杆率下降；同时可以扩大地方政府对资本品的需求，提升地方政府投资意愿和能力。

（7）实证检验地方政府融资平台债务风险的顺周期性。运用HP滤波法分析我国财政收支在经济周期中的变动特征，发现我国中央政府的财政收支始终呈现明显的顺周期性，而地方政府财政收支虽然在总体上表现为顺周期性，但在一定时期内显示出逆周期态势，具备一定程度的“内在稳定器”功能。选取上市融资平台作为样本，按照融资平台杠杆率与资产之间的变动趋势，将融资平台划分为“强周期型”“弱周期型”和“非周期型”。发现强周期型融资平台的盈利能力和长期偿债能力较强，但是流动性风险较大。采用计量模型，分析影响融资平台杠杆率变动的因素。发现2001—2007年，GDP增长率、信贷量、土地价格、融资平台*ROE*以及上一期杠杆率是影响当期融资平台杠杆率的主要原因。而2008年之后，土地价格上涨和信贷规模扩张是引起融资平台杠杆率上升的重要因素。

（8）融资平台转型发展的重要模式是政府与社会资本合作（PPP）。转型发展过程中由于定位不明确、运作不规范、治理结构不完善、资产整合和改制难等问题引发了“明股实债”、地方政府隐性担保等新型债务风险。

基于信息不对称理论，建立逆向选择模型，对比分析融资平台转型之前（以债权融资为主），以及转型之后（以PPP股权合作为主）的逆向选择风险。研究表明，PPP模式可以缓解地方政府融资的逆向选择风险；地方政府成立产业引导基金，与PPP模式结合可以发挥更大的作用；而在PPP模式下对项目进行补贴没有起到更好降低逆向选择风险的作用，所以地方政府在购买服务或者给予补偿时应该设计更好的机制；地方政府成立融资担保公司、适当降低担保费率，可以降低逆向选择风险，提高融资效率。

第二节　地方政府债务风险顺周期性的应对策略

一、以“融资杠杆率”作为地方政府债务风险监管工具

地方政府作为特殊的企业，在杠杆率内生动力学机制的作用下，具有债务风险的顺周期性特征。当前，我国经济进入新常态，经济增速放缓，系统性金融风险加大，同时随着城镇化进程的推进，对地方政府的公共服务需求无论从数量还是质量上都会逐渐加大。必须建立起地方融资风险管理的长效机制，保证地方政府平稳、高效地提供公共服务，促进经济转型和发展。将“投资杠杆率”作为地方政府债务风险监管指标体系的补充，可以及时监控和发现地方政府债务风险和投资行为的变化。

即使不考虑信息不对称、官员晋升激励等因素，地方政府融资脆弱性依然存在，具有内生性和周期性特征。地方政府融资脆弱性根植于投资中的融资行为，并与预期高度相关。在经济周期上升阶段，随着收益的提高，地方政府和银行会不断修正安全边际，提高预期杠杆率，更倾向于借款投资，表现为地方政府投资杠杆率提高，而企业整体杠杆率下降；在经济下行阶段，安全边际不断提高，预期杠杆率下降，投资萎缩，表现为地方政府杠杆率下降①，企业整体杠杆率提高。从总体水平上监控地方政府

① 目前，地方政府债务表现为在经济周期下行中逐渐积累放大，但这是债务存量的增加，主要是由于融资环境恶化后，借新还旧的再融资成本增加所致。整体上，如果国家不采取干预措施，地方政府在经济下行周期会自行“去杠杆”，也可能面临资金链断裂及破产风险。

债务风险要充分理解杠杆率运行的规律。在经济从复苏走向过热的过程中，企业部门整体杠杆率是下降的，容易给政策制定者造成经济运行安全稳定的误解。而在经济下行周期，企业部门整体杠杆率上升，如果实行一刀切的去杠杆政策，会使投资率下降得更快，而企业整体杠杆率进一步上升，也就是杠杆率越去越多。

二、协调不同部门的杠杆率传导机制

在经济学范畴中，杠杆率有宏观、中观、微观三个层面。宏观层面的杠杆率泛指经济体中由于借贷产生的债务比重，如 M2/GDP、存款性公司贷款余额/GDP 等。中观层面的杠杆率是指经济体中各部门的债务负担状况，包括企业部门的投资杠杆率、居民部门的消费信贷杠杆率、金融部门（包括银行和非银行金融机构）的杠杆率（资产权益比率、资本充足率等）和政府部门的杠杆率（赤字率、政府债务/GDP）。微观层面的杠杆率是指经济个体的债务占资产或者权益的比重，如企业的财务杠杆率和经营杠杆率等。各部门杠杆率水平随着经济周期和经济结构的变动而有所不同，它们彼此之间的转化关系决定了经济运行的健康程度。在经济周期下行阶段，想要降低企业整体部门杠杆率，可以通过政策引导家庭部门提高杠杆率实现。从前文模型推导过程可以看出，如果家庭部门加杠杆，提高消费信贷比率，一方面可以降低地方政府和企业整体杠杆率，另一方面也可以扩大对资本品的需求。也就是说，采用政策扶持的方式提高家庭部门消费信贷比率，可以同时起到“稳增长”和“控杠杆”的双重目标。

三、实施供给侧改革，通过需求增长降低地方政府债务风险

地方政府债务融资的根本目的是满足全社会公共服务和物品的需求。现在，从中央到地方都在实施“供给侧”改革，提高供给的质量和效率，在地方政府治理领域，同样需要“供给侧”改革。了解消费者需要什么样的公共服务，希望地方政府在服务内容、服务质量和服务效率方面进行什么提升，对于扩大公共服务消费、促进投资和地方经济增长来说非常重

要。目前，地方政府的债务杠杆率高企，如果不进行“去杠杆”，局部过高的地方债务风险可能形成区域性风险，甚至演变为系统性风险。但是，地方政府为满足城镇化发展对公共物品的需求，需要进行投资，所以主动去杠杆动力不足。在这种情况下，树立地方政府公共物品“供给侧”改革思路，使地方政府发展经济的思路从扩大投资（外延发展）转变为提高服务效率（内涵发展），将在不增加杠杆率的同时促进公共物品的提供效率。同时，实施“供给侧”改革可以促进全社会消费需求的增长，这会带动对公共物品需求的增长，通过需求增长降低地方政府债务风险。

四、审慎推进信贷资产证券化发展

2016 年中央经济工作会议提出金融改革重点是打破刚性兑付，推进普惠制金融、资产证券化、资本项目开放等工作，完善多层次资本市场。目前，银行业金融机构信贷资产证券化业务主要分为公募和私募两类。公募业务是指银行业金融机构在银行间债券市场公开发行证券化产品，遵照《信贷资产证券化试点管理办法》《资产支持证券信息披露规则》《关于进一步扩大信贷资产证券化试点有关事项的通知》等法规开展业务，主要品种包括企业贷款资产支持证券（CLO）、汽车贷款资产支持证券（Auto-ABS）、个人住房抵押贷款资产支持证券（RMBS）以及消费类贷款资产支持证券等，其中以企业贷款为基础资产的 CLO 是主流产品。2016 年 3 月 28 日，中国银行间市场交易协商会发布《不良贷款资产支持证券信息披露指引（征求意见稿）》，进一步规范不良贷款资产证券化业务透明度，促进资产证券化业务规范化、常态化发展。信贷资产证券化可以将银行和非银行金融机构的信贷资产转化为债券出售给投资者，能够改善金融机构流动性的状况，并降低金融机构的杠杆率，从而对金融部门去杠杆发挥重要的作用，所以被列为 2016 年中央经济工作会议中金融改革的重点。

从化解地方政府债务的角度来看，历史上积累了大量的地方政府融资平台贷款，运用融资平台贷款证券化确实可以起到缓解地方政府债务风险的作用。但是从整个经济系统来看，资产证券化率的提高对实体经济去杠杆不但没有促进作用，反而会加大企业部门的杠杆率。从前文模型分析可以看出，随着资产证券化率的提高，无论是地方政府还是企业整体的杠杆率都会增加。无论家庭部门投资证券化资产获得的收益是否用于扩大消费，都不会改善对杠杆率的影响。而美国次贷危机的教训也表明，信贷资产证券化虽然可以扩大信贷规模，但延长了金融供应链，使金融供应链参与者的杠杆率叠加，容易导致资金在金融体系空转，引发系统性金融风险。所以，在发展信贷资产证券化业务时，应该规范稳健，并且密切注意资金是否最终流向实体经济。同时，要限制资产证券化过程中金融供应链的长度，避免金融部门表面去杠杆，实质上加杠杆。对于地方政府融资平台存量债务风险的化解，更适合采用直接发行地方债或者地方债务置换等方式。

五、深化资本市场改革，以地方政府债券为主要融资方式

从我国地方政府融资平台债务积累的历史经验和其他国家地方政府债务的融资实践中可以看出，有必要将融资平台贷款这种间接融资方式，转变为以地方政府信用为基础、发行地方政府债券的方式。经济体系的金融脆弱性与金融结构有密切关系，在杠杆率方面的体现就是各层次杠杆率之间的依存关系。金融结构是指经济主体间接融资与直接融资的比重，该比重越高，经济体的宏观杠杆率越高，对信贷融资的依赖越大，金融脆弱性也就越大。间接融资比重高的国家，可以通过金融深化、发展资本市场、提高股权融资的比重等方式来降低杠杆率。截至 2016 年年底，我国社会融资总额中，境内股票筹资额 18 910. 35 元，境内银行贷款增加额 123 592. 46 亿元，股票融资仅为银行贷款的 15. 30%①。可见，间接融资是我国企业最主要的融资渠道，这是导致我国地方政府及企业杠杆率高居不下的重要原因②。通过模型分析，可以从资本资产需求与供给价格比 q 和单位资本资产中股权份额比 e 两方面入手降低地方政府的投资杠杆率，即 $q \cdot e$ 越高，投资杠杆率越低。对于 q 来说，一方面要加强资本市场的信息披露和信用评级，

---

① 数据来自中国人民银行网站：http：//www. pbc. gov. cn/diaochatongjisi/116219/116319/2161324/2161336/index. html.

② 《中国国家资产负债表 2015》报告显示，中国各部门中企业的杠杆率最高，2014 年底非金融企业部门的杠杆率为 149. 1%。

构建地方政府合理的信用评价体系，形成合理的地方政府债券定价机制；另一方面可以通过减少税费等政策降低资本品生产企业的成本。而提高 e 要求推进债券市场建设，打破刚性兑付，在加强信息披露和监管的前提下降低地方政府债务融资的交易成本和时间成本，提高地方政府资本性融资工具的比重。

第三节 提高地方政府债务使用效率的建议

一、建立地方政府自我约束负债的财政体制

分税制改革造成的地方政府事权和财权的不平等，是地方政府不顾法律规定大规模举债的根源所在。因此，想要改变地方政府普遍大肆举债的现状，必须深化改革财政体制，确保地方政府收入权利与支出责任相对等。

（1）合理界定各级政府的财权与事权。对于满足全国性需要的公共支出，应由中央政府全额负担；对于对周边地区具有正外部性的项目，应由中央和地方政府按比例共同承担；地方性公共物品和服务则由地方政府独立承担。同时，授予地方政府对部分地方性税种征收和调整的权利，且在税收收入和转移支付收入不能满足合理的资金需求时，适当赋予地方政府发债的权利。

（2）深化转移支付制度改革。目前我国的转移支付制度还不够完善，主要表现在两个方面。第一，基本原则偏离财力均等化目标。税收返还比例在转移支付中较高，需要更多转移支付的低税收地区返还较低，而相对富裕的地区由于税收较高却可以得到更多返款，进一步加剧地区间的财力不平衡。第二，横向转移支付力度不足和纵向转移支付制度不统一。由于我国省级行政区以下政府的转移支付制度不完善、不统一，县、乡两级政府普遍存在财政收支缺口，且各地区间的横向转移支付制度也还仅限于灾后援助、对口援助等性质的转移支付。因此，应该首先明确我国转移支付制度的目标是实现各地区的财力均衡。遵循公开透明、公平有效的原则，对各地区转移支付资金的使用效率进行测评，有利于提高资金使用效率，并作为之后转移支付的决策参考指标。其次，健全转移支付制度方面的法

律法规，保证转移支付的公正合理。最后，还要参照中央对地方政府的转移支付制度，建立起规范有效的地区间及省对市县的转移支付框架。

二、强化制度建设，控制、缩小债务规模

地方政府的大规模举债很大程度上是由预算软约束造成的。因此，应进一步完善我国地方政府性债务预算管理体系，硬化预算硬约束。通过定期编制地方政府性债务的收支项目预算，制定债务限额，控制地方政府债务规模。通过发行专项债券，明确资金来源和用途的一致性。建立地方政府债务资金使用绩效的跟踪和核算制度，强化公共投资和融资的绩效考核制度。同时进一步提高地方政府各项信息的披露和公示制度，细化披露内容、缩短披露周期，并编制地方政府债务相关年鉴。充分运用第三方信用评级和公众约束机制加强对地方政府举借债务的约束，强化地方政府的债务预算责任。

三、完善政府官员的晋升激励制度

由于地方政府官员任期较短，且以单纯的经济指标作为政治绩效的考核标准，导致了官员的短期行为。通过不断扩大债务规模，投资基础设施和固定资产，以提高政绩表现，导致大量重复建设，债务资金使用效率低下。因此，为了控制地方政府债务规模，提高资金的使用效率，应当首先改变单纯以经济指标为标准的绩效考核制度，更多地从公益和民生的角度进行考察。同时建立问责制度，将地方政府债务规模、使用效率、偿还压力指标等与官员政绩挂钩，作为晋升考核标准，促使地方政府控制缩小债务规模，提高资金的管理运作水平。

第四节　促进地方政府债券发展的政策建议

一、发展以地方债为主的市政债体系

对比地方债和城投债的影响因素可以看出，城投债受宏观经济影响因

素较大，其自身的波动幅度也较大，由于城投债本质上属于地方政府融资平台发行的企业债，虽然有着政府信用的显性或隐性担保，但不等同于市政债，所以在其收益率波动中含有投资者对市场风险及信用风险的预期，也加大了地方政府的融资成本。而地方债是以地方政府为主体，以政府信用发行债券，大大降低了投资者对其信用风险的预期，这种地方政府作为第一偿债主体显性发债的方式更有利于降低筹资成本，可持续性地在债券市场上进行融资。

二、营造有利于债券市场发展的平稳货币政策环境

M2 增长率对地方债和城投债都有着重要影响，货币政策越宽松，债券收益率越低；货币政策从紧，债券收益率提高。当前，为规范债券市场发展，解决地方政府过度举债的问题，就要营造平稳的货币政策环境，如果 M2 继续保持快速增长，将引起债券收益率的进一步降低，导致债券市场繁荣，引发城投债和地方债的更快扩张；但如果 M2 增速下降过快，将会引起债券收益率上升，导致城投债和地方债滚动融资的困难，不利于债券市场的稳定发展。在供给侧结构改革中，保持货币政策的稳定性和可预期性，将 M2 增速对债券收益率的影响去除，通过市场资金配置和供求关系来引导地方债和城投债的健康发展，是我国政府性债券市场发展的关键。

三、扩大债券市场投资者范围，发挥价格功能，维持市场稳定发展

目前我国债券市场的开放程度依旧不高，投资者范围有所限定，商业银行占据了债券投资的半壁江山，投资者较为集中，造成了市场配置难以发挥其最大作用的问题，同时也增加了大宗债券投资者操纵市场的可能性，从而不利于债券市场的健康运行以及长久发展。建议积极引进证券公司、基金公司等非银行金融机构投资者，同时逐步开放市场，将投资者范围向各类非金融机构以及个人投资者扩大，以降低风险，同时促进债券市场的健康发展。价格是市场性变动而非人为操纵将会进一步完善债券市场的运行。

参考文献

[1] 姜彬．从制度演进的角度考察地方财政融资与担保[J]．生产力研究，2008（12）：37－39.

[2] 郭励弘．实施债权人对融资平台的信用评级[J]．中国金融，2009（20）：38－39.

[3] 贾银萍．关注地方政府融资平台贷款风险[J]．银行家，2009（7）：26－28.

[4] 巴曙松．地方政府投融资平台的发展及其风险评估[J]．西南金融，2009（9）：9－10.

[5] 祝志勇，高扬志．财政压力与官员政绩的牵扯：细究地方政府投融资平台[J]．改革，2010（12）：30－35.

[6] 党均章，王庆华．地方政府融资平台贷款风险分析与思考[J]．银行家，2010（4）：10－16.

[7] 牛婷．转型时期我国地方政府投资与融资行为的经济学研究[D]．西北大学，2011：67－69.

[8] 王道军，赵边沁．上海秘笈——上海投融资平台20年运营脉络图[J]．上海国资，2010（7）：19－24.

[9] 缪怀宇．我国地方政府融资平台问题研究[D]．中国社会科学院研究生院，2013.

[10] 李东兴．地方政府融资平台债务风险管理研究[M]．北京：中国社会科学出版社，2014.

[11] 龚强，徐朝阳．政策性负担与长期预算软约束[J]．经济研究，2008（2）：44－55.

[12] 科内尔．短缺经济学[M]．北京：经济科学出版社，1986.

[13] 林毅夫，李志赟．政策性负担、道德风险与预算软约束[J]．经济研究，2004（2）：17－27.

[14] 桑德斯，科尼特．金融风险管理[M]．北京：人民邮电出版社，2015.

[15] 解洪涛，梅建明．分权之后的财政治理：公众参与和中国地方政府财政效率改进[J]．经济管理，2014（7）：151－163.

[16] Musgrave, R. A. Musgrave. The Theory of Public Finance [M]. New York: McGraw-Hill. 1959.

[17] Oates. W. Fiscal Decentralization [M]. Harcourt, Barce and Jovanovich, 1972.

[18] C. Tiebout. A Pure Theory of Local Expenditures [J]. Journal of Political Economy, 1956, 64 (5).

[19] R. McKinnon. Market-preserving Federalism in the American Monetary Union [M]. London: Routledge, 1997.

[20] Yingyi Qian, B. R. Weingast. Federalism as a Commitment to Preserving Market Incentives [J]. Journal of Economic Perspectives, 1997, 11 (4).

[21] B. R. Weingast. The Economic Role of Political Institutions [J]. Journal of Law Economics and Organization, 2000, 11 (1).

[22] Stiglers. G. The Tenable Range of Functions of Local Government [M]. Washing, D. C, 1957.

[23] 徐坡岭，郑燕霞．财政分权下中印地方债务的产生机制[J]. 亚太经济，2012 (3): 30-36.

[24] 王叙果，张广婷，沈红波．财政分权、晋升激励与预算软约束——地方政府过度负债的一个分析框架[J]. 财经研究，2012 (3): 10-15.

[25] 龚强，王俊，贾珅．财政分权视角下的地方政府债务研究：一个综述[J]. 经济研究，2011 (7): 144-156.

[26] 杨十二，李尚蒲．地方政府债务的决定：一个制度解释框架[J]. 经济体制改革，2013 (2): 15-19.

[27] 李丽虹．财政分权视域下地方性政府债务的经验分析[J]. 求索，2012 (8): 46-47.

[28] 陈菁，李建发．财政分权、晋升激励与地方政府债务融资行为——基于城投债视角的省级面板经验证据[J]. 会计研究，2015 (1): 61-67.

[29] 陈诗一，张军．中国地方政府财政支出效率研究：1978-2005[J]. 中国社会科学，2008 (4): 65-79.

[30] 刘斌．中国省域地方政府财政支出效率的雁形演化：1978-2010[J]. 中国经济问题，2012 (5): 62-70.

[31] 李德刚，周莉．新疆地方财政支出绩效的实证分析——基于 DEA 二次相对效益模型[J]. 地方财政研究，2013 (3): 63-67.

[32] 陈仲常，张峥．我国地方政府公共财政支出效率的影响因素分析——基于 DEA -

Tobit 模型的实证研究[J]. 南京财经大学学报, 2011 (5): 42-50.

[33] 唐齐鸣, 王彪. 中国地方政府财政支出效率及影响因素的实证研究[J]. 金融研究 2012 (2): 48-60.

[34] 龚锋. 地方公共安全服务供给效率评估——基于四阶段 DEA 和 Bootstrapped-DEA 的实证研究[J]. 管理世界, 2008 (4): 80-90.

[35] 钱海燕, 沈飞. 地方政府购买服务的财政支出效率评价——以合肥市政府购买居家养老服务为例[J]. 财政研究, 2014 (3): 64-67.

[36] 于明霞, 张自强, 高岚. 基于 DEA-Tobit 模型的林业财政支出效率分析——以广东省为例[J]. 农村经济, 2014 (11): 83-86.

[37] 韩华为, 苗艳青. 地方政府卫生支出效率核算及影响因素实证研究——以中国 31 个省份面板数据为依据的 DEA-Tobit 分析[J]. 财经研究, 2010 (5): 4-15.

[38] 金荣学, 胡智煜. 基于 DEA 方法的地方政府性债务支出效率研究[J]. 华中师范大学学报 (人文社会科学版), 2015 (4): 40-46.

[39] 考燕鸣, 王淑梅, 马静婷. 地方政府债务绩效考核指标体系构建及评价模型研究[J]. 当代财经, 2009 (7): 34-38.

[40] 金荣学, 宋菲菲. 地方政府债务支出的绩效评价体系研究[J]. 行政事业资产与财务, 2013 (3): 31-34.

[41] 洪源, 秦玉奇, 杨司键. 地方政府性债务使用效率测评与空间外溢效应——基于三阶段 DEA 模型和空间计量的研究[J]. 中国软科学, 2014 (10): 182-194.

[42] 梁文艳, 杜育红. 基于 DEA-Tobit 模型的中国西部农村小学效率研究[J]. 北京大学教育评论, 2009, 7 (4): 22-34.

[43] 姜维壮, 王倩. 地方债发行管理比较研究[J]. 中央财经大学学报, 2009 (10): 60-65.

[44] 田磊. 我国地方债发展现状及改革对策[J]. 内蒙古煤炭经济, 2015 (1): 81-82.

[45] 梁瓒. 我国分税制下地方政府投融资中的城投债问题研究[D]. 复旦大学, 2010.

[46] 温来成. 城投债的发展前景及财政投融资体制安排[J]. 兰州商学院学报, 2013, 29 (2): 1-6.

[47] 王晟. 中国地方债到期收益率的影响因素分析[D]. 上海交通大学, 2012.

[48] 刘少英. 产业类与平台类企业债券收益率影响因素对比分析[J]. 新金融, 2015 (1): 56-60.

[49] 武昱含．我国城投债价格的影响因素研究[J]．经济研究导刊，2015（22）：94-95.

[50] Freire, Petersen. Subnational Capital Markets in Development Countries [M]. World Bank and Oxford Press, 2003.

[51] 海曼·明斯基．稳定不稳定的经济：一种金融不稳定视角[M]．北京：清华大学出版社，2015.

[52] Dos Santos. A stock-flow consistent general framework for formal Minskyan analyses of closed economies [J]. The Levy Economics Institute, 2004.

[53] Goodhart. The continuing muddles of monetary theory: A steadfast refusal to face facets [J]. Economica, 2009, 76 (S1): 821-830.

[54] Friedman. The Failure of the Economy and the Economists [J]. New York Review of Books, 2009 (9): 42-45.

[55] Eric Tymoigue. Measuring Macroprudential Risk through Financial: A Minskyan Approach [J]. Economics Working Paper Archive, 2012, 36 (4): 719-744.

[56] Adrian T, H Shin. Liquidity and Leverage [J]. Journal of Financial Intermediation, 2010, 19 (3): 418-437.

[57] Godley W, M Lavoie. Monetary Economics: An Integrated Approach to Credit, Money, Income, Production and Wealth [M]. Palgrave Macmillan.

[58] Copeland M A. Social accounting for money flows [J]. The Accounting Review, 1949, 24 (3): 254-264.

[59] Tobin J. Money and finance in the macroeconomic process [J]. Journal of Money, Credit and Banking, 1982, 14 (2): 171-204.

[60] Godley W, F Cripps. Macroeconomics [M]. Oxford University Press, 1983.

[61] Godley W. Seven unsustainable processes: Medium term prospects and policies for the United States and the world[J]. Economics Strategic Analysis, Archive, 1999.

[62] Godley W, L R Wray. Is goldilocks doomed? [J]. Journal of Economic Issues, 2000, 34 (1): 201-206.

[63] Godley W, G Zezza. Debt and lending[J]. Levy Institute at Bard College Policy Notes, 2006.

[64] Eatwell J, Mouakil T, Taylor L. Liquidity, Leverage and the impact of sub-prime turbulence [J]. Centre for Financial Analysis and Policy, Judge Business School, University of Cambridge, 2008. Cambridge-Princeton Conference, Dec.

[65] Michell J, Toporowski. The stock-flow consistent approach with active financial markets [M]. Contributions in Stock-Flow Consistent Modeling: Essays in Honor of Wynne Godley. Hampshire: Palgrave Macmillan, 2012.

[66] Le Heron. Confidence, increasing risks, income distribution and crisis in a post Kaleckian stock flow consistent model [M]//Economic Crisis and Political Economy Palgrave Macmillan UK, 2014.

[67] Minsky H P. John Maynard Keynes [M]. Columbia University Press, 1975.

[68] Minsky H P. Stabilizing an Unstable Economy [M]. Yale University Press, 1986.

[69] Fazzari, Papadimitriou. Financial Conditions and Macroeconomic Performance: Essays in Honour of Hyman P. Minsky [J]. Southern Economic Journal, 1994, 60 (3): 766.

[70] Bellofiore R, Piero Ferri. Financial Fragility and Investment in the Capitalist Economy [M]. Edward Elgar Pub, 2001.

[71] Nasica E. Finance, Investment, and Economic Fluctuations. Edward Elgar, 2000.

[72] Delli Gatti, Mauro Gallegati, Hyman Minsky. Financial Institutions Economic Policy and the Dynamic Behavior of the Economy [J]. Economics Working Paper Archive, 1994.

[73] Dymski G, Robert Pollin. New Perspectives in Monetary Macroeconomics: Explorations in the Tradition of Hyman P. Minsky [M]. The University of Michigan Press, 1994.

[74] Tymoigne E. The Minskyan system part Ⅲ: System-dynamics modeling of a stock-flow consistent Minskyan model [J]. SSRN Electronic Journal, 2006.

[75] Ryoo S. Long waves and short cycles in a model of endogenous financial fragility [J]. Journal of Economic Behavior & Organization, 2010, 74 (3): 163-186.

[76] Passarella M. The two-price model revisited. A Minskian-Kalechian reading of the process of "financialization" [J]. MPRA paper, 2011.

[77] 郭庆旺，贾俊雪．地方政府行为、投资冲动与宏观经济稳定[J]．管理世界，2006 (5): 19-25.

[78] 赵文哲，周业安．基于省际面板的财政支出与通货膨胀关系研究[J]．经济研究，2009 (10): 48-60.

[79] 方红生，张军．中国地方政府竞争、预算软约束与扩张偏向的财政行为[J]．经济研究，2009 (12): 4-16.

[80] 李猛，沈坤荣．地方政府行为对中国经济波动的影响[J]．经济研究，2010（12）：35-47.

[81] 贾俊雪，郭庆旺，赵旭杰．地方政府支出行为的顺周期性特征及其制度根源[J]．管理世界，2012，22（2）：7-18.

内容提要

abstract

本书基于地方政府融资平台债务风险的顺周期性机制进行研究，系统梳理我国地方政府融资平台的内涵、发展历程及政策演变，分析我国地方政府债务风险的现状，研究地方政府预期杠杆率和实际杠杆率动力学机制引致的风险顺周期性，并提出化解地方政府债务风险、维护我国金融及经济稳定性的政策建议。

本书可供从事地方政府融资与债务风险研究的政府、高校、研究机构的专业人员借鉴学习，也可作为高等院校金融相关专业的参考用书。